학생과 함께 하는
코칭형 교사

학생과 함께 하는
코칭형 교사

이민영 지음

How to be an Essential Teacher

새문사

| 감수의 글 |

권수영 : 연세대 교수 및 상담코칭지원센터 소장, 『거울부모』 저자

 가끔 일선에서 학생들을 지도하시는 교사들을 교육할 기회가 생기면 늘 듣는 이야기가 있습니다. 학생들이 거칠어져서 다루기가 너무 힘들고, 지도하기보다는 학생들에게 끌려다닐 때가 더 많다는 것입니다. 나름대로 원칙을 가지고 지도한답시고, 목소리를 높이거나 강압적인 태도를 가지면 오히려 낭패를 볼 때도 있다면서 한탄하는 교사들을 볼 때면 우리 모두 교사 본연의 임무를 감당하는 것조차 어려운 시대를 살고 있다고 해도 과언이 아닙니다.
 이렇게 대부분의 교사들이 현장에서의 어려움을 토로하는 때에 바로 일선 교사의 입장에서 일선 교사의 경험으로부터 우러나온 코칭실습서가 등장한 것은 얼마나 다행인지 모릅니다. 이민영 선생님은 감수자가 몸담고 있는 연세대학교 코칭아카데미의 스터디라이프코칭 전문과정에서 전문코치과정을 이수한 코치로 활동하면서, 동료교사들과의 심도 있는 연구과정을 통하여 가장 현실적인 경험을 담아 이렇게 훌륭하고 유익한 실습서를 잉태하게 된 것입니다. 특히 H·E·T 모형은 교사의 가장 본질적인 본분에 충실하고자 하는 이들을 위한 창의적인 훈련 모형입니다.
 학생들을 리드한다는 것은 교사 혼자 일방적으로 할 수 있는 일이 아닙니다. 학생들을 리드하기 위해서 학생과 교사 쌍방의 소통은 필수적인 일입니다. 이를 위해 무엇보다도 학생들의 욕구와 심리, 마음의 구석구석까지 잘 이해할 수 있어야 합니다. 또한 이러한 교사가 되고자 차분하게 훈련하는 일도 교사 혼자 마음먹는다고 저절로 이루어지는 일도 아닙니다. 이는 일상 중에 만나는 학생들과의 오랜 연습과 여러 교사 동료들과의 논의와 협력이 있어야 가능한 일입니다. 그래서 어느 교사나 그러한 훈련의 시작은 늘 막연하고 요원한 일처럼 보여 차일피일 미루어온 지도 모릅니다. 저는 이민영 선생님의 저서야말로 이러한 목적에 가장 잘 부합하는 책이라 믿어 의심치 않습니다.

구시대의 교사상이 위에서 아래로 지시하고 훈련하는 모형이었다고 하면, 새로운 코칭형 교사는 수직적이기보다는 수평적이고 또는 입체적으로 학생들과 소통하고 그들이 가장 필요한 것을 제공하고 그들의 숨은 잠재력을 효율적으로 활용할 줄 아는 훌륭한 코치와 선수의 관계모형이라고 할 것입니다. 이민영 선생님의 책은 이러한 교사로 거듭나기 원하는 이들에게 길잡이가 되어주면서, 자신의 역량에 따라 연습하기 편리하게 구성되어 있고 다른 동료 교사들과 함께 연구하면서 역량을 강화시켜 나갈 수 있도록 안내하고 있습니다.

힘 있는 리더는 많지만, 힘을 주는 리더는 적습니다. 잘 가르치는 교사는 많지만, 학생들이 따르고자 하는 교사는 많지 않습니다. 교사가 학생들에게 힘과 소망을 주고, 그 학생들이 스스로 따르고자 하고 교사들로부터 스스로 배우고자 하는 풍토의 교육현장이 오랜 시간 우리가 꿈꿔온 모습이 아닐까요? 저는 이 땅에 교사의 꿈을 키우고 묵묵히 열악한 현장에서도 그 자리를 지켜 오신 여러분들을 격려하면서 이 책을 적극적으로 추천합니다. 나 자신의 결단과 훈련이 우리의 학생 한 명 한 명을 변화시키고, 더 나아가 우리가 속한 학교를 조금씩 변화시켜 나갈 것이기 때문입니다.

마지막으로 자신에게 주어진 아이들을 천하보다 귀하게 여기는 대한민국의 모든 교사들, 아무쪼록 학생들과 교육 현실에 지지 마시고, 당당하게 자신의 역량을 가장 빛나게 키워나가시기를 축복하면서 감수사를 대신합니다. 파이팅!

2012년 봄
감수자 연세대학교 교수 권수영

프/롤/로/그

저는 교사입니다.

처음 교단에 서게 되면서 교실에 생기를 불어 넣으며, 학생들에게 올바른 지식을 전파하는 멋진 교사가 되겠다고 생각했습니다. 그러나 현실에서는 매 시간 잠과 씨름하는 학생들, 공부하기 싫어하는 학생들, 사고를 늘상 계획하고 실천하는 개구쟁이들, 방황하는 영혼들이 나를 기다리고 있었습니다. 많은 선생님들은 지금도 이런 학생들과 씨름하며 밤낮으로 애쓰고 계십니다. 그럼에도 불구하고 교사는 참 좋은 직업입니다. 끊임없이 공부할 수 있고, 건강하고 순수한 학생들과 함께하며, 시간이 지날수록 나보다 나은 제자들을 만나게 되기 때문입니다.

제자는 스승의 가르침을 받는 사람을 말합니다. 가르침을 받는 그 순간은 학생이라 하지만, 가르침을 받는 현장을 떠나면 학생은 제자가 됩니다. 가르치는 순간에는 스승의 가르침을 이해하지 못해서 제자라 부르지 않고 학생이라고 부르나 봅니다.

교사의 의사소통에 관심을 가진 것은 학생과의 관계 때문이기도 했지만 저의 자녀 때문이기도 했습니다. 저는 저와 함께 보내는 시간보다 더 많은 시간을 학원이나 학교에서 보내는 제 자녀들이 새 학년이 시작되면 좋은 교사를 만나 인격적으로 성장하기를 기대합니다. 저 역시 저의 자녀들이 만나길 바라는 교사의 모습으로 학생들 앞에 서도록 노력해야겠기에 여기까지 온 것 같습니다.

하나의 인격체가 완성되기까지 참 많은 사랑이 필요합니다. 그 첫 번째 사랑이 부모님이고, 두 번째 사랑은 교사라고 생각합니다. 교사와의 따뜻한 인간적인 만남이 학생들의 성장을 위해서는 반드시 필요합니다. 학생들은 엄마보다 더 엄마 같은 선생님을 만나고, 자신의 가치를 알아주는 선생님을 만나고, 포기하지 않는 열정을 가진 선생님을 만나면 스스로 발전하도록 계획하고 자신을 만들어 갑니다. 이런 역할을 하는 선배교사들을 학교에서 종종 만나게 되는데, 그 선배 교사들에게는 남다른 뭔가가 있습니다. 바로 진정성과 대화법입니다. 혼낼 때는 무섭게 혼내지만 개인적으로 학생들을 가슴으로 품어주는 진정성과 학생을 움직이는 대화법이 조화를 이룰 때 학생들은 교사를 믿고 따르게 됩니다.

학교에서 이루어지는 교육은 대화를 통해 시작되고 완성됩니다. 교육의 패러다임은 계속 시대의 흐름에 따라 변하지만 변하지 않는 것이 있습니다. 바로 "만남을 통한 관계"입니다. 행복한 사람으로 성장하기 위한 특별한 만남이 되도록 학생을 가르치는 사람, 자녀의 학교생활에 관심 있는 학부모, 교육 관련 직업에 종사하는 분들에게 조금이나마 도움이 되었으면 합니다.

안타깝게도 현실은 이런 교사와 학생의 만남을 기다려주지 않는 것 같습니다. 교실 붕괴니, 교사가 전문성이 부족하다느니, 이런 말들로 교사들에게 모든 교육의 결과를 돌리고, 잘못을 탓하는 현실에 가슴이 아파옵니다.

그러나 아파하고 있을 시간이 없습니다. 지금의 아픔은 학생지도를 위한 대화법을 학습하라는 신호입니다. 학생지도를 위한 대화법은 교사에 의해 만들어져야 한다고 생각했습니다. 왜냐하면, 실전과 현실을 무시한 이론은 의미가 없고, 교사에 의해 만들어지지 않으면 적용할 수 없기 때문입니다.

이 책에서 코칭형 교사는 학교에서 학생을 가르치는 선생님, 학원에서 학생을 지도하는 선생님, 단체에서 청소년을 지도하는 선생님 또는 소통으로 리드해야 하는 리더를 말합니다. "1부 코칭형 교사가 되고 싶어요"와 "2부 H·E·T 모형으로 초대합니다"는 학교 교육을 이해하는데 도움을 주며, "3부 의사소통 기초를 다듬자"와 "4부 가르치는 일은 나를 완성하는 일입니다"는 소통하는 법을 학습하기 원하는 이들이 실제적인 대화법을 익히는데 도움이 될 것입니다. 교사는 1부부터 7부까지 차례대로 진행하시되 "4부 가르치는 일은 나를 완성하는 일입니다"는 맨 마지막에 진행하시면 교사로서 소통하며 학생을 이끌어주는데 더 효과적일 것입니다.

또 이 책은 교사를 위한 의사소통법이지만, 교사 역시 한 사람의 부모이기에 부모로서 어떻게 대화할지 "3부 의사소통 기초를 다듬자"에 넣었습니다. 자녀와 어떻게 대화할 것인가에 대해 쓸 때는 '과연 내가 부모로서 이 글을 쓸 자격이 되는가?' 적잖은 고민을 했습니다.

자녀 양육은 정답과 끝이 없는 과정입니다. 이 고민도 자녀교육의 과정이라 여기며, 자녀를 양육하며 얻은 중요한 핵심과 지난 시행착오를 통해 얻은 깨달음을 정리하였습니다. 부모에게 받는 대화가 자녀에게 상처를 주면 교사의 진정어린 대화법이 훌륭하다 하여도 학생들의 성장에 영향을 미치지 못합니다. 한 사람의 인격을 성장시키기 위해 부모, 교사가 함께 했으면 합니다.

끝으로 저는 이 책을 읽은 선생님들에 의해 더 좋은 학생지도와 관련된 자료가 만들어지길 희망합니다. 우리에게 닥친 교육의 문제에 현실적으로 접근하기 위해 만든 이 책이 조금이나마 교사들에게 실제적으로 도움이 되길 진심으로 바랍니다. 또 가치있는 일이라며 격려해 주신 **새문사** 사장님과 부족한 원고를 훌륭한 책으로 탄생시켜 준 편집부 직원들께도 감사드립니다.

그리고 부족한 점에 대해서는 지속적인 조언과 지도를 부탁드리며, 이 책자의 머리말에 갈음합니다.

2012. 4
이 민 영

차례

감수의 글 • 4
프롤로그 • 6

1부 코칭형 교사가 되고 싶어요   13
    01 코칭형 교사란?   14
    02 본질에 충실한 교사의 역할은 무엇인가요?   21
    03 학생 지도는 WIN-WIN 게임이다   25
    04 학생 지도는 누구의 책임인가요?   31

2부 H·E·T 모형으로 초대합니다   35
    01 H·E·T 모형으로 코칭형 교사되기   36
    02 H·E·T 모형은?   42
    03 H·E·T 모형이 특별한 이유는?   44
    04 H·E·T 모형은 어떻게 운영되나요?   51
    05 H·E·T 모형을 익히면 어떤 점이 좋은가요?   58
    06 어떻게 대화법을 익힐까요?   68

3부 의사소통 기초를 다듬자   73
    01 잘 들었나요? (듣기)   75
    02 좋은 질문이 좋은 답을 부른다(질문하기)   85
    03 나를 어떻게 표현할까요?(나-메시지)   95
    04 표정이 더 많은 것을 말한다   106
    05 자녀와는 어떻게 대화할까요?   108

4부 가르치는 일은 나를 완성하는 일입니다   119

- 01 교사의 자아실현이란?   120
- 02 나는 누구인가?   126
- 03 나의 미래로 떠나는 시간여행   153

5부 학생의 행동을 어떻게 범주화 할까요?   159

- 01 터지기 전에 예방하자(예방영역)   160
- 02 규칙을 정하자(미결정영역)   162
- 03 잘하는 학생을 격려하자(허용영역)   163
- 04 사고와 감정을 성장시키자(성장영역)   164
- 05 선택하고 책임지게 하자(선택영역)   167
- 06 문제 행동을 다루자(문제영역)   169

6부 코칭형 교사를 위한 영역별 대화의 기술   179

- 01 예방영역   180
- 02 미결정영역   198
- 03 허용영역   204
- 04 성장영역   215
- 05 선택영역   239
- 06 문제영역   251

7부 사례로 접근하기   265

- 01 한번 더 정리해 봅시다   267
- 02 수업시간에 교사에게 반항하는 학생 지도 사례   269

03	금연 지도 사례	274
04	장난이 심한 학생 지도 사례	278
05	욱하는 학생 지도 사례	281
06	진로 지도 사례1	283
07	진로 지도 사례2	285
08	성격 관련 코칭 사례	287
09	공부를 잘하고 싶은 학생 코칭 사례	289
10	무기력한 학생 코칭 사례	291

감사의 글 • 295
참고문헌 • 298
부록 | 감정 카드 • 300

1부

코칭형 교사가 되고 싶어요

01 코칭형 교사란?

"교사는 무엇을 하는 사람입니까?"

교사는 '학생을 이끌어주는 사람이다.'을 말합니다. 교과를 가르치고, 학급을 운영하고, 행정 업무를 담당하는 등 교사가 하는 일은 많지만, 교사가 존재하는 이유는 학생을 더 나은 방향으로 성장할 수 있도록 도와주고 학생 스스로 더 나은 방향으로 성장하고 싶은 마음이 들도록 이끌어 주기 위해서 입니다.

코칭이란 학생의 잠재력을 이끌어내는 대화법입니다. 어떤 학생은 교사가 일방적으로 지시하고 설교해도 잘 따르는 타입이 있고, 또 다른 부류의 학생들은 일방적으로 가르치려고 하면 못 들은 척하거나 반항하기도 합니다. 못 들은 척하거나 반항하는 학생들은 교사의 지도 방식을 바꾸지 않는 한 평행선 상태에서 서로의 힘만 빠지고 시간 낭비하는 격이 되고 맙니다.

코칭은 "말"로써 서로 대화하여 진짜 문제를 찾아 해결책을 찾아가는 쌍방향 대화 방식입니다.

앞으로 우리 교사는 코칭형 교사가 되어야 합니다.

가장 이상적인 교실을 그려봅시다. 학생들은 자신의 미래를 최선을 다해 준비하고, 교사는 그런 학생들에게 친절한 안내자 역할을 합니다. 주입식으로 학생들에게 답을 알려주기보다는 스스로 답을 찾아갈 수 있도록 생각하는 질문을 던져 학생들의 사고를 확장시켜 줍니다. 학생들은 그런 교사를 신뢰하고 믿고 따르며, 학습에 적극적이기 때문에 학교생활이 즐겁습니다.

이상적인 교실이 지금의 교육현실과 많이 달라 씁쓸해지기도 하지만 교사가 먼저 이상적인 교실을 리드 lead 해야 학생들은 따라오게 됩니다. 교실이 다시 활력을 되찾아 정상적인 교육이 이루어지려면 교사가 먼저 움직이기 시작해야 합니다. 그것은 교사인 나를 위한 일일 것입니다. 교사로서 삶의 질을 높이고 삶의 의미를 찾을 수 있습니다. 교사로서의 의무를 다하는 것을 통해 세상을 살아갈 삶의 의미와 보람을 찾게 될것입니다.

"교사는 어떤 역할을 해야 합니까?"

버스에 승차한 손님 중 한 아주머니가 버스정류장이 아닌 곳에 내려 달라고 다급한 목소리로 소리를 지릅니다. 버스 기사는 "안돼요. 여기는 버스정류장이 아니라 위험합니다."라고 합니다. 아주머니는 택시들이 줄지어 정차되어 있는 곳을 가르키면서 저기에서 택시를 타야한다고 애원을 합니다. 버스 기사는 단호하게 "안 됩니다. 위험합니다."라고 다시 말합니다. 아주머니는 "그냥 세워주시지." 하며 문을 열어주지 않는 기사를 야속해 합니다. 버스 기사는 다음 버스 정류장 앞에도 택시가 많다는 정보를 제공합니다. 버스는 정확하게 다음 정류장에서 정차를 하고 아주머니는 종종걸음으로 택시가 있는 곳까지 뛰어가 택시를 갈아탑니다.

버스 기사가 만약에 "바보 같은 소리 하지 마세요!", "제정신이세요?", "다른 사람들이 뭐라고 하겠습니까?" 라고 비난의 말을 했다면 아주머니와 심한 말다툼이 되었겠지요. 버스 기사는 원칙을 준수하였고 단호한 언어로 기사의 의무를 다했기 때문에 아주머니는 안전하게 도착지까지 갈 수 있었습니다.

만약에 부당한 아주머니의 요구를 들어주었다면 잠시 후 어떠한 일이 벌어

졌을지 아무도 모르는 일입니다. 버스에서 내려 택시를 탄 아주머니는 사고가 나지 않았으니까 버스 기사의 역할에 대해 생각해 보지 않을 것입니다. 하지만 만약에 다른 버스 기사가 똑같은 상황에서 정해진 곳이 아닌 다른 곳에서 버스를 정차시켜 예기치 못한 사고가 났다면 아주머니는 버스 기사의 역할에 대해 생각해 볼 것입니다.

버스 기사의 역할은 교사의 역할과 비슷합니다. 학생들은 편하고 즐거운 것을 교사에게 요구합니다. 교사는 원칙을 지키며 역할을 수행하지만, 학생들은 즐거움과 편리함을 빼앗아간 교사를 원망합니다. 철이 들어 교사에게 감사한 마음을 느낄 즈음엔 교사와 학생은 교육현장에 있지 않습니다. 교사는 현재의 학생의 모습에서 미래의 학생을 보아야 하며, 그 학생을 현실에서 가르쳐야 합니다.

TV앞에 아이들이 조용히 앉아 있으면 엄마는 마음이 편하겠지만 아이들은 과도한 미디어 노출로 인해 미디어 중독자가 되어 사회생활에 어려움을 겪게 되듯이, 교사가 학생들과 적당히 타협하고 학생의 문제 행동을 모른척해도 직장인으로서의 교사는 직업윤리에 벗어나지 않습니다. 그러나 학생은 발전하지 않습니다. 교사가 학생지도를 소홀히 할 때 최대의 피해자는 학생인 것입니다.

"체벌금지 이후 학교는 어떻게 변해가고 있을까요?"

2011년 12월 12일 중앙일보*에 학생지도와 관련되어 한국교총이 고려대 표시열(행정학)교수에게 의뢰해 전국 초·중·고 교사 1,576명을 상대로 설문조사(10월) 한 결과 67%가 학생들 생활지도를 포기한 것으로 조사되었습니다. 자세한 내용은 다음과 같습니다.

★ 윤석만·이한길(2011), 「교권 어떻게 생각하십니까」, 『중앙일보』, 2011. 12. 12.

- 체벌금지 이후 교사의 생활지도 방법에서 가장 두드러진 변화는?
  학생의 문제행동에 대해 소극적으로 대처한다.　　35.3%
  학생 및 학부모의 갈등 상황을 회피한다.　　31.7%

- 체벌금지 이후 학교에서 어떤 변화가 일어났나?
  학교에서 교사의 생활지도에 불응하는 학생들이 많아짐　51.1%
  학교 내 질서가 무너짐　　31.5%

지금의 체벌금지, 학생들의 개별적인 요구조건을 수용하라는 학생과 학부모의 요구가 직업인으로서 교사의 열정을 빼앗아 버리고, 적당히 교사의 역할을 할 것을 전제로 하고 있는건 아닌지 생각해 보아야 합니다. 어떠한 환경에서도 교사는 교사로서 교육자의 길을 가야 합니다. 학생들은 우리의 미래이고 희망입니다. 따라서 정책이 바뀌고 교육부 장관이 바뀌어도 교사의 역할은 변하지 않으며, 교육은 교사에 의해 완성될 것입니다.

누구에게나 가치관과 신념이 있습니다. 가치관은 선택할 수 있는 준거를 제시하고, 신념은 어떤 것을 진실로 받아들이는 것, 어떤 것이 사실이라고 생각하는 일입니다. 개인의 인생 경험에 의해 개인의 개념들 즉, 신념이 만들어집니다. 신념이 곧 "나"인 것입니다.

교사의 가치관과 신념이 바로서야 교사로서의 행복이 찾아옵니다. 아무도 몰라주어도 교사 자신이 인정하고, 미래의 학생이 인정해 준다면 그것이 교사의 행복이고, 개인의 삶의 질이 올라갑니다.

어쩌다 버스 기사와 같은 역할을 한 교사에게 감사한 마음을 전하는 학생을 만나면 우연히 네 잎 클로버를 찾은 것처럼 교사는 마냥 설레고 기쁩니다. 세 잎 클로버는 보통의 학생이고, 감사함을 표현하는 학생은 네 잎 클로버입니다. 통상적으로 세 잎 클로버는 행복을 상징하고, 네 잎 클로버는 행운을 상징한다고 합니다만, 네 잎 클로버의 행운만을 찾는 사람은 세 잎 클로버가 주는 행복의 기쁨을 느낄 수 없습니다. 왜냐하면 행운만을 쫓아가다 보면 진정한 행복의 의미를 놓치기 때문입니다.

    교사는 학생들의 감사한 마음이나 긍정적인 반응이 없더라도 교사로서의 의무를 충실히 해야 진정한 행복을 맛볼 수 있게 됩니다. 묵묵히 교사역할을 하다보면 "선생님, 감사합니다."와 같은 네 잎 클로버의 행운이 뜻하지 않게 찾아 올 것입니다.

    코칭형 교사는 전문 코치는 아니더라도 코치처럼 학생의 잠재력을 찾아서 학생 스스로 삶의 주인공이 되도록 안내해주는 사람을 의미합니다. 즉, 학생의 존재에 의미를 부여해주고 학생이 정한 목표를 달성할 수 있도록 교육자로서의 신념을 가진 교육자를 코칭형 교사라고 합니다.

"코칭형 교사가 필요한 이유는 무엇일까요?"

    교사는 교육 활동을 하려면 질서와 규칙을 유지해야 할 필요가 있습니다. 한 사람의 교사가 다수의 학생들을 동시에 가르쳐야 하므로 교사는 집단과 개인을 고려해야 하는 딜레마에 빠지게 됩니다. 교사는 교수-학습장면에서 집단의 목적인 교육활동을 방해하는 학생의 행동을 제지하거나, 문제 행동을 한 학생에게 부정적 경험을 하도록 요구함으로써 또 다른 문제가 나타나지 않도록 예방하는 방법을 사용하게 됩니다. 집단을 고려하면 개인의 욕구를 무시해야 하고, 개인의 욕구를 고려하면 집단의 목적은 희미해지게 되는 것입니다.

    교사는 문제 행동을 하는 학생에게 부정적 경험을 하게 하는 것이 교육적이지 않다는 것을 알지만 규칙이 없는 교실에서는 교육 활동을 전개할 수 없으므로 교사의 권위를 사용하여 규칙 준수를 요구하게 됩니다. 따라서 교사는 집단을 이끌면서 교육적 효과를 거두기 위한 규칙이 정해지면 공정하고 단호하게 규칙 준수를 이행하면서 아울러 규칙 위반 학생을 개별적인 만남을 통해 이해하고 지도하는 노력까지 함께 해야 합니다. 문제 행동을 했다고 해서 비난하고 야단만 치고 개별적인 지도까지 후속조치 되지 않으면 학생이 행동을 개선하려는 의지를 잃어버리고 자신에 대하여 부정적으로 인식하게 됩니다.

교사는 학생과의 개별적인 만남을 통해 학생의 욕구와 감정을 헤아리면서 학생 스스로 성장할 수 있도록 이끌어주도록 대화해야 합니다. 즉 교단에서 집단의 이익을 위해 학생 개개인의 행동이 제지되더라도 한 학생의 전인적인 성장을 위해 맞춤식 일대일 지도가 요구되어집니다. 그러기 위해서는 상황에 맞게 코칭언어를 사용하여 학생과이 일대일 상황에서 학생을 지도할 수 있는 코칭형 교사가 되어야 할 것입니다.

"코칭형 교사가 갖춰야 할 사항은 무엇일까요?"

첫째, **교과 전문성**입니다. 교과에 대한 전문성은 교사의 자신감과 관련되며, 교사는 학생의 지적인 성장을 위해 노력하는 사람입니다. 교사가 자신감이 없으면, 학생들은 금방 교사의 비언어적인 것을 읽어 내려갑니다. 비언어적이란 음성, 어조, 표정, 느낌 등 교사가 자신 없어 하는 것을 학생도 알아차린다는 것입니다. 학생들은 그런 교사에게 배울 것이 없다고 판단할 수 있습니다. 교과내용, 교수방법, 학생이해, 최근 교육의 동향 등 교육의 전문가로서의 전문성을 유지할 수 있도록 노력해 교사로서 전문성을 갖추어야 합니다.

둘째, **대화법**입니다. 교사와 학생은 매일 만나는 사이라서 영향을 받지 않으려 해도 부지불식간(不知不識間)에 영향을 받게 됩니다. 계속적으로 함께 하다보면 긍정적이든 부정적이든 무의식중에 소통의 방식을 교수하고 학생은 학습하고 있는 것입니다. 또 교사와 학생은 대화로써 소통합니다. 학생의 욕구를 이해하고 교사의 욕구를 학생들에게 전달할 수 있는 대화법을 학습해야 합니다.

셋째, **진정성**입니다. 학생을 머리뿐만 아니라 가슴으로도 이해하도록 노력해야 합니다. 그러기 위해서는 교사 자신에 대한 탐색이 먼저 이루어져야 합니다. 다른 누군가를 이해하기 위해서는 나를 먼저 알아야 하는 것처럼 말입니다. 교사이기 이전에 인간으로서 교사인 나의 장점은 무엇인지, 스스로 부족한 점은 없는지 돌아보아야 자신의 생각이 무조건 옳다는 생각을 버리게 되고, 자기 중심적 사고를 버려야 진정으로 다른 사람을 바라볼 수 있습니다. 학생들의 내면을 움직일 수 있는 것은 스킬이 아니라 진정성입니다.

교사는 자신과 갈등을 일으키는 학생을 만나면 '저 학생이 바뀐다면 좋을 텐데.' 하고 생각합니다. 또 어떤 학생이 부적응 행동을 했을 때에도 '이 학생의 내면과 환경에서 저런 선택을 할 수밖에 없었을 것이다.'라는 것을 알면서도 교사 개인의 가치관에 의해 학생을 비난하게 됩니다. 학생의 부적응 행동과 욕구를 객관적으로 바라보기 위해서는 교사 역시 진정한 자신의 내면을 바라보고 성찰하는 노력을 해야 합니다.

이 책의 "4부 가르치는 일은 나를 완성하는 일입니다"에서 교사 자신을 인식하고 성찰하는 내용이 포함되어 있습니다. 이 내용을 참고하여 자신의 참모습을 발견하고 진정성있는 교사로 거듭나길 바랍니다.

이 책에서는 코칭형 교사가 갖춰야 할 세 가지 요건 중에서 교과 전문성을 제외한 대화법과 진정성에 중점을 두고 있습니다. 진정성을 기반으로 학생들과 어떻게 대화할 것인가에 대해서 H·E·T 모형으로 풀어보고자 합니다.

02
본질에 충실한 교사의 역할은 무엇인가요?

학생들에게 "학교에 오는 것이 즐겁니?"라고 물어보면 이구동성으로 "아니오!!"라고 합니다. 학생들은 학교란 시험을 통해 경쟁해야 하는 스트레스를 주는 장소, 권위자에 의해 통제받는 곳이라고 판단하는 것 같습니다. 학교에 대한 이런 부정적인 시각이 자기 즉 나를 만들어가는 곳이라는 긍정적인 시각으로 전환되길 바랍니다.

다시 말하면, 학생들에게 있어 학교란 다른 학생들과 생활하며 자신을 알아가는 곳, 자신에 대한 인식이 긍정적으로 발달하도록 하는 곳, 그 과정에서 타인과 소통하는 법을 형성하면서 성인이 되었을 때 사회 구성원으로서의 역할을 학습하는 곳이어야 합니다. 즉 과거에는 대가족 체계에서 배웠을 구성원으로서의 역할을 현대에서는 학교라는 집단에 머무르며 사회성을 발달시켜 사회 구성원으로서의 역할을 학습해야 합니다.

"그렇다면 이런 학교에서 이루어져야 할 교육의 본질은 무엇일까요?"

교육의 본질은 행복한 삶을 살아가는 인간을 만드는 일입니다.

교육의 본질이 이루어지는 장소가 학교이며, 학교라는 소통의 공간에서 다른 사람과 대화하는 법과 사회성을 발달시키고, 자신의 가치를 창출하여 궁극적으로 행복한 내가 되기 위해 교육을 받게 됩니다.

즉 학교는 모든 아이들이 자신의 꿈을 이루며 행복한 삶을 살아갈 수 있도록 도와주는 곳이기도 합니다. 공부를 잘한다고 해서, 좋은 학교에 진학한다고 해서 꿈이 실현되는 것은 아닙니다. 배우는 것에 대한 기쁨과 스스로 문제를 해결했을 때의 희열을 경험해야 꿈을 이룰 수 있는 밑바탕이 됩니다. 학생이 새로운 것을 배우는 즐거움을 알고, 주도적인 자신의 삶을 살아가도록 교사 스스로가 교육의 본질에 충실했으면 합니다.

교사의 근본적인 사명은 시대를 초월하여 같다고 합니다. 1970년대 『교육학회편』에 있는 내용입니다.

"전통적 교사관에 중대한 수정이 가해져야 한다."고 지적하면서 다섯 가지 변화를 강조하였습니다.

첫째, 지식 전수를 교육자의 임무로 하는 그릇된 관념에서 하루바삐 탈피하여야 하겠다. … 지식교육 못지 않게, 아니, 그 이상으로 금후 교육적 노력은 인간의 정서 생활에 기울여져야 할 것이다.

둘째, … 교육자의 임무가 … 전인교육에 있다면, 그의 책임은 무한대로 확대된다. 옛날 가정, 향토, 사회, 교회 등이 부담하고 있던 교육의 책임을 교사가 모든 짐을 지지 않으면 안 되게 되었다. 교사의 임무는 전에 없이 확대되고 중대화된 것이다.

셋째, … 교사는 눈을 밖으로부터 안으로 돌려야 한다. … 교사는 경사(經師)*

---

*전문 지식과 함께 교수 기술을 갖춘 교사

의 영역을 벗어나 인사(人師)*가 되어야 한다.

넷째, … 교사는 자신이 먼저 자율적, 자주적, 개척적, 창조적 역사자(役事者)가 되고 아동을 그렇게 만드는 인물이어야 한다. 여기서 중요해지는 것은 사고의 능력이요, 비판적 정신이며, 선택과 의사 결정의 힘이다.

다섯째, … 교사는 부단히 성장하는 사람이다. 홀로 자라는 사람이요 아동과 더불어 자라는 사람이다. … 여기서 그에게 요청되는 것은 미지의 세계에 대한 비전이다.**

1970년대와 지금의 교사 역할에 동일한 부분을 음미해 보면 교사는 단편적인 지식 전수자에서 벗어나야 하고, 학생의 전인적인 성장에 힘써야 하며, 창의성 있는 학생으로 발달시켜야 하고, 선택과 의사결정능력을 향상시켜야 하고, 평생학습자로서의 자세로 꾸준히 자기 성찰과 연찬을 거듭해야 합니다. 시대가 변화하고, 사회적 요구 사항이 변화를 요청하면 교사의 역할에 대한 전략적인 부분은 변하겠지만 40년 전에 강조 된 교사의 본질이 변하지 않은 것처럼 오늘날에도 여전히 강조되고 있으며, 앞으로도 교사로서의 본질적인 역할은 변하지 않을 것입니다.

교사가 학생지도에 손을 놓게 되면 본질적인 교사 역할을 수행하기 어렵기 때문에 무기력해집니다. 교사로서의 본질Essential을 찾고, 교직에 대한 소명의식을 갖는다는 것은 시대에 따라 강조되는 덕목이며, 정책적으로 교사 역할이 변한다 하더라도 교사로서 흔들림 없이 정체성을 가지고 교단에 서는 것을 의미합니다.

또 교사는 사람을 만드는 전문가입니다. 교육을 통해 사람의 행동을 바람직한 방향으로 바꾸어주고 사람을 사람답게 만드는 일에 전문적 기술과 능력을 행하는 사람이라는 뜻입니다. 그러기 때문에 교사는 '학생의 행동'에 관심을 갖게 됩니다. '바람직하지 못한 행동'을 '바람직한 행동'으로 바꾸어 놓

---

* 인격과 품격이 높은 교사
** 한국교육학회 편(1974). 교원의 질, 한국교육문제총서 4, 30~31쪽 요약.

는 것이 교사에 의한 교육의 결과입니다.* 전문가로서의 교사는 학생의 행동을 바르고 가치 있는 행동이 되도록 관심을 가지고 대화로써 지도해야 합니다.

　학생을 지도하기 위해 공통적으로 사용가능한 학생지도 모형이나 대처방식 또는 대화법이 있다면 교사는 본질적인 교사의 역할을 수행하는데 수월할 것입니다. H·E·T 모형은 감정적인 대응을 줄이고 학생들의 자존감과 전인성을 이루기 위해서 교사의 본질적인 학생지도를 위한 대화법입니다. 본질적인 역할을 수행하는 교사는 학생을 지도할 때 현재의 상태에 머무르지 않고 학생이 가지고 있는 가능성, 존재의 의미에 초점을 맞추어야 합니다. 본질적인 교사역할을 통해 학생의 내면에 깨어 있지 않은 잠재력과 장점을 이끌어 낼 때 학생의 전인적 성장을 가져 옵니다. 학생에게는 무한한 가능성이 있다는 믿음으로 학생 안에 존재하는 모든 가능성을 찾아내려 애쓸 때 교육의 본질이 이루어지는 것입니다.

---

* 윤정일 · 허형(2003), 「훌륭한 교사가 되는 길」, 서울 : 교육과학사, 22쪽.

03 학생 지도는 WIN-WIN 게임이다

"잘 가르치고 싶은데 어떤 장애물이 있나요?"

모든 교사가 당면하는 문제점은 참으로 많을 것입니다. 초보 교사는 잘 가르치고 학생들을 잘 이끌어주고 싶지만 어떻게 해야 하는지 방법은 정확히 알지 못한 채 교단에 서게 됩니다. 학생들을 잘 가르치고 싶은데 어떤 장애물이 있는지 잠시 생각해 봅시다.

잘 가르치는 교사가 되기 위해서는
 − 공부하고 싶도록 동기부여 하는 능력
 − 학생들의 정서적인 문제를 다룰 수 있는 능력
 − 효과적으로 학생지도, 훈육할 수 있는 능력
 − 학생들의 행동에 적절한 피드백을 할 수 있는 능력
등이 요구됩니다.

이밖에도 수없이 많겠지만 잘 가르치는 교사들의 방법은 교사의 성격 스타일, 교육관, 과거 경험 등에 따라 학생지도 방법 역시 달라집니다.

위 4가지 중에서 잘 가르치는 교사가 되기 위한 전제조건, 또는 가장 시급하게 교사에게 필요한 능력은 학생지도입니다.

학생 지도의 방법은 학생과 교사의 신뢰를 의미하며, 학생 지도에 어려움을 느끼는 교사는 스스로 교사로서 유능하지 못하다, 학생들로부터 무시당하고 있다고 여깁니다. 이는 교사의 자존감에 영향을 주고, 나아가 교과 전문성에도 부정적인 영향을 미치게 됩니다. 학급 안에서의 문제를 교실 안에서 해결하고, 학생을 대화로써 이끌어 줄 수 있다면 학생 지도가 잘 이루어지고 있다는 것이며, 그 바탕위에 교과지도는 완성되는 것입니다.

불과 2009년만 해도 학생지도 하면 생각나는 단어가 학생부, 학생부장, 훈육, 교칙 준수, 규율, 획일화였습니다. 학생지도의 의미는 으레 교칙위반, 두발, 교복, 학생 간의 사건사고 등 잘못된 행동을 수정, 통제, 처벌하는 것이라고 해도 과언은 아닙니다. 그러다보니 학생지도는 학생훈육과 비슷한 의미로 통용됩니다.

21C 정보화시대에는 더 이상 이러한 과거의 방식으로 학생지도가 이루어지지 않는다는 것은 교육과학 기술부, 교사, 학부모 사이에서 어느 정도 공감대가 형성되었습니다. 요즘 분위기는 체벌금지, 개성존중, 학생의 인권보호가 학생지도보다 우선시 되고 있어 학생지도의 의미가 혼란스럽습니다.

아브라함 H.매슬로가 쓴 『존재의 심리학』에서 나온 이야기입니다. 동기는 행동을 부르고, 하나의 동기가 충족되면 다시 다른 동기가 나타난다고 합니다. 여러 개의 동기가 충돌할 때는 긴박하거나 우세한 동기가 우선권을 가지게 되고, 그 우세한 동기들이 충족되면 더 높은 수준의 동기를 채우려고 합니다. 배고픔이 해결되지 않으면 창작 작품을 할 수 없는 것처럼 사랑, 정의, 친절과 같은 수준 높은 동기들은 덜 우세한 특정 인물, 배고픔, 갈증, 임박한 재앙에서 자유로워지면 더 높은 수준의 동기들을 채워지기 위해 인간은 어떤 행동을 하게 된다고 합니다.★

★ 아브라함 H. 매슬로(2005), 존재의 심리학, 서울 : 문예출판사, 11~14쪽 요약.

그런 측면에서 본다면 체벌금지는 원칙적으로 맞는 이야기입니다. 교사가 매를 들고 공포감을 조성한다면 학생들은 안전에 위협을 느끼기 때문에 학습하고자 하는 동기 유발은 이루어지지 않을 것입니다.

"그렇다면 체벌금지가 궁극적으로 학습에 어떤 영향을 미칠까요?"

체벌금지 이후 교사들이 학생지도를 어려워하는 것을 보면, 교사입장에서 체벌금지는 백곰효과인 것 같습니다. 백곰효과란 백곰을 생각하지 말라고 강요하면 오히려 백곰의 모습이 뇌리에서 떠나지 않는 것을 말합니다. 체벌금지만 생각날 뿐 학생을 어떻게 지도해야 할지 방법이 떠오르지 않고 교사로서 무기력해 질 수 있다는 것입니다.

요즘 학생들은 집에선 왕이고, 학교에선 교사의 폭력을 감시하고 사진 찍는 일을 한다고 극단적으로 표현합니다. 학생들은 학교에서 학습과 성장에 노력과 시간을 사용하는 것이 아니라, 교사를 괴롭히고 놀이수단으로 이용하고 있습니다. 어른이 만들어 놓은 정책에 교실이 죽어가고 있습니다. 교사가 행복하지 않은데 교실이 살아날 리 없습니다.

'교실이 죽어간다'는 것은 누가 죽은 것일까요? 그 의미는 '학생이 배움과 성장을 하지 못 하고, 교사는 열정적으로 학생을 지도할 수 있는 상황이 아니다.'라는 것입니다. 학생의 변화는 교사의 열정에서 시작됩니다. 열정이 없는 교사는 학생들에게 무관심하게 됩니다. 체벌금지가 학생의 인권을 보호한다는 긍정적인 면 이면에 교사의 열정을 빼앗아 버린 건 아닌지 우리 모두 생각해 보았으면 합니다.

그러나 이 정책이 100% 잘못 되었다고 생각하지는 않습니다. 이런 정책이 교실을 망칠 수 있다는 것을 아는 것만으로도 하나의 교훈과 배움이 있으니까요. 걸려 넘어지는 그 곳에 보물 상자가 있다고 했습니다. 지금 이 상황을 교훈삼아 가장 합리적이고 효율적인 방법을 찾아가야 합니다.

학생이 학교 교칙을 준수한다는 것은 졸업 후 사회에서 준법을 지키도록 예행 연습하는 것입니다. 학교 교칙 준수의 넓은 의미는 학생들이 자신의 행동에 대해 책임지게 하는 것입니다.

우리나라의 체벌금지와 같은 것이 영국에 "**No touch**"라는 제도가 있는데 13년 만에 실패된 정책으로 폐지되었다고 합니다.* 우리는 그 전철을 밟지 말고, 잘못된 정책을 빨리 바로잡아 우리나라만의 방식을 만들어갔으면 합니다. 5,000년의 역사를 가진 민족혼으로, 전쟁 중에 '전시연합대학'이라는 것을 만들어 맨땅에서도 포기하지 않고 공부를 했던 대한민국의 힘!! 그 교육의 힘을 다시 찾았으면 합니다.

시대가 바뀌면 학생지도 방식이 바뀌는 것은 자명한 일입니다. 지금은 학생지도 방식이 바뀌어서 교사와 학생이 과도기를 겪고 있어 너무나 혼란스럽습니다. 교사들은 새로운 학생지도 방식을 제시하고 필요하다고 느끼고 있지만, 구체적인 접근 방식에 대해서는 막연해 하고 있습니다. 그러다 보니 많은 교사들이 엄청난 시간과 에너지를 학생지도에 투입하고 있으나, 돌파구를 찾지 못하고, 뾰족한 대안이 없는 현실에서 결국 학생지도를 포기하게 될까봐 많은 교사들이 교육현장을 걱정합니다.

교사가 학생지도를 포기했을 때 가장 많은 영향을 받는 사람은 학생입니다.

학생들은 공부가 하기 싫다고 하면서도, 수업시간에 수업을 대충하는 교사를 싫어합니다. 학생들은 공부가 하기 싫은 나를 공부할 수 있도록 이끌어 주기를 바라고 있습니다. 학생들이 진정으로 원하는 것은 바로 학생의 잠재력과 가능성의 성장에 초점을 맞추어 학생지도 방식을 바꾸어 주기를 바라고 있는 것입니다. 학생들은 "우리를 지도하지 마세요."라고 이야기 하는 것이 아니라, "학생들이 납득되는 방식으로 우리를 지도해 주세요."라고 이야기 하고 있습니다.

교사가 원하는 것은 "학생들을 잘 가르쳐서 사회에서 인정받는 사람으로

---

* 전익진(2011), 「교사들이 울고 있다」, 『중앙일보』, 2011. 7. 14.

만들어 교사로서 보람을 얻고 싶다"이고, 학생들이 원하는 것은 "우리가 납득할 수 있는 방법으로 우리를 이끌어주세요."입니다.

이 둘 사이에서 학생지도의 방향은 "학생인권보호"가 아니라 "학생의 행동에 책임지기"입니다. 지금의 "학생인권"은 "교사인권"과 대립되어 WIN-WIN방식이 아니라 WIN-LOSE방식이기 때문에 학생이 이기든지, 교사가 이기든지 할 것입니다. 이것은 교육이 아닙니다. 이제 학생인권을 이야기 하지 말고 학생지도를 "학생의 행동에 대한 책임지기"로 바꾸어 교사와 학생이 모두 WIN-WIN해야 합니다.

"학생의 행동에 대한 책임지기를 하기 위한 방법은 어떤 것이 좋겠습니까?"

서로 WIN-WIN하기로 했는데 체벌 같은 산업화시대 방식이 사용된다면 아이들에게 심리적으로 부정적인 영향을 미치게 되고, 이것은 목적을 위해서 수단이 정당화되는 꼴입니다. 교사는 학생지도에 체벌보다 더 좋은 방법이 있다면 그것을 선택할 것입니다.

학생지도의 최선의 방법은 의사소통입니다. "대화"로 풀어가는 것입니다.
본질적인 교사의 역할은 학생과 대화가 잘 통해, 학생과 신뢰가 쌓이고, 좋은 관계가 유지되어 교사의 의견이 학생들에게 긍정적인 영향을 미치는 것입니다. 이는 곧 교사의 전문성과도 직결됩니다.
교사의 전문성 두 가지는 **교과에 대한 전문성과 교사로서의 대화법** 입니다. 대학교 교육기관에서 교과의 전문성은 충분히 익히나 학생과의 올바른 대화법에 대해서 충분히 익히고 교단에 서신 선생님은 드물 것입니다.
교과교육에 대한 전문성만 가지고 교단에 선 교사는 학생과의 대화를 어깨 너머 배우거나 자신만의 방식을 고집하게 되어 결국 학생과 소통하는 것이 어려워집니다. 따라서 학생의 마음을 움직이는 대화를 해서 학생을 지도하려면 경험이 많은 선배교사를 멘토로 삼아 배우든지, 아니면 역할 훈련을 통해 배워야 합니다.

  필자는 이 년 동안 교사 동아리를 조직하여 사례를 중심으로 학생과의 대화법을 익혀서 실제로 현장에 적용할 수 있도록 구성하였습니다. 의사소통은 대화법입니다. 영어나 제2외국어를 학습하듯이 날마다 연습하고, 사례에 적용하여 본다면 학생을 이끌면서 바람직한 방향으로 지도하는 데 큰 도움이 될 것입니다.

04 학생 지도는 누구의 책임인가요?

"학생 지도는 누가 책임져야 할까요?"

지금 사회에서는 학생 지도의 책임을 교사에게 돌리고 있습니다. 그런데 교사에게 학생을 책임지라고 한다는 것은 뭔가 완벽해 보이지 않습니다. 어떻게 보면 평생을 책임지는 것은 학부모입니다. 교육정책이 나빴다느니, 제대로 된 교사를 만났느냐를 따지다가 자녀교육의 핵심을 놓칠 수도 있습니다. 환경을 탓하기보다 환경을 이겨내도록 자녀를 양육해야 하는 것이 학부모의 역할일 것입니다.

평생을 두고 책임지는 것은 자녀를 교육시키는 학부모이겠지만, 주어진 기간 동안 학생의 성장을 책임지는 것은 교사입니다. 교사는 학생을 '최고의 고객'이라는 마음으로 교단에 서야 합니다. 그런데 지역사회와 학부모가 해야 하는 역할마저도 교사에게 모두 전담시키는 경우가 많아 정말로 교사가 책임져야 할 부분을 소홀히 하게 됩니다.

학교에서는 이런 전화를 종종 받습니다. "여기 ○○아파트 인데요, 학생들이 방과 후에 끼리끼리 모여서 담배피고 있어요. 도대체 학교에서 학생 지도 하는 거요, 안하는 거요?" 방과 후에도 교사가 그 많은 학생들을 따라다닐 수 없는데도 지역사회에서는 교사가 학생들의 모든 행동을 책임져야 한다고 느끼는 것 같습니다.

아파트 단지에서 돈을 뺏기는 사고가 발생하면 교사는 퇴근 시간에도 순회지도 하고, 도서관에 상주하면서 학생들을 지도한다고 합니다.

아침에 교통 지도하는 경우도 그렇습니다. 교사가 학생의 안전을 지도해야 하는 것은 맞지만, 아침마다 교통지도 하는 것은 지역사회의 몫으로 지역사회 역시 교육의 한 부분을 책임지도록 사회 시스템을 만들어 주어야 합니다.

가끔 교사들은 지각하는 학생들을 깨우기 위해 가정에 전화를 하는 경우가 있습니다. 학생이 갑자기 학교를 안 나오거나 가끔 지각해서 가정에 전화하는 일은 교사로서 당연한 일이지만 매일 지각하는 학생들을 아침마다 교사가 전화해서 깨우는 것은 생각해 봐야 합니다. 가정에서 부모님이 해야 할 일을 교사가 하고 있습니다. 결손가정이나 극단적인 사례를 이야기 하는 것이 아니라, 일반적인 가정문제나 생활태도는 가정에서 교육이 이루어져야 한다고 생각합니다. 다만 가정이 제 역할을 하지 못했을 때, 학교가 어느 정도 그 역할을 보조 해주어야 합니다.

"교사가 정말로 해야 하는 역할은 무엇일까요?"

사회를 떠들썩하게 했던 역대 사이코패스들의 특징을 비교해 놓은 중앙일보 2010년 3월 11일자* 신문내용을 교육적으로 접근하면 3가지로 요약됩니다.

"학교중퇴, 가정환경불우, 심리적 어려움"

가정에서, 학교에서 치유 받지 못한 것이 결국은 사회로 나와 우리 모두의 삶을 흔들어 놓게 됩니다. 어떤 범죄인이 학교를 자퇴하고, 친구와 사회에서

---

* 김진경(2010),「역대 사이코패스 특징 비교해 보니」,『중앙일보』, 2010.3.11.

멀어지고, 나에겐 선생님과 친구도 없었다면서 자신의 욕망을 폭력적·비윤리적으로 풀어놓고 있을 때, 해결책으로 법적인 처벌과 그 한 명을 사회시스템에서 제거하는 것만이 최선은 아닐 것입니다.

이런 학생마저도 학교에서 지도할 수 있는 시스템을 갖춰 자신이 처한 세계와 미래에 대한 불안을 긍정적으로 바꾸어 주는 교육이 되도록 교사, 학부모, 지역사회가 모두 힘을 합쳤으면 합니다. 사이코 패스라는 사회적 배제아를 우리가 양성하지는 않았는지 되돌아 봐야 합니다. 가정이 제 역할을 위해 노력하고, 지역사회가 어느 일정 부분을 책임지는 시스템 속에서 교사는 단 한 명의 학생도 포기하지 않을 열정과 에너지를 갖게 됩니다.

교사에게 무한 책임, 무한 희생, 무한 역할을 강요하다보면 정작 중요한 것들을 놓치게 됩니다. 교사가 교실에서의 문제를 교실에서 해결할 수 있도록 사회적 지원이 필요합니다.

유능한 교사라면 어떤 아이에게서도 그 아이의 긍정성을 찾아 줄 수 있어야 합니다.
단 한 명의 학생도 포기하지 않아야 합니다.
학교라는 작은 사회를 통해 진짜 사회로 나갈 수 있도록 이끌어주어야 합니다.
위기의 순간에 교육이 이루어집니다. 교육이 이루어질 순간을 포착하여 학생지도를 할 수 있도록 교사에게 여유를 주십시오.

교사 역시 변화하여야 합니다. 변화할 때는 교사의 변화를 학생들이 눈치 채지 못하게 작은 것부터 시작해 보십시오. 진정한 변화는 작은 것에서부터 시작됩니다.
어느 교사가 변화를 시도합니다. 앞으로 학생들에게 친절히 대하기로 하고, 대화법도 바꾸고 표정도 바꾸었습니다. 진정한 내면의 변화가 아니라 의도적인 변화를 시도한다면 선생님은 다른 사람 옷을 입은 것처럼 어색하고,

학생들은 교사의 변화를 의심하게 됩니다. 그런 변화가 어색하여 교사가 힘들어지면 용수철처럼 빠른 속도로 변화 전 상태로 돌아가 버리게 됩니다.

가장 변화하기 쉬운 것부터 꾸준히 변화하는 것이 진정한 변화입니다. '어떤 변화가 있는지 모르겠는데 선생님이 한 달 전과 비교해 보니 변한 것 같아.' 이런 피드백을 받는다면 교사는 변화를 꾸준히 하게 됩니다.

너무 서두르지 마십시오. 너무 서두르다 보면 내가 뭘 하고 있는지도 모른 채 무엇인가를 하는 나를 발견하게 됩니다. 내가 지금 어떤 변화를 왜 하려고 하는지… 교사의 삶의 변화를 교사의 내부에서 이끌어 내는 것이 진정한 변화를 위해 필요합니다.

면면(綿綿)히, 그리고 천천히… 이것이 변화입니다.

2부
H·E·T 모형으로 초대합니다

01
H·E·T 모형으로 코칭형 교사되기

요즘 학교현장에서 교사들은 수업 후 학생들을 위해 무엇을 얼마나 가르쳤는지에 대한 의문과 자기중심주의에 빠져 있는 학생들 지도 때문에 많은 어려움을 겪고 있습니다. 또 대학 입시와 직결되는 과목 중심의 교과 교육으로 바른 인성을 위한 교육 활동은 등한시 된 지 오래 되었습니다.

이러한 현장에서의 문제를 풀어나가기 위해서는 공동체적 가치와 나눔의 가치를 느낄 수 있도록 다양한 체험 위주의 교육활동이 필요합니다. 학급 구성원이 자신의 역할을 다하여 즐겁고 의미 있는 학교생활을 할 수 있도록 하는 것을 목적으로 한다면 코칭형 교사가 해야 하는 역할은 무엇일까요?

1) 리드lead하자

리드lead란 이끌어주는 활동을 말합니다. 리드lead의 전제는 의사소통입니다. 소통이 되지 않는 리드는 리드가 아니라 독재입니다. 소통하여 리드하는 교사가 되고 싶다면 자신만이 옳다는 생각을 버리고, 서로 대화로써 문제원인에 접근하고 학생이 해결책을 찾아가도록 이끌어주어야 합니다.

리드하는 교사가 되기 위해서는 코칭형 교사가 되어야 합니다. 교사는 지식을 가르쳐주는 사람이지만, 때로는 가르치지 말아야 하는 사람이기도 합니다. 가르치고자 하나 학생이 더 배우려 하지 않을 때는 스스로 변화하도록 학생을 리드할 수 있어야 합니다.

교사가 학생들과 의사소통 방법을 개선하여 바람직한 방법으로 대화한다면 사회의 구성원으로 소통하는 방법을 이미 가르치고 있는 것입니다.

학생들은 다른 사람과 어떻게 타협하고 배려하는지, 자기주장은 어떻게 표현하는지, 어떻게 거절하는지 교사의 대화법을 보고 배웁니다. 학교에서 학생들은 또래 집단과의 관계를 가장 소중하게 생각하는 경향이 있습니다. 친구와 사이좋게 지내고 사교적인 학생들은 혹 공부를 못한다 해도 얼마든지 즐겁고 행복하게 생활할 수 있습니다.

교사의 대화법으로 사회성 훈련이 학교에서 자연스럽게 이루어지고 있습니다. 따라서 교사는 학생이 자존감에 상처를 받지 않으면서, 행동수정과 성장이 이루어 질 수 있도록 지도해야 합니다.

다양한 성향을 가진 학생을 만나더라도 교사는 교사의 역할을 수행할 수 있어야 하며, 만약 학생에 따라 교사의 역할이 어렵게 느껴진다면, 교사는 수동적인 교육활동을 전개하게 되고 이는 "전문성 있는 교사" 라고 말할 수 없습니다.

학생이 어떤 행동을 하더라도 교사는 적절한 범위 내에서 문제원인을 찾아서 해결방법을 탐색해보고 실행하여 적절한 피드백을 주어야 합니다. 그러기 위해서는 학생이 어떤 원인으로 일탈행동을 하는지, 잘못된 신념과 행동은 무엇인지 탐색하는 것을 도와주는 일부터 해야 합니다. 어쩌면 학생들은 나름대로 자기가 필요한 것을 얻기 위한 최선의 선택을 한 것일 수도 있습니다. 학생 스스로 자신을 지키는 방법으로 선택한 것이기 때문에 무조건 부정하기 보다는 어떤 부분에 대해서는 인정하고 긍정적인 태도로 바라보아야 합니다.

2011년 7월 해병대 총기난사 사건이 터져 대한민국을 통곡하게 하였습니다. 총기를 절취하여 동기를 죽이고 자폭을 시도하였던 사건에서 두 가지 교육적인 의미가 있습니다.

첫 번째는 해병대의 **"기수열외"**입니다. "기수열외"란 해병대 특유의 왕따 문화라고 합니다.* 기수서열이 엄격한 해병대에서 부대원들이 특정 병사에 대해 선배나 후배 취급을 하지 않는 즉, 인간 존중을 하지 않는 행위를 말합니다. 인간의 존엄성은 소통으로 표현됩니다. 자신의 욕구와 타인의 욕구가 개울가에 물 흐르듯 졸졸졸 흐르고 있었다면 이런 참사는 막을 수 있었을 것입니다.

이젠 소통도 학교에서 가르쳐야 합니다. 물론 시작은 가정에서 시작되어야겠지만 가족이 해체된 곳도 많고, 부모님이 소통이라는 것이 무엇인지 몰라서 가정교육이 이루어지지 않는 경우도 많고, 맞벌이 가정은 시간이 없어서도 소통교육은 실현되기가 어려워 보입니다. "공부만 중요하다"고 하기보다는 기본적으로 사회를 살아가는데 필요한 소통기술을 체득화 하였으면 합니다.

두 번째는 그 참사의 가해자가 "나를 바꾸려고 노력한 사람이 한두 명이 아니었다. 그만큼 문제아였고 학교 다닐 때도 그랬다. 그냥 모든 걸 포기하고 다 끝내고 싶다"**고 말했습니다. 누군가를 바꾸려고 할 때 강압과 강제는 더 큰 부작용을 가지고 옵니다. 학생도 하나의 인격자로 존중하고, "선생님 말이 무조건 옳아, 그러니까 넌 내말 들어!" 이런 교사 중심적 사고에서 벗어나야 합니다. 조금 늦더라도 학생의 의견에 공감해 주면서 그들이 스스로 행동 수정을 할 수 있도록 교사는 리드lead해야 합니다.

2) 학생의 행동을 범주화하자

범주화란 비슷한 행동을 하는 학생들 끼리 어떤 영역에 속하는지 유형별

---

* 김수정·정용수(2011), 「해병대 참사 뒤에 '기수열외' 있었다」, 『중앙일보』, 2011. 7. 6.
** 김수정(2011), 「정신분열 진단 김상병 "죽이고 싶다" 메모」, 『중앙일보』, 2011. 7. 6.

로 분류하는 것을 말합니다. 범주화하기 위해서는 학생들이 부적응 행동을 표출할 때 학생과의 관계를 객관적으로 유지하면서 문제의 원인과 학생의 욕구 그리고 교사의 욕구를 차분하게 생각하고 탐색하는 활동이 선행되어야 합니다.

객관적으로 학생을 바라보는 것은 학생 지도를 포기하거나 무조건 수용하라는 뜻이 아닙니다. 교사가 학생의 선택이 진정으로 자신이 바라는 것인지, 방법상에 문제는 없는지를 객관적으로 볼 수 있도록 지도하는 것입니다. 학생들의 부적응 행동을 범주화한다면 인간의 복합성을 비추어볼 때 훨씬 수월하게 교사가 학생지도를 선택할 수 있습니다. 범주화를 하는 이유는 객관적 시각에서 학생 행동을 바라보고 어떤 범주에 넣어 대화를 시도해 보고, 아니면 다시 다른 범주에 넣어서 대화를 시도하기 위해서입니다. 일단 대화를 시도해 보고 원하는 결과가 아니면 다른 방법으로 다시 대화를 시도합니다.

이런 범주화는, 교사 역할의 한계성을 구분하는데 도움을 줍니다. 또 범주라는 울타리가 생기면 학생 행동을 관찰하고 지속적인 지도를 하게 되는 긍정적인 면이 있습니다. 물론 같은 범주라고 해도 약간은 학생의 행동에 따라 차이가 있을 수 있습니다. 그러므로 학생들이 "어떤 범주 안에 영원히 머무를 것이다."라고 단정하기보다는 학생을 이해하는 융통성을 가지는 용도로 범주를 이해해야 합니다.

H·E·T How to be an Essential Teacher 모형은 학생의 행동을 범주화하여 예방영역, 미결정 영역, 허용영역, 성장영역, 선택영역, 문제영역으로 나누어집니다. 그 영역에 따른 대화법을 학습하여 교사와 학생이 의사소통하는 방법을 찾고자 합니다. 영역별로 대화법을 시도한다면 학생들의 행동을 예측할 수 있고 대비할 수 있습니다.

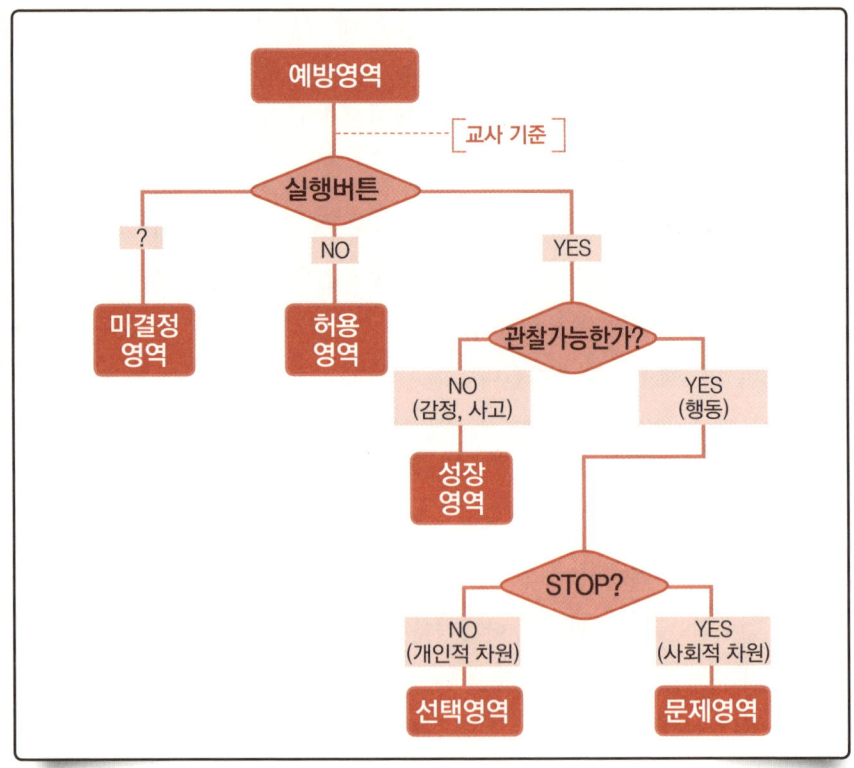

3) 기존의 대화 방식에 "+α" 하자

"교사가 변화해야 교육이 변화한다"고 합니다.

변화.

스스로 나 자신을 변화하는 것, 대화 방식을 바꾼다는 것. 절대 쉬운 일이 아닙니다. 자판기에서 커피 뽑듯 나 자신을 다시 만들어 낼 수 없는 것입니다.

그래서 교사는 변화가 어렵다는 말 대신 이렇게 이야기 합니다.

"지금까지 아무런 문제도 없었는데, 학생들을 대하는 대화법을 왜 바꾸라는 겁니까?", "20년 동안 이렇게 지도했습니다. 어떻게 바꿉니까?"

이 말의 속뜻은 어떻게 변화해야 하는지 방법을 모르겠다는 것입니다. 또는 교사 자신의 대화법이 문제가 되지 않는다고 느껴서 그럴 수도 있습니다. 문제라고 느끼는 것은 교사가 아니라 학생일 것입니다.

그러나 지금 이 순간 어디선가 교사의 대화방식에 의해 사회 부적응아가 양성되어 우리 주변의 삶을 위협하고 있을 수도 있습니다. 그런 일이 생기지 않도록 교사는 더 적극적으로 대화법을 익혀 변화해야 합니다. 최소한 교사의 대화방식이 학생들의 자존감에 상처를 주거나 한 인간의 삶에 부정적인 영향은 주지 않도록 우리 모두 더욱 주의를 기울여야 할 것입니다.

"어떻게 좀 더 쉽게 변화할 수 있을까요?"

지금까지의 자신의 대화방식에 "+α"해 보는 겁니다. 그리고 교사의 변화와 학생의 반응이 어떻게 달라지는지 관찰하는 것입니다. 외국어 공부할 때 단어나 숙어를 통째로 무조건 암기하는 것처럼 교사도 가장 쉬운 것부터 "+α"해 봅시다. "+α"의 의미는 과거의 요소에 새로운 것 하나를 조합하여 변화를 시도하는 것을 의미합니다.

"이번에는 예방영역에 대화를 시도해 보는 거야!!" "이젠 성장영역의 피드백 언어를 시도해 보는 거야!!"

목표 상황이나 갈등 상황을 스스로 설정한 다음 시도해 보십시오. 그리고 하나씩 하나씩 영역을 넓혀갔으면 합니다.

필자가 처음에 의사소통에 대해 학습했을 때 경험한 일입니다. 처음에 명령식언어를 사용하다가 "이건 아니다." 싶어 I-message를 배워서 사용하기로 했습니다. 처음 몇 번 사용하고 나서 학생들의 반응에 너무 감동받았습니다. 적용하는 횟수가 늘어날수록 학생들이 너무 좋아하고 조금씩 변화하는 것이 보였습니다. 그래서 어떤 상황에서든지 I-message를 남발하기 시작했습니다.

학생들과의 대화가 힘들어진 어느 날, 학생들이 필자를 나약한 선생님으로 인식하고 있다는 것을 알았습니다. 하나의 대화법이 좋다고 해서 모든 상황에 적용하면 안 된다는 이야기를 하고 싶습니다. 때로는 명령식 언어가 효과적일 수도 있다는 겁니다. 상황에 맞는 대화방법을 하나씩 하나씩 "+α" 하는 것이 H·E·T 모형을 쉽게 익히는 방법입니다.

02
H·E·T 모형은?

H·E·T **How to be an Essential Teacher** 모형이란 학생 지도를 위해 학생지도상의 최선의 방법**How**을 찾을 수 있도록 학생의 행동 영역을 범주화하고 행동 영역별로 의사소통 기술을 안내하여 본질적인**Essential** 교사 역할을 수행할 수 있도록 하는 모형을 말합니다.

"어떻게 학생들에게 대화하면 효율적일까?"

학생들의 행동을 Grouping하면 예방영역, 미결정영역, 허용영역, 성장영역, 선택영역, 문제영역으로 분류할 수 있습니다. 범주화를 하면 교사가 학생 지도를 할 때 객관적인 시각을 가지고 인간적인 관계 속에서 학생과 소통하는 방법을 탐색하여 학생을 지도할 수 있었습니다. 또 범주화한 영역이 타당한지는 교사동아리를 운영하여 학생의 행동을 분류하여 보기도 하고, 서로의 의견을 교환하면서 보완하기도 하였습니다.

모든 학생의 행동을 범주화하는 것은 불가능하기 때문에 범주화에 적용이 안될 수도 있습니다. 일반적인 학생의 행동을 큰 틀에서 범주화하였으며, 심리적으로 어려움을 겪고 있는 학생들은 H·E·T 모형으로 대화하더라도 전문가의 치료가 우선시 되어야 합니다. 즉 H·E·T 모형은 정상적인 학생을 대상으로 범주화하였습니다.

H·E·T 모형에 제시된 대화법은 사회의 대화법을 교육 현장에 맞도록 적용 및 변형하였습니다. 필자는 이 모형이 완벽하다고 생각하지는 않습니다. 하나의 새로운 시도로 받아들여 주었으면 합니다. 학생지도시 이런 접근을 한다면 교사가 학생을 효과적으로 지도할 수 있을 것입니다.

03
H·E·T 모형이 특별한 이유는?

1) 현직교사에 의해 만들어진 의사소통모형입니다

H·E·T**How to be an Essential Teacher** 모형은 현직에서 학생들을 가르치는 교사에 의해 만들어졌고, 교사학습동아리를 운영하여 실제로 적용·운영하였습니다. 교사는 흔히 "~해라"라는 명령식 어조를 많이 사용합니다. 시어머니에게도 교사며느리는 명령한다는 유머로 교사의 명령식 어투를 단편적으로 표현하기도 합니다.

산업화 사회라는 사회적 배경에서 명령식 어조는 가장 행동 변화가 빠르고 효과적이었기 때문에 당연하게 받아들여졌습니다. 그러나 정보화, 개인화에 길들여진 요즘 학생들은 명령식의 대화에 대해 소극적으로 행동하거나 반감을 표출하기도 합니다. 학생들을 스스로 행동하도록 이끌어 낼 수 있는 교사의 대화스킬이 있어야 학생 개개인의 심층심리를 이해할 수 있고, 학생의 행동에 적극성과 자발적 욕구를 자극할 수 있습니다. 강요하는 것보다 스스로 생각하고 행동하게 되면 더욱 적극적이게 됩니다.

H·E·T 모형의 목적은 학생의 문제행동을 예방하고 스스로 생각하고 행동하게 합니다. 결국 H·E·T 모형을 통해 문제 행동을 최소화하고, 학생의 자발

적인 행동을 유발하도록 하며, 학생의 언행에 책임지게 하는 방식인 것입니다.

지금 교사가 학생을 교육함에 있어서 가장 필요하다고 인식하고 있는 부분은 학생지도입니다. 학생지도는 촌각을 다투는 이슈이지만 그 필요성만큼 이론화되고 일반화되기까지는 적지 않은 시간이 걸리는 것 같습니다. 게다가 학생지도와 관련된 교육이론들은 학습자의 인지발달에 초점을 두고 있어 학생의 행동수정과 같이 현실적으로 적용 가능한 이론과 프로그램은 전무합니다. 또 상담분야에서 교사의 역할모형에 관련된 도서와 프로그램이 있기는 하나 우리나라 문화와 차이가 있어 이 역시 적용이 어렵습니다.

현직교사에게 이 모형을 보여주고 설명했을 때 선생님들의 반응은 이렇습니다.
- 앞으로 나의 변화가 기대된다.
- 학생들의 행동이 이렇게 모형화 된다는 것이 신기하다.
- 교사가 변하면 교육의 질은 향상될 것이다.
- 학생들의 행동이 모두 이 모형 안에 있다!!
- 모형화 되어 있으므로 익숙해지면 잘 이용될 것 같다.
- 학생과의 상황이 모형화 되어 있으므로 두려움이 사라지고 해결책에 대한 자신감이 생긴다.
- 학생을 다루는 공식같다.

전문 상담가가 아니어도, 전문 코치가 아니어도 코칭형 교사로 교실을 리드할 수 있는 현직교사에 의해 만들어진 대화방식입니다.

2) 교사기준에 의해 H·E·T 모형의 프로세스는 운영됩니다

교권이 무너지면 교육이 무너지고 그 최대의 피해자는 학생입니다. **교권은 학생을 위해 보장되어야 합니다.** "교권은 교사를 위한 것이다"라는 사고방식은 보이는 것만 보는 근시안적 사고입니다. 학생은 무한한 잠재력을 가지고 있지만 현재는 성숙하지 않은 가치체제를 가지고 많은 실패의 경험을 통해 배우게 됩니다.

학생이 실패를 통해서도 배울 수 있다는 큰 그림을 그리고 있는 것은 교사이어야 합니다. 학생의 행동을 객관적으로 바라보고 학생이 바른 선택을 하도록, 때로는 실패한 선택을 하더라도 실패를 통해 배울 수 있음을 가르쳐야 합니다. 교사 기준에 의해 프로세스가 운영되면 학생들에게는 적정 수준의 한계와 기준을 주되 그 안에서는 선택의 자유가 있습니다.

교사가 '교단을 떠나고 싶다.'고 한다면 '교사가 행복하지 않다.' 라는 뜻이고, 교사가 '교사로서 행복하지 않다.'는 것은 '정상적인 학교 교육이 이루어지고 있지 않다.'는 것입니다. 반대로 '교사가 교단을 사랑한다.'는 것은 '교사로서 행복하다'는 것이고 직업인으로서 자아실현을 이루었음을 시사합니다. 교사의 정신이 교단에서 긍정적으로 이어질 때 그곳에서 진정한 교육이 이루어지는 것입니다.

교사는 H·E·T 학생지도 모형에서 하나의 영역을 선택하고 적절한 대화법을 사용하게 됩니다. 교사 기준에 의해 이 프로세스가 운영되면 교사는 학생지도에 능동적으로 대처하게 되고 자연스럽게 책임지고 싶어집니다. 선택했으므로 책임이 남겠지요. 교사가 책임을 다한다는 것은 교사로서의 의무만을 뜻하는 것은 아닙니다. 교사로서 책임의식을 갖는다는 것은 교사 자신을 위하는 일입니다. 왜냐하면 교육자로서의 만족감은 교사의 삶의 질을 더 높이게 되고, 교단에서 삶의 의미를 찾게 되기 때문입니다.

다시 말하면 교사로서의 의무를 통해 삶의 질이 향상되고 세상을 살아갈 삶의 의미와 보람을 찾게 된다는 것입니다. 교사기준에 의해 프로세스가 운영됨으로써 학생지도에 더 적극적이 되고, 결국 학생지도가 잘 이루어져 학생은 행복하게 학습활동에 전념할 수 있을 것입니다.

3) H·E·T 모형은 코칭 기반입니다

학교에서 담임교사가 학생을 지도하는 것은 "상담"이 아니라 "코칭"입니다.

어느 날 하교한 학생이 집에 들어와서 "엄마, 나 학교에서 담임선생님께 상담받았어요."라고 합니다.

가정이나 학교에서 일반적으로 담임교사나 교과담임교사와의 상담이라 함은 선생님과 학생 사이에 비밀이 유지되는, 은밀한 대화 즉 선생님과 학생 사이에서 나누는 조금은 불편하고 심각한 이야기 정도로 이해되곤 합니다.

엄마는 "그래, 무슨 일 있었니? 담임선생님께서 뭐라고 하셨어?"

엄마는 학생의 이야기를 듣고 무슨 문제로 담임선생님과 상담을 나누었다는 전제하에 자녀와 엄마는 이야기를 풀어갑니다. 상담이라는 분야가 학교에서 학생을 지도하는 대표적인 방법으로 인식되었기 때문입니다.

그러나 엄밀히 말하자면 상담은 내담자의 문제를 해결해가는 과정이긴 하나 사람의 과거나 트라우마를 다루며, 내담자 과거의 문제해결과 회복, 치유에 목적을 둔 전반적인 활동을 말합니다. 교사는 이렇게 전문적으로 상담활동을 하는 사람이 아닙니다. 현재의 문제를 잘 이겨내어 미래로 나아가도록 이끌어주는 사람입니다. 코칭은 건강한 학생의 성장과 변화를 목적으로 하며, 코칭형 교사는 학생의 강점과 성공 경험 같은 내적 자원을 탐색하여 학생이 미래로 나아가도록 이끌어주는 역할을 합니다. 코칭형 교사는 전문적인 코치교육을 받은 코치는 아니더라도 교사라는 권위를 부여받아 학생에게 코치역할을 할 수 있는 대화기술을 가진 사람을 의미합니다.

따라서 담임교사는 넓은 의미의 상담을 하였으나, 협의의 의미에서는 상담을 했다고 보기는 어렵습니다. 이제 우리 교사는 코칭의 원칙을 이해하고 학생을 코칭 해야 합니다.

이토 아키라(김영사)의 『코칭대화 기술』에서 코칭을 할 때 꼭 기억해야 할 3

가지 원칙을 다음과 같이 제시하고 있습니다.*

- 답은 상대 안에 있다.
- 상대의 내면에는 문제와 과제를 해결할 수 있는 능력이 있다.
- 그 답과 능력을 끌어내는 프로세스가 코칭이며, 그런 프로세스를 실천하는 사람이 코치이다.

모든 답은 학생이 알고 있으며, 학생은 이를 해결할 수 있는 능력이 있으며, 그 답을 이끌어내도록 도와주는 사람이 교사인 것입니다.

4) 한국형 교사 역할 훈련모형입니다

"하임 G. 기너트"의 『교사와 학생사이』와 "토마스 고든"의 『교사 역할 훈련』이라는 책에 교사의 역할과 대화법이 소개되어 있습니다. 하임 G. 기너트는 교실에서 학생들과 접촉하는 교사들에게 심리적으로 변해야 할 필요가 있다고 합니다. 『교사와 학생사이』에는 교실에서 학생들은 새로운 문제, 쉴새 없이 일어나는 사건들에 대해 교사가 어떻게 지도하는 것이 학생들의 성장과 지도에 도움이 되는지 특별한 기술들을 제시하고 있습니다.

토마스 고든은 『교사 역할 훈련』에서 교사는 학생을 지도하기 위해서는 관계가 제일 중요하며, 학생들이 교사의 필요를 존중하고 교사가 학생들의 필요를 존중하는 관계를 만들어 가는 것이 교사 역할 프로그램이라고 했습니다.

정말 좋은 내용이지만 우리나라 교육현장과 차이가 있습니다. 문제라고 하기엔 아주 사소한 문화적 차이가 실제 교육 현장에서는 큰 차이를 만듭니다.

대학에 가야 한다는 높은 교육열이 있는 나라, 40년 가까운 식민지 시대를 거치고 3년 넘게 전쟁을 치른 나라, 가장 가난한 나라에서 세계 13위 경제규모를 가진 나라, 스승의 그림자는 밟지도 말라고 가르친 나라, 회초리에 제자에

---

* 이토 아키라(2010), 코칭대화 기술, 서울 : 김영사, 19쪽.

대한 정이 있는 교육 … 그 안에 민족혼이 있습니다.

교사의 권위를 세워 학생의 성장과 변화를 촉진시키려 했던 대한민국 교육의 힘을 기억했으면 좋겠습니다. 교사의 권위에 학생의 잠재력을 일깨우는 소통하는 방법을 첨가하고, 진정성 있게 학생들을 이끌어주는 것이 대한민국 교사의 참모습입니다.

5) H·E·T 모형은 유연합니다

H·E·T 모형이 갖는 유연성은 행동의 결과를 피드백하여 다시 선택할 수 있습니다. 문제에는 해법이 있듯이 학생의 문제 행동에도 해법이 있다고 전제합니다. 학생을 어떤 영역에서 학생 지도 했는데 행동의 변화가 없다면 다시 다른 영역에서 학생지도를 시도합니다. 이러한 유연성이 언젠가는 학생지도의 성공 가능성을 높여줄 것입니다.

예를 들면, 수업시간에 떠들고 다른 학생의 학습을 방해하는 학생을 어떻게 지도하면 좋을까요? 벌점을 줘야 한다, 수업 방해한 벌을 줘야한다, 다른 이유가 있는지 물어 본다, 등 선생님들에 따라 반응이 다양합니다. 한 번도 수업을 방해한 적이 없다가 오늘 처음 떠들었다면 어쩌면 모른척하는 것이 더 효과적일 것입니다. 또 부정적으로 인정받거나 힘을 과시하기 위해 수업시간에 떠든다면 무시하는 것이 최선입니다. 이처럼 똑같은 행동을 하더라도 상황과 학생의 개인변인에 따라 교사는 학생지도를 달리 해야 합니다.

이런 특수한 경우가 아니라면, 수업시간에 떠드는 행동을 문제영역이라고 선택해서 대화를 시도했다고 가정해 봅시다. 문제영역으로 보고 대화를 했는데 효과를 보지 못했다면 다시 성장영역의 대화를 시도합니다. 그럼에도 불구하고 학생지도에 효과를 보지 못했다면 선택영역에서 또 다시 시도해 다른 대안을 찾아보는 겁니다. 교사가 대화를 완벽하게 구현했다고 해서 항상 학생지도를 성공하는 것은 아닙니다. 그러나 학생 지도에 유연성을 가진다면 교사가 원하는 반응이 아니더라도 포기하지 않고 교육적인 학생의 변화가 있을 때까지 그 방법을 모색할 수 있습니다.

　학생들에게는 자유도 필요하지만 규율도 필요합니다. 자유의 소중함과 규율의 의미도 교육해야 합니다. 잘한 행동은 칭찬과 인정을 해 주고 잘못된 행동은 교정해 주기도 해야 합니다. 개인의 자유와 선택의 욕구는 존중해 주되, 경우에 따라서는 타인의 욕구도 존중해야 한다고 가르쳐야 합니다.
　반복적으로 학생지도 대화법을 연습하다 보면 교사의 행동과 사고의 범위가 넓어지고, 학생들은 타인과 내가 어울릴 수 있는 규율을 지킬 수 있도록 방법을 찾아가는 것이 H·E·T 모형이 갖는 유연성입니다.

04

H·E·T 모형은 어떻게 운영되나요?

1) 단계식 운영하기

H·E·T 모형의 단계식 운영이란 학생의 행동을 모형에 입력하여 해당되는 단계를 찾아 그 영역에 맞는 대화를 시도하는 것을 말합니다.

단계식 운영의 예를 들어보겠습니다.

교사 : 오늘은 수업 첫 시간이야. 학생들에게 무슨 이야기를 할까?

라고 교사가 생각한다면 이것은 예방영역으로 예방영역의 대화법 중 하나를 선택하여 학생을 지도합니다.

교사 : 오늘 ○○학생이 수업시간에 무척 떠들어서 수업에 방해가 되는군!! 어떻게 할까?

이 학생이 떠들어서 다른 누군가에게 방해가 된다면 문제영역에서의 대화를 시도합니다. 또는 정서적인 문제가 있는 것으로 교사가 느낀다면 성장영

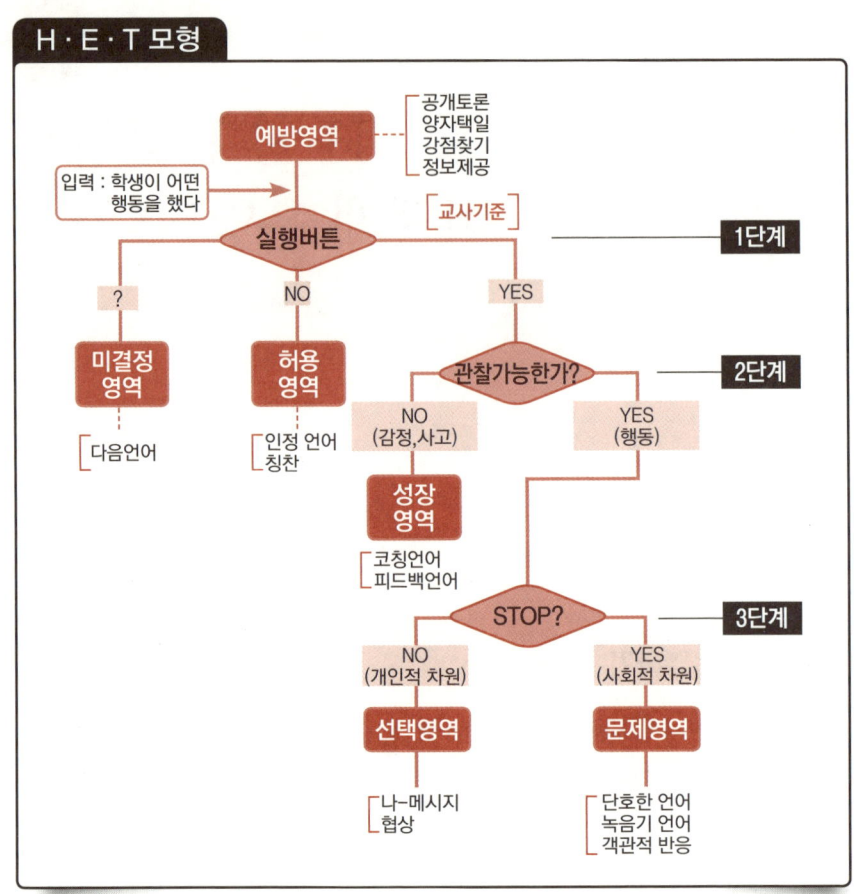

역에서의 대화를 시도하거나, 공부하기 싫어서 수업에 소극적으로 참여한다면 선택영역에서의 대화를 시도해도 됩니다.

단계적 운영은 하나의 대화가 선택된다면 이 H·E·T 모형의 프로세스를 EXIT하실 수 있습니다.

| 입력 | 학생이 어떤 행동을 했다 |

1단계 "학생의 행동이 허용가능한가?"

첫 번째 실행버튼이 있는 곳으로 갑니다. 여기에 교사기준이라는 코멘트가 있습니다. "?", "NO", "YES"는 교사가 선택하는 것입니다.

? .... 미결정 영역입니다. '나는 잘 모르겠어. 어제는 허락했는데, 오늘은 허락하고 싶지 않아' 또는 '이건 안 되는 행동인데, 오늘은 그냥 허락하고 싶어' 이런 것들이 여기에 해당됩니다.

NO .... 허용 영역입니다. 학생의 행동이 교사의 눈에 거슬리지 않고, 허용할 수 있는 범위에 있거나 바람직한 상태에 있는 경우입니다.

YES ..... 학생의 행동이 교사의 눈에 거슬리는 경우이며 2단계로 진행됩니다. ' 내가 교사로서 지도해야겠어.' 라고 느끼는 경우에 해당됩니다.

2단계 "학생의 행동이 관찰가능한가?"

NO .... 성장영역입니다. 교사는 눈에 보이지 않는 감정과 사고를 다룹니다.

성장영역에서 학생들은 표정으로 학생들의 사고와 감정을 이야기 하거나 또는 무기력으로 교사에게 도와달라고 이야기하기도 합니다. 학생들이 보내는 표정과 무기력도 대화의 한 형태입니다.

YES ..... 학생의 행동이 눈에 보이는 관찰 가능한 형태라면 행동 상에 문제이므로 3단계로 진행합니다.

3단계 "학생의 행동이 누구에게 영향을 미치는가?"

학생의 행동이 관찰 가능한 형태로 나왔다면 누구에게 영향을 미치는지 봅니다. 다른 사람에게 영향을 미친다면 "STOP"해야 합니다.

NO....... 학생의 행동이 개인에게 영향을 미친다면 선택영역입니다. 지각, 복장불량, 흡연, 이성교제 등이 해당됩니다. 그러나 반드시 그렇지는 않습니다. 지각이 너무 반복되고 그 학생의 행동을 따라하는 경우가 발생하여 다른 학급 학생들에게 영향을 미친다면 문제영역으로 놓고 지도하셔도 됩니다.

YES..... 문제영역은 학생의 행동이 교사와 다른 학생들에게 영향을 미치는 영역으로 사회 구성원으로서 다른 사람에게 피해를 주지 않도록 지도합니다.

1단계의 예방영역, 미결정영역, 허용영역은 교사라면 분류하는 것이 어렵지 않습니다. 2단계, 3단계의 성장영역, 선택영역, 문제영역을 분류하는 것이 다소 난해할 수 있습니다. 쉽게 익히는 방법은 눈에 보이지 않는 감정과 사고를 다룬다면 성장영역, 학생의 행동이 개인에게 문제가 된다면 선택영역, 학생의 행동이 다른 학생과 교사에게 영향을 주는 것이라면 문제영역입니다.

이렇게 학생의 행동을 범주화 한 후 그 영역에 맞는 대화법 중 적절한 것을 선택하여 대화합니다. 영역별 설명과 학생의 행동을 범주화 하는 것은 다음 5부와 6부에 제시됩니다.

2) 상향식 운영하기

 단계식 운영을 했다면 그 다음은 상향식 운영을 합니다. 다시 말해 3단계인 문제영역과 선택영역에서 학생지도를 했다면 다음에 그 학생은 성장영역의 대화를 시도하는 겁니다. 성장영역의 학생은 다시 허용영역으로 이동합니다. 상향식 운영이란 3단계 – 2단계 – 허용영역으로 운영되는 것을 말합니다.
 또 1단계인 예방영역과 미결정영역의 학생들은 교사와의 관계가 좋거나 인지적 능력이 뛰어나거나 부모와의 관계가 긍정적이거나 감정이 안정적일 때 예방영역의 대화법이나 미결정영역의 대화법만으로도 허용영역으로 이동할 수 있습니다. 즉 예방영역이나 미결정영역에서 예방 교육이 잘 이루어지면 허용영역으로 갑니다.
 선택영역이나 문제영역은 복합적인 원인이 내재되어 있을 수 있으나, 미결정영역, 예방영역, 허용영역이 잘 이루어지면 문제영역에서의 학생 수가 줄어드는 예방 효과가 있습니다. 아울러 선택영역이나 문제영역에서 학생을 지도한 후에도 성장영역에서 한 번 더 학생을 지도한다면 학생지도가 더욱 효과적일 것입니다. 경우에 따라서 선택영역이나 문제영역에서 성장영역을 거치지 않고 허용영역으로 가기도 합니다. 드물지만 학생의 성향이나 가정적 배경에 따라서 선택영역이나 문제영역에서 교사의 지도를 긍정적으로 받아들이거나 내면의 깨달음이 오는 경우는 허용영역으로 바로 이동하기도 합니다.
 이렇게 하나의 영역에 머무르지 않고 상향으로 운영되는 방식을 상향식 운영이라고 합니다.

 토머스 고든의 『교사역할훈련』에서 학생이 조용하고 느긋하게 공부를 하고 있는 상황을 "문제 없음" 영역이라고 부릅니다. 『교사역할 훈련』의 일부를 발췌하여 이 영역의 중요성을 이야기 하고자 합니다.
 "교수와 학습이 효과적으로 이루어지는 것은 오로지 교사와 학생 관계가 문제 없음 영역에 있을 때 뿐이다." "우리는 문제없음 영역을 교수–학습의 영역으로 보고 있다. 교사 역할 훈련의 목적은 한마디로 교사가 자신의 수업

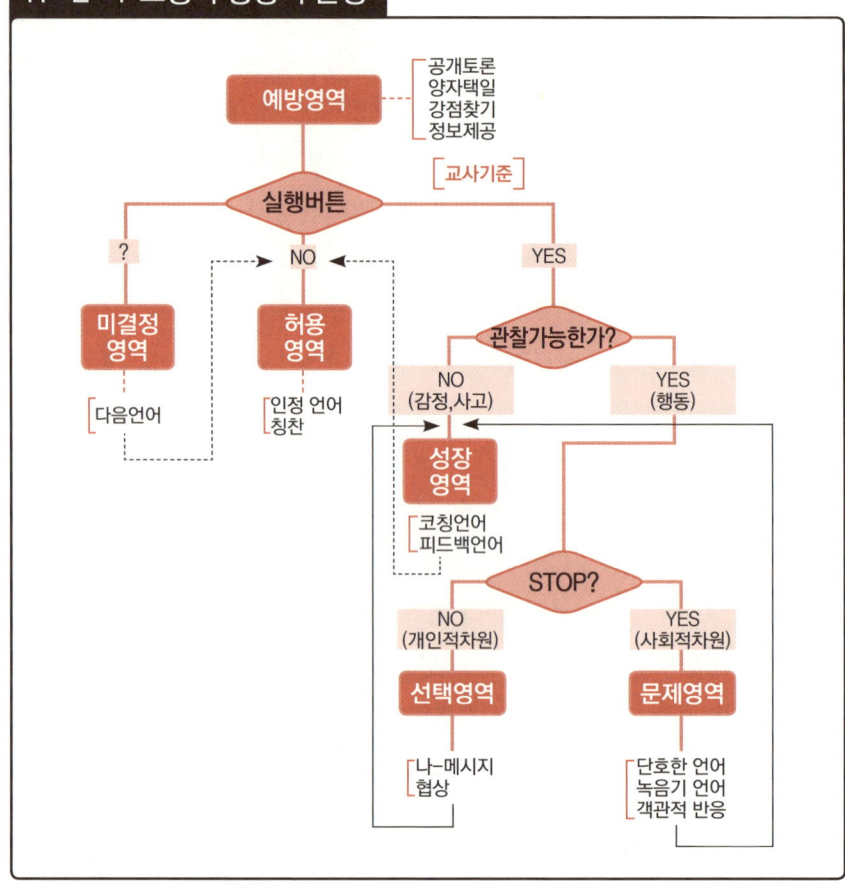

시간 가운데 더 많은 부분을 교수에 투여하고, 더 적은 부분을 문제영역에 속한 행동을 처리하는데 허비하게 하는 것, 즉 교수-학습 영역을 극대화 하는 것이다."*

이 영역으로 학생을 끌고 가고자 하는 것이 "교사역할 훈련"이라고 토마스 고든은 이야기 합니다.

---

* 토마스 고든(2007), 교사역할훈련, 서울 : 양철북, 69~70쪽.

결국은 모든 학생의 행동 영역을 허용영역에서 교수 학습 활동을 극대화하자는 것 역시 H·E·T 모형의 궁극적인 목표입니다. 허용영역에서 교사는 학생들의 행동을 강화하는 긍정적인 Feedback을 해 주어 학생들의 바람직한 행동을 강화해야 합니다.

H·E·T 모형을 익히면
어떤 점이 좋은가요?

H·E·T How to be an Essential Teacher 모형은 교사학습동아리를 거쳐 교사들에 의해 적용해본 프로그램입니다. 그러나 "이것이 학생지도의 해법이다."라고 생각하지는 않습니다. 앞으로도 교육 현장에서 학생을 지도하는 교사들에 의해 다양한 각도의 학생지도 방법이 제시되어 실효성 있는 학생지도 방법이 연구되길 희망합니다.

1) 교사와 학생이 서로 존중하는 의사소통방법입니다

교사동아리를 운영하는 첫 시간에 동아리 선생님들에게 다음과 같이 질문했습니다.

"학생지도가 제일 어려운 때는 언제입니까?" 그 답은 다음과 같습니다.

- 지시를 따르지 않고 반복적으로 같은 말을 하게 할 때.
- 문제 행동에 대해 금지어를 사용해 명령식으로 강하게 이야기 하지 않을 경우 자기 변명을 하며 행동 수정을 하지 않을 때.
- 여러 명이 함께 있으면서 교사가 이야기 하는 흐름을 끊고 전혀 다른 의도로 화제를 이끌어 갈 때.
- 반응이 전혀 없어서 아이들 성향이 파악이 안 될 때.
- 같은 행동으로 반복적인 지시를 하게 할 때.
- 교사가 지도를 하는 과정에서 학생들의 표정이 교사를 거부하고 있다는 것을 느낄 때.
- 학생이 교사를 무시하는 언행을 하면서 잘못된 행동을 변명할 때.
- 교사의 진심을 몰라주고 변명과 거짓말로 얼버무리려 할 때.
- 조·종례시간에 교사의 말을 듣지 않고 나중에 딴소리 할 때.
- 학생이 가진 문제로 학부모와 의논했을 때, 학부모가 전적으로 동의하지 않아 결국 학생지도를 교사의 소신이나 방식대로 하지 못할 때.
- 징징거리는 학생에게 상담, 질책, 다양한 지도를 해도 자기 고집만 옳다고 할 때.
- 똑같이 지적했다고 생각했는데, 학생이 "왜 저만 뭐라고 하세요?"라고 반문할 때.
- 청소시간이나 수업시간에 과제를 대충해서 다시 하라고 하면, 인정하지 않고 우기거나 거짓말 할 때.

이 내용을 보신 학부모님들은 "선생님들이 너무 힘드실 것 같다.", "엄마들에게 하는 행동과 똑같다."고 하셨습니다. 학생들은 부모와 대화하는 것처럼 교사와 대화하며, 교사들은 이런 학생들에게 화가 나서 더 이상 어떻게 지도 해야 할지 방법을 몰라 답답해 하는 것입니다.

이번에는 학생들에게 "언제 학교생활에서 부정적인 감정을 느끼는가?" 라는 질문을 했습니다. 그 중에서 선생님들과 관련된 내용의 일부입니다.

- 보충수업을 빠진다고 했는데 선생님이 무조건 반대하셔서 화가 많이 났다. 선생님이 이유를 물어봐서 대답했는데 더 혼내서 말을 안 하고 속으로 참았다. 그리고 교실로 와서 주먹으로 벽을 쳤다.
- 나는 화가 나도 선생님께 화를 표현하지 않는다. 그냥 선생님 말에 순응하는 척 한다. 내 생각을 말했다가 더 많은 말을 하시니까 귀찮다.
- 선생님께서 화내시면 그냥 "네~"라고 대답하고 가만히 듣는다.
- 처음에는 내가 잘못하지 않은 것에 대해 말한다. 그러나 아무리 말해도 선생님이 잘 들어주지 않는다. 그러면 그냥 말하지 않고 선생님 말씀만 계속 듣는다.
- 뭔가 억울한 상황에 놓이면 선생님이 날 추궁하신다. 나는 추궁당하기 전에 선생님이 나에게 뭔가를 질문할 것인가를 미리 예상하여 답변을 만들어 놓고 나중에 당당히 말한다. 추궁을 들을 때는 선생님을 바로 본다. 동시에 딴 생각과 추궁에 대한 리플을 달기 시작한다.

학생들이 부정적인 감정을 느끼는 상황과 교사가 말하는 학생지도를 힘들어 하는 상황이 맞아 떨어집니다.

학생들이 작성한 내용에 공통된 것은 자신의 의견을 존중해 달라는 것입니다. 이 글들은 학생의 입장에서 쓴 것이라 상황은 정확히 인지할 수 없으나, 교사와 학생이 서로 소통하지 못하고 있으며, 교사는 학생과 대화하려고 시도하고, 학생은 교사의 대화를 "듣는 척"만 하고 있다는 걸 알 수 있습니다.

2011년 카이스트 대학생 4명이 스스로 삶을 마감했습니다. 어렵게 공부해서 대한민국 최고의 과학 인재를 키우는 상아탑에서 학생들은 왜 이런 극단적인 선택을 했을까요? 아마도 행복하지 않아서 일 것입니다. 가장 행복지수가 높은 나라는 덴마크라고 합니다. 그들이 꼽은 행복의 비결은 사회복지제도였지만, 가장 큰 이유는 다른 사람을 인정하고 존중하는 사회 분위기라고 합니다.*

H·E·T 모형을 통해 교사와 학생이 서로 존중하며 학생은 자신의 선택과 행동에 책임지게 될 것입니다.

교육은 만남이고 관계입니다. 관계가 따뜻하면 성공할 수 있습니다. 교사는 학생이 처한 환경, 기질을 아이입장에서 바라보아야 합니다. 지금 학생들은 자신이 처한 환경에서 자신이 할 수 있는 최선의 행동을 하고 있습니다. 교사와 소통이 잘 안되는 학생은 대부분 가족, 친구, 사회관계가 원활하지 않을 확률이 높습니다. 그런데 교사와의 소통 단절이라는 문제까지 생기면 학생은 악순환의 고리에서 빠져나오지 못하고 사회문제아로 성장하게 됩니다.

2) 학생지도 방식의 변화를 통해 교육의 질을 높일 수 있는 하나의 방법입니다

교육이 변화하기 위해서는 교사와 학생이 변화해야 합니다. 학생이 변화되려면 교사가 먼저 변화해야 합니다. 변화라는 것이 쉽지는 않습니다. 그러나 공식에 대입하다 보면 선택이 쉬워집니다. H·E·T 모형은 학생지도를 선택하는 그런 공식 같은 대화법입니다.

H·E·T 모형을 통해 교사가 학생을 존중하고, 그들의 욕구를 이해하면 학생은 그런 교사를 신뢰하게 되고, 학생들은 교사의 신뢰를 진심으로 느낄 때 자신의 모든 것을 꺼내놓기 시작합니다. 교사와 학생의 욕구를 모두 충족시킬 수 있는 WIN-WIN대화법이 H·E·T 모형의 대화법입니다.

교사의 대화법이 조금만 바뀌어도 학생은 존중받는 느낌이 들 것이고, 교사는 자신의 학생지도가 효과가 있다고 느낄 것입니다. H·E·T 모형의 대화

---

* 전진배(2010), 「덴마크 사람들은 왜 행복할까」, 『중앙일보』, 2010. 1. 12.

법은 서로를 존중하게 되므로 행복한 학교를 만들게 될 것입니다.

교사들에게 "교사란 무엇이라고 생각하십니까?"라고 물었습니다.

> 교사는 안내자이다. 왜냐하면 미성숙을 성숙으로 바꿔주니까
> 교사는 신호등이다. 왜냐하면 방향을 알려주니까
> 교사는 마술사이다. 왜냐하면 마음을 읽어 새로운 것을 창조하니까
> 교사는 도공이다. 왜냐하면 도자기를 빚는 도공의 마음으로 학생을 대하니까
> …

교사학습동아리에서 선생님들이 답한 내용입니다. 학생을 바람직한 방향으로 이끌고자 하는 교사의 마음이 전해집니다.

교사들은 체벌보다 더 효과적인 학생지도 방식을 안다면 교사 스스로 회초리를 내려놓을 것입니다. 학생들을 잘 지도하고자 하는 것이 교사의 진심어린 마음이기 때문입니다.

H·E·T 모형은 이런 교사들에게 학생지도 방법 중에서 하나의 대안으로 제시될 것입니다.

2010년 미국에서 교육개혁과 관련된 신문 내용에 다음과 같은 내용이 있습니다. "교육 전문가들이 신新수학(1960년대 이후의 집합론에 기초한 새로운 수학), 교실 개방, 실생활 언어 교육 등을 도입했지만 성과는 없었다. 뉴스위크는 그 이유가 "교사의 문제를 간과했기 때문이다고 한다."* 미국의 교육개혁의 주제는 "무능 교사부터 해고하라"였습니다. 1960년대 교육전문가들이 다양하고 새로운 교육방법을 도입했지만 교육에 성과가 없었던 이유는 교육의 질이 교사의 질을 넘지 못하기 때문이겠지요. 여러 가지 문제 때문에 교사를 퇴출시키진 못했지만 교육개혁에서 교사의 문제는 제외될 수 없을 것입니다. 교육

★ 김한별(2010), 「미국 교육개혁 무능교사 해고부터」, 『중앙일보』, 2010. 3. 11.

의 해법은 학교시설, 교육과정, 교육정책보다 '교사의 질'에 있음을 보여주고 있습니다.

H·E·T 모형을 통해 교사의 대화법 향상으로 교사의 질을 높이고자 합니다.

3) 사회에 확장 가능한 타협의 기술을 교사의 언행으로 가르칩니다

최근 지하철에서 청년이 할아버지에게 막말을 하는 광경이 TV에서 종종 보도되곤 합니다. 요즘 젊은이의 무례한 행동이 동방예의지국에서 벌어지고 있는 것입니다.

애완견을 데리고 나온 어떤 여성이 아파트 주변의 의자에 애완견을 앉히고 핸드폰으로 수다를 떨고 있었습니다. 산책하러 나온 할아버지가 다짜고짜 호통을 칩니다. 그 여성도 만만치 않습니다.

할아버지 : 요즘 젊은이들은 기본이 안 돼 있어. 사람이 앉으라고 있는 의자를 왜 개새끼를 앉히고 XX이야.
여성 : 곱게 지나갈 일이지 왜 참견이야. 기가 막혀 나원참!!, 할아버지는 가던 길이나 가세요!!
할아버지 : 저런 말하는 꼴하고는!! 너네 부모가 그렇게 가르치던?
여성 : 할아버지 애들이나 잘 가르치세요!!

서로가 서로를 이해하지 않은 것이 갈등의 원인이지만 서로 소통한다면, 세대 간의 갈등도 해결책이 분명히 있을 것입니다.

위 상황을 조금 각색해 보았습니다.

할아버지 : 요즘 젊은이들은 기본이 안 돼 있어. 사람이 앉으라고 있는 의자를 왜 개

새끼를 앉히고 XX이야.
여성 : 할아버지. 화가 많이 나셨네요. 제가 지나가다가 급한 전화가 와서요. 죄송합니다.
할아버지 : 급해도 그렇지!! 왜 개를 의자에 앉혀요?
여성 : 제가 생각이 짧았네요. 그런데 할아버지가 호통을 치시니 제가 겁이 나네요.
할아버지 : 내가 앉고 싶은데 자리가 없어서 그렇지!
여성 : 그랬어요? 할아버지, 여기 앉으세요. 제가 닦아 드릴께요.

요즘 대한민국은 위 상황이 만연해 있어 아래와 같은 대화가 더 어색해 보이는 것이 사실입니다. 현재 장년층이 노년층이 될 때, '국민 여러분, 청소년들의 감정적인 행동으로 피해를 입지 않도록 10시 이전에 귀가하시기 바랍니다.'라는 방송이 실제 상황이 되지 않도록 교사들은 학생들에게 바람직한 소통의 방식을 가르쳐야 합니다. 대화를 교과목으로 지정해 가르치는 것은 의미가 없습니다.

2011년 7월 13일 중앙일보*에 "의사되려면 말하는 법부터 배워라"라는 신문내용이 있습니다. 미국 의과대학에서 "환자와 동료들과 신뢰를 형성하는 자질은 의사로서 가장 중요한 덕목 중 하나"로 최근 제대로 된 의사를 양성하기 위해 의대에 들어온 학생들에게 소통을 위한 교육이 강화되고 있다고 합니다. 소통이라고 하는 것은 일방적으로 들어주는 것이 아닙니다. 요즘 교사가 학생의견을 수용하려고 하다 보니 학생의 말과 행동을 비판 없이 허용해 주는 사례들이 많습니다. 소통疏通의 사전적 의미는 '막히지 않고 트여 잘 통하는 것'을 말합니다. 즉 의견이나 의사가 상대편에게 잘 통하는 것입니다. 교사의 의견과 학생의 의견이 막히지 않고 잘 통하는 것이 소통인 것입니다.

교사가 학생의 행동을 보고 학생을 지도하는 것이 아니라 행동 이면에 숨어있는 진짜 문제를 진단하고 해결책을 같이 찾아보는 쌍방향식 대화를 해야 합니다. "내 의견이 무조건 옳으니까 내 말을 들어야 해!" 이런 접근 방법

★ 최익재(2011), 「의사 되려면 말하는 법부터 배워라」, 『중앙일보』, 2011. 7. 13.

은 학생들로 하여금 대화하는 척하게 만듭니다.

쌍방향식 대화를 경험한 학생이 사회에 나가서 쌍방향식 대화를 하게 되는 것은 자명한 일입니다. 교사가 학생들에게 쌍방향식 대화를 하는 것은 우리의 미래를 위해 돈이 안 드는 사회 보험을 마련하는 일일 것입니다.

하임 G. 기너트의 『교사와 학생사이』에 "책임감, 존중하는 마음, 충성심, 정직, 자비심, 연민과 같은 윤리적인 관념들은 직접 가르친다고 해서 아이들이 배울 수 있는 것이 아니다. 그것들은 삶이 이루어지는 구체적인 상황 속에서 자기가 존경하는 사람을 통해서만 배울 수 있다."라고 했습니다.* 학생이 존경하고 바람직한 소통을 배울 수 있는 사람은 바로 교사이어야 합니다.

4) 경험이 부족한 초보교사에게 학생지도를 위한 매뉴얼입니다

2년 동안 교육실습생들에게 H·E·T 모형을 훈련시킨 적이 있습니다.

다음은 2010년에 교육실습생을 지도하고 난 후 소감문의 일부를 발췌한 것입니다.

> A교생 : "아이들이 말을 걸어올 때 어떤 대답과 질문을 할지 난감한 경우가 많았는데 이런 사례연구를 해 봄으로써 좀 더 잘 대처할 수 있게 되었다."
>
> B교생 : "럭비공 같은 아이들이 어디로 튈지 모르고 그러한 아이들을 지도해 본 적도 없어서 예상치 못한 상황에 대처하는 능력이 떨어진다. H·E·T 모형은 예비 교사들에게 일어날 수 있는 문제 상황을 조금 더 분석적으로 제시하면서 그런 훈련을 하기에 효과적이었다."
>
> C교생 : "학생을 지도하면서 힘들었던 것은 교과를 가르치는 것이 아니라

---

* 하임G. 기너트(2006), 교사와 학생사이, 서울 : 양철북, 167쪽.

학생들의 태도나 말에 적절히 반응하는 것이었다. 아무리 이야기를 해도 수업이 시작한 후에 생각났다는 듯이 딴 짓을 하고, 집중하지 못하는 학생, 왕따를 당하는 학생, 이런 학생들을 어떻게 대처해야 할지 정말 막막했다. 교사역할관련도서에 나와 있는 나쁜 예를 내가 하고 있었다. 나는 경험이 없었고 교사로서 충분한 생각과 요령이 없어 어렵고 힘들었다. H·E·T 모형에 있는 사례를 미리 접해 보고 올바른 해결방안과 교사가 사용한 올바른 말을 조금이나마 습득하고 가면 당황하지 않고 몇 가지 상황을 손쉽게 대처할 수 있을 거란 생각이 든다."

D교생 : "중학교 교사가 된 두 친구가 있는데 둘 다 공통적으로 하는 이야기가 학생 지도가 너무 힘들다는 점이었다. 교육실습생 이외에는 학생지도 경험이 없으며, 사례를 접해 본 적이 없었기에 대처방법을 모르겠다는 것이다. H·E·T 모형과 선생님의 연수는 절대 대학 수업과 책에서 배울 수 없는 것들이다."

E교생 : "어린 동생에게 이 모형을 적용해 보았다. 어린 동생이 책을 치우는 모습을 보고 어느 정도 효과가 있었음을 알았다. 만약 교사가 이 모형을 가지고 생활지도를 한다면, 교사와 학생 간의 관계가 돈독해질 뿐만 아니라, 학생들은 선생님에 대한 존경심이 높아지고, 선생님을 잘 따르게 될 것이다."

교육 경험이 없는 교사들은 학생을 지도하는 것이 무척 당혹스러운 일일 것입니다. 경력이 쌓여갈수록 학생 지도 능력이 생긴다고 하지만, 그동안 미흡한 방식으로 지도를 받은 학생들에게는 "선생님이 몰라서 미안하다."는 말이 조금은 무책임해 보입니다.

이런 초보교사의 어려움을 해결해 줄 수 있는 교육정책이 요구됩니다. H·E·T 모형은 학생을 지도하는데 문제점을 파악하고, 학생이 무슨 영역에 있는지 예측하고 분석합니다. 교사가 기준을 세우고 상황에 맞게 학생들에게 대화함으로써 언어나 책임 등 다양한 사회 적응 기술을 학생에게 가르칠 수 있습니다.

교육실습생들은 현장에서 발견되는 사례를 미리 학습함으로서 자신에게도 일어날 수 있는 일에 어떻게 대처하면 효과적인지 미리 예견해 보는 것입니다. 이 모형은 학생들 문제 행동을 예방하고 학생과 진심으로 대화하고, 문제행동에 대처하는 방법이 제시되어 있는 학생 지도 매뉴얼입니다.

H·E·T 모형을 익히면 어떤 점이 좋은가요?
1) 교사와 학생이 서로 존중하는 의사소통방법입니다
2) 학생지도 방식의 변화를 통해 교육의 질을 높일 수 있는 하나의 방법입니다

06 어떻게 대화법을 익힐까요?

1) 혼자서 연습하기

동아리를 조직하여 서로의 의견을 나누면서 학습하는 것이 효과적이긴 하나, 동아리를 조성할 수 있는 여건과 환경이 되지 않으면 혼자서도 대화법을 연습하실 수 있습니다.

이 책의 독자가 부모님이라면 "3부 의사소통 기초를 다듬자"의 활동 자료와 연습문제를 작성해 볼 것을 권합니다. 꾸준히 익히시면 기본적인 의사소통 방법과 자신의 내면을 찾아갈 수 있습니다.

이 책의 독자가 교사라면 1부부터 7부까지 워크북을 차례대로 진행해 오시면 됩니다. 1주일에 한 번씩 일정한 시간을 확보하여 활동 자료를 작성하십시오. 그리고 추가적으로 대화가 어렵다고 느껴지는 학생과의 대화가 있다면, 상황과 대화한 내용을 적어본 후 다시 가장 이상적인 대화내용을 빨강색으로 고치고 반복해서 읽어보면 대화 스킬이 좋아짐을 느낄 수 있습니다. 마찬가지로 "4부 가르치는 일은 나를 완성하는 일입니다." 활동자료는 가장 마지막에 하면 더 효과적입니다.

2) 교사 동아리를 조직하여 워크북으로 연습하기

　교사들은 다양한 문제 행동을 보이는 학생들을 효과적으로 지도하고, 학생들이 스스로 문제 해결할 수 있도록 도와주길 원합니다. 성장과정에 어려움을 겪어 소통하는 방법을 모르는 학생들의 경우에는 교사의 언어는 살아있는 학습의 장이 됩니다. 학교 특성과 교사들의 요구를 감안하여 학교 내에 동료 교사들이 학생 행동을 이해하고 대처할 수 있도록 학생들의 문제 유형을 범주화하고 대화하여 H·E·T 모형 프로그램으로 교사의 학생 지도 능력을 향상시키고자 합니다.

　진행자는 일반적인 교사를 염두에 두고 차시별 워크북을 작성하였습니다. 학급이나 수업을 이끌어 본 교사라면 누구나 진행자의 역할을 할 수 있습니다. 차시별 워크북의 진행자료를 읽으면서 진행자와 교사들이 순차적으로 진행하면 서로 이야기를 나누면서 자연스럽게 배움이 일어나게 될 것입니다.

① 대상선정 : 학생과 소통하는 방법을 학습하고자 하는 교사들을 대상으로 교사 동아리를 조직한다.
② 집단의 크기 : 구성원은 6~10명 정도가 적당하다.
③ 모임의 빈도 : 일주일에 1회 정도가 적당하다. 일주일 이상의 간격을 두고 만나면 집단의 역동성이 떨어질 수 있으므로 가능한 한 집단의 모임을 주 1회 정기적으로 갖도록 한다.
④ 모임의 시간 : 동아리 활동은 각 프로그램 당 50~100분 정도가 효과적이다.
⑤ 장소 : 대부분의 경우 원형으로 둘러 앉는 것이 효과적이다.
⑥ 진행자의 역할 :
- 인간에 대한 기본적인 이해와 신뢰를 가지고 프로그램을 진행한다.
- 동아리 활동에서 나누는 모든 이야기들은 비밀 보장이 원칙이며, 구성원들이 편안한 마음으로 자신을 드러내고, 솔직하게 프로그램을 참여할 수 있는 분위기 조성에 힘쓴다.

- 집단의 역동을 이끌어 내기 위해 노력하며, 필요한 경우 먼저 자신을 개방하여 구성원의 적극적인 참여를 이끌어내기 위해 노력한다.
- 구성원들의 자발적 참여를 원칙으로 하나, 강요하거나 부담을 주기보다는 생각할 시간을 주고 자발적 참여가 되도록 노력한다.
- 구성원들의 느낌에 관심을 가지며, 편안한 마음으로 자신의 감정과 느낌을 표현하도록 발표할 때마다 지지와 격려를 한다.

3) 목표설정하기

진행자료 목표설정

| 기대 효과 |

교사역할 프로그램을 시작하기 전에 구성원들과 동기 수준이나 집단에 대한 기대 등을 서로 나눈다.

| 과 정 |

① 진행자는 다음과 같은 질문을 하며 5분 정도 수용적 분위기가 되도록 분위기를 만든다.
   "동아리에 참여하게 된 동기는 무엇입니까?"
   "이 동아리에서 얻고자 하는 것은 무엇입니까?"
② 진행자는 공감대 형성 활동지를 교사들이 작성하게 한다.
   구성원 모두 돌아가면서 발표하고, 진행자는 발표내용을 요약한다.
③ 진행자는 목표설정 활동지에 구성원들이 이 동아리를 통해 꼭 해결하고 싶은 문제가 있는지 한 가지씩 적도록 한다. 목표설정 활동지 "나의 생각"란에 나의 의견을 적고, "활동지(1번~9번)"에는 다른 교사의 의견을 활동지에 적어 놓는다. 진행자는 교사의 의견을 모든 동아리 교사가 볼 수 있도록 모든

동아리 교삭 볼 수 있도록 칠판에 적으면서 내용을 공유하고 선생님들의 의견을 요약한다.

④ 진행자는 다음과 같이 질문한다.
"앞으로 이 교사 동아리에서 무엇을 얻고자 하십니까?"
"오늘 느낀 점은 무엇입니까?"

| 주의사항 |

- 개인적인 의견을 발표하고 솔직한 마음이 전해지도록 분위기를 유도한다.
- 발표자가 발표한 내용을 진행자는 간단하게 요약해 준다.
- 발표가 끝나면 자유롭게 오늘 느낀 점에 대해 돌아가면서 이야기 하도록 한다.

활동지 공감대 형성

'교사'라는 주제를 가지고 H·E·T 동아리에 참여한 목적에 대해 생각해 본다.

나의 생각	교사란 (　　　　　　)이다. 왜냐하면(　　　　　　　　) 때문이다.
우리 모두의 생각 (마인드 맵 그리기)	(교사)

2부 · H · E · T 모형으로 초대합니다

> **활동지** 목표설정

학생들과의 의사소통에 어려움이 있는 애로사항이나 앞으로 어려울 것으로 예상되는 상황을 생각해 본다. 앞으로 동아리 활동이 진행되면서 다루어지게 되는 문제에 대해 숙지한다. 1번부터 9번까지는 다른 구성원들의 의견을 적는다.

	나의 생각
1	
2	
3	
4	
5	
6	
7	
8	
9	

3부
의사소통 기초를 다듬자

소통한다는 것은 의견이나 의사가 막히지 않고 잘 통한다는 의미를 포함합니다.

어떤 아주머니가 난생 처음 백화점에 갔습니다. 점원과 아주머니의 대화입니다.

점원 : "어떻게 오셨나요?"
아주머니 : "지하철 타고 왔습니다."
점원 : "그게 아니라, 어떻게 오셨어요?"
아주머니 : "지하철 타고 오면 안 되나요?"

이 대화에서 점원과 아주머니의 막힘이 느껴집니다. 이런 대화는 "소통이다."고 볼 수 없습니다. 서로 다른 이야기를 하고 있는 겁니다. 혹시 교사와 학생이 이러고 있지는 않은지요? H·E·T 모형을 들어가기 전에 기본적으로 대화하는 법을 익혀야 합니다.

⟨photo by 김안식⟩

01

잘 들었나요? (듣기)

듣는다는 것은 사실을 듣는다는 것이 아니라 의미를 듣는다는 것입니다. 언어학자 노암 촘스키는 언어의 층을 두 개로 구분하였습니다.
- 표층구조 – 우리가 자신이나 다른 사람에게 말하는 모든 것
- 심층구조 – 표현되지 않거나 의식적으로 알려지지 않는 정보처럼 우리 말 속의 숨은 뜻*

학생들의 말을 표층구조에서만 이해하다 보면 참된 의미를 이해하지 못하고, 답답하기만 합니다. 교사가 잘 듣고 있는지 학생에게 질문합니다.

학생으로 하여금 '선생님이 내 입장을 이해하려고 노력하고 있구나.'라고 느끼게 하려면, 학생에게 다시 물어보는 겁니다. 그 방법으로는 반복Repeating, 요약Summary, 풀어말하기Paraphrasing가 있습니다. 또 의미의 듣기에서 감정이나 욕구까지 듣는 것을 '공감Empathy'이라고 합니다.

---

* 슈 나이트(2005), 비즈니스 NLP, 서울 : 물푸레, 141쪽.

반복(Repeating)

반복이란 학생의 이야기를 반복해 주는 것입니다.

학생 : "선생님!! 저 어제 시험공부 도서관에서 완전히 많이 했더니, 오늘 국어시험 80점, 영어시험 70점 맞았어요. 저 성적이 많이 올랐죠?"
교사 : "우와! 성적이 올랐어?"

요약(Summary)

학생의 이야기를 정리해서 요점만 말해주는 것입니다.

학생 : "선생님!! 저 어제 시험공부 도서관에서 완전히 많이 했더니, 오늘 국어시험 80점, 영어시험 70점 맞았어요. 저 성적이 많이 올랐죠?"
교사 : "시험공부를 열심히 해서 성적이 많이 올랐고, 그래서 기분이 좋다는 말이지?"

풀어말하기(Paraphrasing)

학생의 말을 교사의 말로 바꾸어줍니다.

학생 : "선생님!! 저 어제 시험공부 도서관에서 완전히 많이 했더니, 오늘 국어시험 80점, 영어시험 70점 맞았어요. 저 성적이 많이 올랐죠?"
교사 : "야, 노력하니까 성적도 오르고, 뭐든 잘 할 수 있을 것 같겠는데!"

공감(Empathy)

공감은 수준 높은 듣기의 방법입니다. 학생의 이야기를 들으면서 학생이 말하지 않는 숨은 의미 즉 감정과 사고, 욕구까지 듣는 것으로 학생의 감정이나 사고에 대해 존중해 주는 것을 말합니다. 공감을 받은 학생은 자기 자신이 처한 상황에 대해 긍정적으로 해결하고자 하는 용기가 생기게 됩니다.

권수영의 『마음이 통하는 교사되기』에 제시된 공감을 위한 3단계를 소개하면 다음과 같습니다.*

Step 1 학생이 감정을 드러내지 않고 사실이나 상황만을 이야기해도 그 너머에 있는 정서 Emotion 상태를 헤아려 보는 것입니다.

Step 2 그 정서 상태를 교사가 감정의 단어를 사용하여 명명하는 것입니다. 이때 중요한 것은 학생의 감정을 알아맞히려는 태도가 아니라, 함께 느끼고 교사의 입장에서 스스로 정의 Self-definition 내리는 것입니다.

Step 3 학생에게 되물어 학생의 속마음으로 재구성 Re-framing 하는 일입니다.

이것을 공식화하면
"선생님이 보기에(느끼기에) 네가_____해서_____하게 느낄 것 같은데."
"어때?" (실제로는 어떤지 말해줄 수 있겠니?)

예를 들면,

학생 : "선생님!! 저 어제 시험공부 도서관에서 완전히 많이 했더니, 오늘 국어시험 80점, 영어시험 70점 맞았어요. 저 성적이 많이 올랐죠?"
교사 : "노력한 만큼 성적이 올라서 만족스럽나 보구나!!"

이렇게 대화하는 것은 반복·요약·풀어 말하기로 듣기를 한 것입니다. 그런데 공감은 보이지 않는 학생의 마음을 읽는 작업입니다. 선생님이 족집게는

---

* 권수영(2008), 마음이 통하는 교사되기, 서울 : 주는 나무, 62쪽.

아니므로 다음과 같이 뒤에 학생의 속마음을 재구성하는 개방형 질문을 추가하면 학생이 자신의 감정을 더 적극적으로 표현하게 됩니다.

> 학생 : "선생님!! 저 어제 시험공부 도서관에서 완전히 많이 했더니, 오늘 국어시험 80점, 영어시험 70점 맞았어요. 저 성적이 많이 올랐죠?"
> 교사 : "목소리를 들어보니 흥분되나 보구나! 어때?"
> 학생 : "흥분되는 것보다는 노력한 결과가 나온 것 같아 만족스러워요."

의사소통의 걸림돌인 "야~보다는 10점 모자라네.", "당연한 거지.", "시험기간에 공부 안하는 학생은 없단다.", "평균 75점도 성적이니?", "70점짜리는 못한 거지, 최소한 80점은 돼야지?" 이런 대화를 하는 것은 의사소통의 걸림돌을 사용한 것으로 학생은 더 이상 말을 하기 싫어집니다.

그러나 위 4가지 반복 Repeating, 요약 Summary, 풀어말하기 Paraphrasing, 공감 Empathy을 듣기에서 사용하면 보다 훨씬 학생들의 입장을 이해하고, 학생들을 도와주는 대화의 흐름을 유지하는 것입니다.

정신분석가 하인즈 코헛트는 "인간에게는 거울 같은 인물이 필요하다"고 했습니다.* 학생의 긍정적인 면을 비춰주고 격려해 주는 교사, 잘못된 행동에 대해서는 스스로 깨달을 수 있도록 학생들의 감정을 거울처럼 비춰줘야 합니다. 공감은 거울이 되는 작업입니다. 공감의 핵심은 진심으로 감정을 느끼고 그 감정을 말로 표현해 주는 것입니다.

권수영의 『거울부모』에 나오는 몇 가지 주요 감정에 대한 다양한 표현을 살펴보면 다음과 같습니다.** 부정적인 감정에 공감을 할 때는 되도록 다양한 감정 표현으로 반응하는 것이 좋습니다.

★ 이무석(2009), 30년만의 휴식, 서울 : 비전과리더십, 267쪽.
★★ 권수영(2010), 거울부모, 서울 : 울림사, 158~160쪽.

힘들어요	부담스럽다, 긴장되다, 자포자기 하다, 작아지다, 세상이 싫다, 귀찮다, 지겹다, 막막하다, 죽을 것 같다, 끔찍하다, 초라하다, 미칠 것 같다, 피하고 싶다, 짓눌리다, 풀이 죽다, 전전긍긍하다, 난처하다, 신경질 나다
짜증이 나요	열 받다, 쓰라리다, 넌더리나다, 얄밉다, 못마땅하다, 불쾌하다, 불만스럽다, 찝찝하다, 약 오르다, 분하다, 속상하다, 괘씸하다, 피가 끓는다, 원망스럽다, 꼴 보기 싫다, 어이없다, 떨떠름하다, 언짢다
무서워요 (불안해요)	조마조마하다, 애간장이 타다, 전율을 느끼다, 소름끼치다, 두근두근하다, 위태하다, 기가 막히다, 조급하다, 긴장되다, 당황스럽다, 초조하다, 멍하다, 큰일 날 것 같다, 섬뜩하다, 참담하다, 심장이 멈추는 듯하다, 몸서리치다, 혐오스럽다
슬퍼요	서운하다, 허전하다, 처량하다, 울적하다, 위축되다, 허탈하다, 애끊다, 목이 메다, 가슴 아프다, 맥 빠지다, 비참하다, 침울하다, 적적하다, 공허하다, 뻥 뚫린 것 같다, 애석하다, 서글프다, 암담하다, 무기력하다, 뭔가 잃은 듯 하다, 절망스럽다

예를 들면,

학생 : "선생님, 학교 다니기 힘들어요."
교사 : "학교 다니는 것이 부담스럽나 보구나. 다른 교육 방식으로 교육받고 싶어서 다른 교육기관을 원하는 거니?"

학생은 자기가 하는 말에 비판이나 판단을 하지 않고 교사가 학생의 감정과 사고, 원하는 것에 관심을 가지는 것을 느끼는 것만으로 마음을 열고 대화하고 싶어집니다.

좀 더 다양한 감정표현으로 공감하는 대화를 한다면 다음과 같이 할 수 있습니다.

학생 : "선생님, 학교 다니기 힘들어요."

교사 : "학교 다니는 것이 부담스럽나 보구나. 다른 교육 방식으로 교육받고 싶어서 다른 교육기관을 원하는 거니? 어때?"
학생 : "수업시간이 싫은 것이 아니라 친구들이 나를 싫어하는 것 같아요."
교사 : "친구들과 친밀한 관계를 맺고 싶은데 안돼서 답답하구나. 언제 그런 기분을 느끼니?"
학생 : "친구들이 대화할 때 나 빼고 자기들끼리 이야기 할 때요."
교사 : "친구들과 대화를 즐겁게 하고 싶었을 텐데 많이 서운했겠구나."
학생 : "네, 친구들하고 재밌게 대화하고 싶은데 잘 안 되네요. 애들이 무슨 이야기를 주로 하는지 들어보고 애들이 좋아하는 것에 저도 관심을 가져 볼래요."

교사가 진심으로 학생과 공감대를 형성하기 위해 노력하면 학생은 자신의 내면의 소리를 충분히 표현하게 됩니다.

활동지 듣기

다음 내용(1번~17번)을 읽고 한 교사(A)가 한 문장을 선택하여 ( )를 채우고 나서, 그 이유를 설명한다.
다른 교사(B)는 ①~④의 방법으로 듣기를 한다.
다른 구성원들이 돌아가면서 A, B를 반복한다.

설 명	① 반복(Repeating)	이야기를 반복해 주는 것
	② 요약(Summary)	이야기를 정리해서 요점만 말해주는 것
	③ 풀어 말하기(Paraphrasing)	다른 사람의 말로 바꾸어 주는 것
	④ 공감(Empathy)	말하지 않는 숨은 의미 즉 감정과 욕구까지 읽어주는 것

1	나는 ( )이 가장 두렵다.
2	다른 사람이 나에 대해 헐뜯을 때, 나는 ( )을 느낀다.
3	나 자신에 대해 가장 싫어하는 점은 ( )이다.
4	내가 슬픔을 느낄 때는 ( )이다.
5	나의 부모님은 나의 ( )면을 잘 모르는 것 같다.
6	나의 이상형은 ( )한 사람이다.
7	내가 다시 태어나면 ( )으로 태어나고 싶다. 이유는 ( )이다.
8	나의 가장 좋은 점은 ( )이다.
9	나를 가장 힘들게 하는 어린시절의 기억은 ( )이다.
10	내가 가장 무서웠던 기억은 ( )이다.
11	내가 원하는 것 중에서 표현하기 어려운 것은 ( )이다.
12	나는 어렸을 때 잘하려고 하다가 혼난 ( )한 경험이 있다.
13	나에게 가장 행복했던 시간은 ( )이다.
14	나는 ( )을 실패할까봐 걱정된다.
15	지금 나에게 필요한 것은 ( )이다.
16	( )할 때는 내가 좀 멋있어 보인다.
17	나는 ( )이 좋기도 하지만 가끔 너무 싫다.

| 연습문제 | 듣기

상황1 **학생 |** 선생님 저는 쓸모없는 사람입니다. 의지도 약합니다. 매번 공부하겠다고 하지만, 책상 앞에 앉으면 컴퓨터로 게임만 하게 되고, 잠만 자게 됩니다. 그러다 보니 부모님께 날마다 혼만 납니다. 이젠 부모님이 저를 혼낼까봐 공부하는 척을 하고 어떻게 하면 혼나지 않을까 생각하게 됩니다. 이러는 제 자신이 너무 한심합니다.

① 반복(Repeating)

----

② 요약(Summary)

----

③ 풀어 말하기(Paraphrasing)

----

④ 공감(Empathy)

> **해답**
> ① 한심하다고 느끼니?
> ② 매번 공부하겠다고 결심하고도 의지가 약해지고, 이젠 부모님께 거짓말까지 하게 돼서 한심하게 느끼는 거니?
> ③ 공부하려고 매번 노력하는 걸 보면 잘하려는 마음은 있는데 잘 안 되는 거니?
> ④ 공부도 잘하고 싶은데 결심한 것도 못 지키고, 거짓말까지 하는 너 자신에 대해 실망 했구나! 어때?

상황 2 **학생 |** 어제 집에 가는데 갑자기 비가 내렸어요. 우산이 없어서 비를 많이 맞았어요. 아침에 일어나니까 목도 아프고, 열도 있어요. 어쩐지 몸 상태가 별로 안 좋은 것 같네요.

① 반복(Repeating)

------

② 요약(Summary)

------

③ 풀어 말하기(Paraphrasing)

------

④ 공감(Empathy)

> **해답**
> ① 몸 상태가 별로 안 좋니?
> ② 어제 우산이 없어서 비를 맞고, 몸이 어디 아픈가 보구나.
> ③ 몸 상태가 안 좋아서 신경 쓰이나 보구나.
> ④ 몸이 아파서 걱정되나 보구나. 어때?

상황3 **학생 |** 지난 1주일 동안 제주도 다녀왔습니다. 그리고 이번 주 주말에는 경주에 다녀왔습니다. 어디를 가든 단풍이 너무 멋있었습니다.

① 반복(Repeating)

----

② 요약(Summary)

----

③ 풀어 말하기(Paraphrasing)

----

④ 공감(Empathy)

> **해답**
> ① 단풍이 멋있었구나.
> ② 지난주와 이번 주에 여행을 다녀왔구나!
> ③ 제주도 단풍과 경주 단풍이 아주 멋있었나 보구나!
> ④ 멋진 자연 풍경을 보고와서 상쾌한 기분이 드는구나! 어때?

02

좋은 질문이 좋은 답을 부른다(질문하기)

대화는 말하기와 듣기로 이루어지며 말하기와 듣기 중에서 듣기가 더욱 더 중요합니다. "말하기"의 하나는 "질문"하는 것입니다. 듣기에서도 교사는 아무 말 없는 듣기만 하는 것이 아니라 반복Repeating, 요약Summary, 풀어 말하기 Paraphrasing, 공감Empathy이라는 방법으로 듣기를 하며, 질문하는 것은 잘 들었는지를 확인하는 것도 포함합니다. 여기에서 "질문하기"는 근본 문제에 접근하여 해결하는 질문을 말하며, 질문하는 방법으로는 "문제를 찾아가는 질문법"과 "문제를 해결하는 질문법"이 있습니다.

1) 문제를 찾아가는 질문법

"학생들의 인격을 존중하고 신뢰하라."는 것의 의미가 "그들의 말이 100% 사실이므로 학생들의 말을 무조건 따르라."는 뜻은 아닙니다. 학생들은 자신이 알고 있는 진실을 이야기 하고, 자신이 할 수 있는 것 중에서 최선의 선택을 하고 있다고 해도 그것은 사실이 아닐 가능성이 존재합니다.

예를 들면,

학생 : "집에 보내주세요."

교사는 "그래, 집에 가도록 해." 하고 해야 할까요? 아니면 "쓸 데 없는 말 하지 말고 교실로 가." 라고 해야 할까요?

집에 보내달라는 말이 꼭 집에 가고 싶다는 뜻일까요? 이 때 교사는 "어디가 많이 아프다는 거니?"라고 물어보거나 "무슨 문제가 있니?"라고 물어보는 것이 더 효과적입니다. 정말로 많이 아픈 건지, 감정상의 문제인지, 집안에 무슨 일이 있는 건지, 공부하기 싫은 건지 확인할 필요가 있습니다.

이렇게 진짜 문제를 찾아가는 질문법을 말합니다. 학생들은 자신이 할 수 있는 행동 중 최선의 행동을 하고 있는 것입니다. 그 안에는 분명히 긍정적인 의도가 있습니다. 선생님의 잣대로 그것을 평가하기보다는 학생의 긍정적인 의도와 최선의 행동을 객관적으로 바라보게 하는 질문을 던지는 것입니다. "내가 믿고 있는 사실"이 "사실"이 아닐 수도 있으므로 비판과 질책이 아닌 "문제를 찾아가는 질문"으로 스스로 그 "사실"을 깨닫게 하는 것입니다.

이렇게 문제를 찾아가는 질문법은 NLP라는 심리학의 분야에서 메타모델과 관련이 있습니다.

박진희가 쓴 『성공을 코칭하라』에 있는 일부입니다. "사람은 자기 마음 속에 있는 것을 타인에게 말하지만 말로는 모두 표현할 수는 없고 그 개략을 말한다고 한다. 마음 속에 있는 심층구조를 표층구조로 옮기는 과정에서 삭제, 일반화, 왜곡이라는 3가지 일이 일상 회화에서 무의식적으로 일어나고 있다. 따라서 말하는 사람의 '의미가 불분명한 단어'에 대해서 듣는 사람이 일정한 질문을 해서 명확화하기도 하고 참 뜻을 이해하기도 해서 마음 속의 심층구조에 있는 제한과 한계를 확장시켜야 한다."*

• 삭제(Deletion)

자신이 경험한 것 중에서 일부의 의미가 생략되거나 삭제되는 것을 말합니다. 학생이 정보를 삭제하는 경우에 교사는 삭제된 정보를 구체적으로 물어보는 질문을 합니다.

학생 : "선생님, 아파요."

학생의 대화에 생략되어 있는 부분을 다시 물어보는 것입니다. "누가 아프다는 거니?", "어디가 아프니?"라고 물어봅니다.

• 일반화(Generalization)

학생들은 하나의 사건을 "항상", "언제나", "늘"로 일반화 하는 경향이 있습니다. 또는 학생들이 가지고 있는 편견을 일반화하기도 합니다.

학생 : "선생님, 철수는 항상 떠들어요."

이럴 때는 "철수는 일주일에 몇 번 떠느니?" 라고 구체적인 상황을 질문하여 일반화된 사고를 확장시켜 줍니다.

학생 : "선생님은 언제나 철수만 예뻐해요."

"선생님이 너를 특별하게 대한 적이 단 한 번도 없었니?"라고 질문한다면 학생 스스로 답을 하면서 그 생각이 바뀔 수도 있습니다.

학생 : "공부 잘하는 애들하고는 대화가 안 통해서 말도 하기 싫어요."

---

* 박진희(2007), 성공을 코칭하라, 서울 : 건강다이제스트사, 180~183쪽 요약.

학생이 몇 번의 경험으로 자신의 의식을 한정하고 있습니다. 이럴 때 "말도 하기 싫구나."로 반복(Repeating)하면 부정적인 감정에 휩싸여 더 이상 대화가 지속되기 어렵습니다. 일반화 되어 있는 행동의 규제를 확장시키는 대화를 다음과 같이 질문합니다.

"만약에 공부 잘하는 학생이랑 대화를 하면 어떻게 될까?"

• 왜곡(Distortion)

왜곡은 학생이 인식하는 한도 내에서 어떤 의미를 부여하게 됩니다. 왜곡된 의미를 변경하는 질문을 해서 스스로 의미를 찾아가도록 해야 합니다.

학생 : "선생님 화 나셨죠? 전 선생님이 화 나셨다는 것 다 알아요."

학생들은 누군가의 마음을 다 안다고 왜곡하고 있습니다. 교사는 "그것을 어떻게 알지?"라고 질문함으로써 학생들의 해석을 본래 행동으로 연결하는 질문을 하면 효과적입니다.

학생 : "선생님, 전 영희와 이야기 하면 짜증이 나요."

행동과 결과가 패턴으로 연결되어 있는 경우입니다. 이럴 땐 이 패턴을 명확히 하는 질문을 쓴다면 "구체적으로 어떻게 너를 짜증나게 하니?"라고 질문할 수 있습니다.

연습문제 | 문제를 찾아가는 질문법

상황1 삭제된 정보를 되살리는 질문을 합니다.

① 선생님, 전 할까 말까 망설이고 있어요.

------

② 선생님, 제가 너무 그림을 못 그렸어요.

------

③ 우리집에서는 너무 자유가 없어요.

상황2 일반화된 정보를 바꾸는 질문을 합니다.

④ 전 아무것도 할 수 없어요.

------

⑤ 남자는 여자를 보호해야 해요.

------

⑥ 철수는 언제나 영희 편만 들어요.

상황 3 왜곡된 의미를 깨닫는 질문을 합니다.

⑦ 혁이랑 이야기 하면 짜증나요.

----

⑧ 오늘 국어 선생님 기분이 안 좋아서 저에게 화내신 거예요.

----

⑨ 민수는 내 기분을 몰라요.

해답

① 구체적으로 무엇을 망설이고 있니?
② 누구와 비교해서 그림을 못 그렸다는 거니?
③ 구체적으로 집에서 무엇을 하는 자유가 없다는 거니?
④ 무엇이 널 할 수 없도록 만드니?
⑤ 남자가 여자를 보호하지 않으면 어떻게 되니?
⑥ 철수가 영희 편을 든 적이 단 한 번도 없었니?
⑦ 구체적으로 어떻게 너를 짜증나게 하니?
⑧ 국어 선생님 기분이 안 좋은 것을 어떻게 아니?
⑨ 민수가 네 기분을 모른다는 것을 어떻게 알지?

2) 문제를 해결하는 질문법

문제를 찾아가는 질문법만 사용하다 보면 취조당한 느낌, 따지는 느낌, 분석당하는 느낌이 들 수 있습니다. 학생들이 원하는 것은 문제를 해결하도록 도와달라는 것입니다. 문제를 찾아가는 질문법으로 진짜 문제에 접근했다면, 다음엔 그 문제를 해결하는 질문을 사용해야 합니다. "진짜 문제"를 "어떻게 해결할 수 있을까?"에 초점을 맞추는 질문법입니다.

예를 들어, 학생이 "학교에 다니기 싫다."고 교사에게 와서 말했습니다.
흔히 교사들은 왜 학교에 다녀야 하는지, 학생의 행동이 무엇이 문제였는지 등을 평가하고 분석합니다. 그러다 보면 교사는 많은 말을 해야 하고 학생은 일방적으로 듣게 됩니다. 그렇게 되면 이 문제의 주인은 학생이 아니라 교사가 됩니다. 그러나 학생 스스로가 문제의 주인공이 되어야 합니다. 이럴 때 교사는 먼저 문제를 찾아가는 질문을 합니다.
예를 들어, 학교 다니기 싫은 진짜 이유는 친구 세 명이 친했는데 오해가 생겨서 혼자 외톨이가 되어 학교생활이 힘들어서 일 수도 있습니다. 진짜 문제를 찾았다면 "문제를 해결하는 질문법"으로 해결해야 합니다.

이럴 때 교사가 문제를 해결하는 질문을 한다면

- 어떻게 하면 친구들과 오해를 해결할 수 있을까?
- 친구들과 오해를 풀기 위해서는 무엇을 하면 좋을까?
- 그 친구들 오해가 풀렸다는 것을 어떻게 확인할 수 있지? 그렇게 하려면 무엇부터 하면 좋을까?
- 이번 친구와의 관계에서 배운 것은 무엇이니?
- 다른 친구가 똑같은 고민을 한다면 어떻게 조언해 주고 싶니?

문제 해결형 질문은 5가지방법으로 질문할 수 있습니다.

- 해결하고자 하는 것의 목표를 찾는다.
- 행동의 결과를 얻기 위해 할 수 있는 일을 찾는다.
- 문제가 해결되었다고 가정한다면 무슨 일을 할 수 있는지 방법을 찾는다.
- 배움의 과정으로 본다면 이 일을 통해 얻을 수 있는 교훈을 찾는다.
- 새로운 방법으로 문제에 접근하여 해결책을 찾는다.

문제 해결형 질문은 학생 스스로가 진짜 문제의 주인으로 해결방법을 찾을 수 있도록 교사가 이끌어 주는 질문법을 말합니다.

연습문제 │ 문제를 해결하는 질문법

상황1 기수는 훈이랑 이야기하면 매번 짜증이 난다고 했다. 문제를 찾아가는 질문을 했더니 기수가 이야기 할 때 훈이가 집중하지 않는 행동이 문제가 되고 있었다. 문제를 해결하는 질문을 작성합니다.

① 해결하고자 하는 것의 목표는?

----

② 행동의 결과를 얻기 위해 할 수 있는 일은?

----

③ 문제가 해결되었다고 가정하면 어떤 일들이 가능한가?

----

④ 배움의 과정으로 본다면 이 일의 교훈은?

----

⑤ 문제에 접근하는 새로운 방법은?

> **해답**
> ① 훈이랑 어떻게 대화하고 싶니?
> ② 훈이와 대화가 잘 되기 위해 너는 무엇을 할 수 있니?
> ③ 훈이가 너에게 집중을 잘 한다면 너는 무엇을 하고 있니?
> ④ 훈이의 행동에서 넌 무엇을 배웠니?
> ⑤ 훈이랑 재밌게 대화할 수 있는 방법으로 무엇이 있을까?

상황 2 영희는 청소시간에 청소를 대충하고 나서 다 했다고 매번 우기다가 선생님에게 지도를 받게 된다. 영희가 청소를 대충하는 진짜 이유는 '어차피 더러워질 것이 뻔하기 때문이다.'고 한다. 문제를 해결하는 질문을 작성합니다.

① 해결하고자 하는 것의 목표는?

----

② 행동의 결과를 얻기 위해 할 수 있는 일은?

----

③ 문제가 해결되었다고 가정하면 어떤 일들이 가능한가?

----

④ 배움의 과정으로 본다면 이 일의 교훈은?

----

⑤ 문제에 접근하는 새로운 방법은?

해답
① 청소를 깨끗이 하면 무엇이 좋을까?
② 깨끗한 교실을 유지하기 위해 넌 무엇을 할 수 있지?
③ 교실이 깨끗하다면 우리 반 학생들은 어떻게 하고 있을 것 같니?
④ 오늘 선생님과의 대화에서 넌 무엇을 배웠니?
⑤ 네가 선생님이라면 청소를 대충하는 학생을 어떻게 지도하고 싶니?

03

나를 어떻게
표현할까요?(나-메시지)

감정이 나-메시지로 표현되어지면 상대방은 "그럴 수도 있겠구나."라는 마음이 들어 이해하게 됩니다. 나-메시지는 토마스 고든의 『교사역할훈련』에서 잘 표현되어 있습니다. 대화 중에 "너"라는 대명사를 포함하면 비난받는 것 같아 학생들은 자신의 감정을 숨기게 됩니다.

교사 : (너) 왜 그렇게 했니?
학생 : 제가 안하려고 했는데~~~(변명)

교사 : (너) 그렇게 하면 안 되는 것 알고 있지?
학생 : 제가 알고 한 게 아니라요~~~(합리화)

너-메시지가 부드러운 눈빛과 부드러운 어조로 전달된다면 학생들에게 아주 나쁜 소통방법이라고 단정적으로 말하기 어렵습니다. 그러나 대부분의 너-메시지는 교사의 감정을 드러내지 않고 비난의 화살을 학생들에게 돌리는 언어이기 때문에 너-메시지보다는 나-메시지를 사용하는 것이 더욱 효과적입니다.

　소통이라고 하는 것은 정보만 주고 받는 것이 아니라 마음 속 깊은 곳의 감정, 느낌, 욕구를 쌍방향으로 주고 받는 것입니다. 너-메시지를 많이 사용하면 이런 깊은 대화가 이루어지지 않아 결국은 관계에 영향을 미치게 되어 신뢰관계가 깨지기도 합니다.

　나-메시지로 교사의 감정 상태를 전달함으로써 진솔하게 자기를 표현하면 기분 좋은 이야기는 아니지만 학생 입장에서는 선생님의 감정이 이해가 될 것입니다. 선생님들은 나-메시지 표현을 어려워합니다.
　그 이유는 감정을 쉽게 드러내지 않는 문화적 환경의 영향과, 교사가 되기 위한 등용문이 얼마나 많은 전문지식을 가지고 있는지 만을 테스트하는 것이 주요 목표였고, 게다가 선생님들 역시 자신의 감정을 인식하는 것과 표현하는 것이 일상생활에서 자연스럽지 않은 경우가 많기 때문입니다. 또 감정표현 단어는 대부분 "화났어.", "짜증나.", "기분 좋아.", "기뻐.", "흥분돼." 이런 몇 가지 단어로 한정되어 사용되므로 내 안의 감정을 세분화하지 못해 감정 표현이 어색하기만 합니다.
　"4부 가르치는 일은 나를 완성하는 일입니다"에서 감정 표현하는 법을 넣었습니다.

1) 나-메시지로 감정 표현하기

　간단하게 내가 느끼는 감정만 표현해 봅시다.

　　교사 : "이거 좀 섭섭한데~~"
　　교사 : "같은 이야기를 반복하게 되니까 화가 나는구나."
　　교사 : "와! 아주 흥미로운데!!"
　　교사 : "당황스럽구나."

2) 나-메시지를 상황-영향-감정 순서로 표현하기

나-메시지는 상황-영향-감정의 순서대로 사용합니다.

교사 : "기철이가 수업에 10분이나 늦게 들어와서(상황) 선생님 수업에 방해가 되는 구나(영향). 내가 정신이 산만하고 수업에 방해가 돼서 짜증이 난다(감정)."
교사 : "청소를 깨끗이 해달라고 부탁을 했는데(상황), 청소상태가 엉망이라서(영향) 내가 무시당한 기분인 걸(감정)?"

학생의 행동이 바람직할 때 사용하는 칭찬이나 인정 역시 상황과 감정을 연결하면 멋진 긍정적 피드백이 됩니다. 구체적인 행동에 대한 내용이 언급되어 있어 긍정적인 행동 강화가 될 뿐만 아니라 선생님을 행복하게 해서 좋은 만족감까지 학생에게 더해져 자존감 향상에도 영향을 미치게 됩니다.

교사 : "오늘 기영이가 최선을 다해 이 일을 해낸 걸 보니, 내가 기분이 좋은걸!!"
교사 : "네가 어제 제출한 보고서 내용을 읽어보니, 아주 흥미롭더구나!!"

3) 나-메시지를 비폭력대화로 표현하기

먼저 느낌과 욕구에 대해 좀 더 알아보겠습니다. 느낌은 욕구가 충족되었을 때와 그렇지 않을 때의 감정을 표현할 수 있습니다. 느낌리스트*는 다음과 같습니다. 느낌 리스트에서처럼 욕구가 충족이 되면 기분 좋은 감정을 느끼고, 욕구가 충족되지 않으면 불편한 감정을 느끼게 됩니다.

---

* 수라 하트 외 1인(2010), 내 아이를 살리는 비폭력대화, 서울 : 아시아코치센터, 149쪽.

느낌 리스트	
욕구가 충족되었을 때	욕구가 충족되지 않았을 때
• **기분 좋은**, 가슴 벅찬, 만족스러운, 편안한, 느긋한, 안심인 • **휴식을 취한**, 상쾌한, 기운이 나는, 조심성 있는, 살아 있는, 힘이 나는 • **흥미로운**, 호기심을 느끼는, 흥분한 • **기쁜**, 행복한, 희망에 찬, 고맙게 여기는, 즐거운, 활기찬, 명랑한 • **평화로운**, 평온한, 명백한, 만족해하는 • **사랑하는**, 연결되어 있는, 따뜻한, 열려 있는, 다정한, 사이가 좋은, 애정이 넘치는 • **고마워하는**, 감사하는, 고맙게 여기는 • **재미있는**, 대담한, 살아 있는, 고무된, 자극을 받은, 열심인	• **기분 나쁜**, 불편한, 화를 잘 내는, 불안한, 비참한, 당황스러운 • **피곤한**, 지친, 졸린, 멍한, 약한, 어찌할 바를 모르는, 생기 없는 • **흥미 없는**, 진저리나는, 따분한 • **슬픈**, 불행한, 실망한, 힘겨운, 외로운, 침울한, 정말 싫은 • **신경질 나는**, 곤혹스러운, 혼란스러운, 긴장한 • **미칠 것 같은**, 화난, 짜증스러운, 불만스러운, 몹시 당황한, 격노한, 적의를 품은 • **짜증나는**, 실망한, 괴로운 • **겁먹은**, 두려워하는, 머뭇거리는, 깜짝 놀란, 난처한

욕구 Need란 인식하고 있지 못할 뿐 인간이라면 누구나 가지고 있는 것입니다. 다음은 느낌 밑에 있는 욕구 리스트입니다.*

욕구 리스트
재미, **놀이**, **배움**, **선택**, **신체적 양육**, 공기, 운동, 음식, 보호, 휴식, 성적 표현, 주거, 물, 신체적 접촉

* 수라 하트 외1인(2010), 내 아이를 살리는 비폭력대화, 서울 : 아시아코치센터, 147쪽.

우리 자신과의 관계	성취, 인정, 확실성, 도전, 명료함, 능력, 창조성, 성실성, 타고난 재능과 재주 알기, 의미, 개인의 자유를 즐길 권리, 자기 발전, 자기 표현, 자기 가치
다른 사람과의 관계	감사, 소속감, 삶의 기쁨과 슬픔 나누기, 긴밀함, 공동체, 배려, 정서적 안정, 공감, 솔직함, 상호의존, 친절함, 사랑, 같이하는 힘, 안심, 존중, 타고난 재능과 재주 함께 나누기, 지원, 누군가에게 중요한 사람 되기, 신뢰, 이해, 따뜻한 마음
세계와의 관계	아름다움, 자연과의 접촉, 조화, 영감, 질서, 평화

『비폭력대화』에서는 감정(느낌)을 욕구와 관련지어 나-메시지 전달법을 설명하고 있습니다. 여기서는 나를 표현할 때는 관찰-느낌(감정)-욕구-부탁의 단계로 이루어집니다.

"**관찰**"은 어떤 상황에서 상대방의 말과 행동을 있는 그대로 관찰한다. 나에게 유익하든 그렇지 않든 학생의 말과 행동을 있는 그대로 관찰하는 것이고, "**느낌(감정)**"은 그 행동을 보았을 때 어떻게 느끼는지 감정 즉 아픔, 즐거움, 기쁨, 짜증 등을 표현하고, "**욕구**"는 자신이 포착한 느낌이 내면의 어떤 욕구와 연결되는지를 말하는 것입니다.

마지막으로 "**부탁**"은 구체적으로 원하는 부탁상황을 말하는 것입니다.*

학생 : (청소시간에 청소하지 않고 운동장에서 축구를 함.) 청소시간이 지나서 교실로 들어옴.
관찰 : 오늘은 청소시간에 청소하지 않고, 어제는 청소를 대충해서 다른 친구가 청소를 마무리 했다.
느낌 : 약속이 지켜지지 않아 실망했다.
욕구 : 깨끗한 교실을 원하고, 교사로서 존중받고 싶다.
부탁 : 약속한 대로 정해진 시간에 청소했으면 좋겠다.

---

* 마셜 B. 로젠버그(2009), 비폭력 대화, 서울 : 바오, 22~23쪽.

관찰 – 느낌 – 욕구 – 부탁을 조합하면

"어제는 청소를 대충해서 다른 친구가 너 대신 청소했고, 오늘도 역시 청소하지 않고 운동장에서 축구를 했구나. 선생님은 너와의 약속이 지켜지지 않아서 실망스럽구나. 각자 정해진 역할에 충실히 해서 깨끗한 교실이 되었으면 좋겠어. 청소 시간에 청소를 다하고 축구를 하거나 다른 시간에 축구를 할 수 있겠니?"

또는 "나는 ~이 필요(욕구)하기 때문에 ~게 느낀다(느낌)."으로 표현할 수도 있습니다.

"나는 깨끗한 교실을 원하기 때문에 너의 불성실한 행동에 화가 나는구나!"

학교 현장에서는 이 네 가지 요소 중 하나만 사용하여 대화해도 되고, 여러 가지를 조합해서 대화해도 됩니다. 네 가지를 완벽하게 사용하면 더 좋겠지만, 많은 학생을 상대하는 교사에게는 이 중 한 가지 요소만 사용하여도 부작용 없이 어느 정도는 원하는 것을 얻을 수 있다고 생각합니다.

4) 공감하며 나 – 메시지 표현

공감은 학생의 말 뒤에 숨은 욕구에 귀를 기우리게 하고 공감받은 학생은 마음의 문을 열게 됩니다. 공감을 받아 자신의 문제를 해결하고자 하는 긍정적인 힘과 용기가 생기면 교사의 나–메시지는 학생에게 전달되어 영향력을 미치게 됩니다. 느낌이란 몸의 감각이나 마음으로 느끼는 기운이나 감정을 말하기 때문에 감정과 같은 의미로 보아도 됩니다.

욕구란 느낌의 근원으로 "욕구를 안다는 것"은 학생을 강요하지 않고 욕구를 바람직한 방향으로 이끌 수 있는 대화의 핸들을 잡고 있는 것과 같습니다. 또 욕구는 충족될 때와 그렇지 않을 때 느낌으로 표현되어지므로 욕구와 느낌은 서로 연결되어집니다. 학생의 욕구와 교사의 욕구를 충족시킬 수 있는 방향으로 대화가 진행되어야 하므로 대화의 초점을 서로의 욕구에 맞추어 대화할 필요가 있습니다.

공감할 때 학생의 언어나 비언어적 행동에 대해 교사는 "~을 보니(관찰한 내용이나 상황) ~을 느끼는구나(느낌)." 또는 "~이 필요해서 ~을 원하니?" 와 같이 표현합니다. 이때 느낌은 분노를 일으키는 느낌이 아니라 상대방으로 하여금 "내가 이해받고 있고 있으므로 평안하구나."라는 느낌이 들도록 해야 합니다.

그런데 학생의 욕구만 들어준다면 그것은 진정한 교육자의 역할이 아니라 방임적인 교사의 역할입니다. 대화를 통해 학생과 교사의 욕구가 충족되도록 해야 효과적인 교사역할이라 할 수 있습니다. 공감하며 나-메시지를 표현하는 것은 교사의 욕구와 학생의 욕구를 모두 충족시키는 것입니다.

예를 들어,

학생 : "선생님, 저 수업 안하고 놀고 싶어요."

라고 했을 때 교사가 학생의 욕구를 존중해 주기 위해 무조건 수용해 준다면, 학생의 자유와 놀이에 대한 욕구만을 충족시켜 주고 가르쳐야 하는 교사의 욕구를 무시했기 때문에 바람직한 교육자의 모습이 아닙니다.

학생들이 선하고 협조적인 모습 이외에 반항적인 모습을 보이는 것은 현재 스트레스 상황이나 고통 속에서 자신의 욕구를 보지 못하고 있거나, 안전이나 존중 같은 기본적인 욕구가 채워지지 않아서 자기 방어적인 행동을 하고 있는 것입니다. 그 욕구를 먼저 공감해 준 후 교사가 원하는 것을 이야기한다면 교사와 학생이 서로의 욕구를 채우기 위해 소통할 수 있습니다.

서로의 욕구에 초점을 맞추어 대화하는 것을 예로 들어보면,

학생 : "선생님, 놀고 싶어요!!"
교사 : "수업보다는 다른 흥미로운 일이 있어서 그 일이 하고 싶니? 그런데 선생님은 오늘 수업을 성실히 해서 만족감을 얻고 싶어서 그러는데 열심히 참여해 주었으면 좋겠다."

혹시 "선생님, 놀고 싶어요!!" 이 말들 듣고 기분이 좀 언짢다면 다음과 같이 표현할 수도 있습니다.

교사 : "수업보다는 다른 흥미로운 일이 있어서 그 일이 하고 싶니? 그런데 선생님은 오늘 수업을 성실히 해서 만족감을 얻고 싶어서 수업준비를 해 왔는데 너희들이 그렇게 이야기 하니까 실망스럽구나."

공감한다는 것은 학생들의 사고, 감정과 욕구를 이해하는 대화법을 말합니다. 사고나 감정, 욕구는 눈에 보이지 않지만 온몸으로 학생의 입장이 되어 주의를 기울이면 학생을 온전히 이해할 수 있습니다. 그러나 학생들의 감정과 욕구를 이해하기 전에 교사 자신의 감정과 욕구를 알아야 합니다. 음식의 맛을 경험해 보지 않고 음식의 맛을 설명할 수 없는 것처럼 자신의 감정과 욕구를 이해하지 않고 다른 사람의 감정과 욕구를 이해할 수 없습니다. 다른 사람을 공감한다는 것은 자기 자신을 공감하는 것에서부터 시작되어야 합니다.

학생들이 교사에게 "선생님, 놀고 싶어요!!"라고 했을 때 이 말을 듣고 혹시 분노가 치밀어 온다면 그 분노 밑에 다른 감정이 숨어 있을 수도 있습니다. 이 숨은 분노를 찾아보는 일은 "4부 가르치는 일은 나를 완성하는 일입니다"에서 살펴보겠습니다.

연습문제 | 나-메시지

상황1 수업시간에 지각하는 학생에게 나-메시지를 표현해 봅시다.

① 나 메시지를 상황-영향-감정 순서로 표현

---

② 나 메시지를 비폭력대화로 표현(느낌과 욕구를 연결)

> **해답**
> ① 수업이 시작되고 5분 늦어서 내가 수업에 방해가 돼서 짜증이 나는구나.
> ② 선생님은 수업을 성실히 하고 싶은데, 네가 수업에 늦게 들어와서 수업을 방해하니 내가 짜증이 나는구나.

상황2 선생님에게 예의 없는 태도로 이야기를 하는 학생에게 나-메시지를 표현해 봅시다.

① 나 메시지를 상황-영향-감정 순서로 표현

---

② 나 메시지를 비폭력대화로 표현(느낌과 욕구를 연결)

> **해답**
> ① 큰 소리로 이야기하고, 비속어를 사용해서 이야기하니까 선생님 기분이 나쁘구나.
> ② 선생님은 너와 진솔한 이야기를 하고 싶은데, 큰 소리로 이야기하고 비속어를 사용해서 이야기하니까 내가 무시당한 기분이구나.

상황 3 선생님이 부탁한 내용을 잘 수행한 학생에게 나-메지지를 표현해 봅시다.

① 나 메시지를 상황-영향-감정 순서로 표현

----

② 나 메시지를 비폭력대화로 표현(느낌과 욕구를 연결)

> **해답**
> ① 쉬는 시간에 선생님이 부탁한 것을 즐겁게 도와주어서 나에게 많은 도움이 되었단다. 그래서 선생님 기분이 무척 좋구나.
> ② 선생님이 여유를 가지고 싶었는데, 네가 나를 도와주어서 기분이 무척 좋구나.

상황 4 교과목에 관련된 질문을 하는 학생이 자신이 생각하는 것이 맞고, 선생님이 설명한 내용이 틀린 것 같다고 하면서 따지듯이 이야기합니다. 학생의 감정에 공감하면서 교사가 원하는 것을 표현해 봅시다.

① 학생을 공감

----

② 교사가 원하는 것을 나-메시지로 표현

> **해답**
> ① 네가 공부한 내용과 달라서 좀 당황스러웠니?
> ② 선생님은 존중받고 싶은데, 나에게 공손하게 이야기 해 주었으면 좋겠다.

상황 5 청소를 해야 하는 시간인데, 친구들끼리 말다툼하면서 청소를 하지 않고 있습니다. 학생의 욕구를 공감하면서 교사의 욕구를 표현해 봅시다.

① 학생을 공감

----

② 교사가 원하는 것을 나-메시지로 표현

> **해답**
> ① 친구들과 소통이 되지 않아 답답하니?
> ② 선생님은 청소를 했으면 좋겠는데 너희들이 청소보다 말다툼만 하고 있으니까, 짜증이 나는구나. 먼저 청소를 하고 나서 친구들과 이야기 하면 좋겠다.

04 표정이 더 많은 것을 말한다

언어적인 듣기, 말하기보다 더 중요한 것이 있습니다. 비언어적 표현이 그것입니다. 교사와 학생의 대화 장면에서 교사의 말이 아닌 억양, 어조, 얼굴표정, 눈의 움직임 같은 비언어적인 것들이 언어적인 것보다 더 많은 것들을 이야기하기도 합니다.

1972년에 앨버트 메라비안이 일련의 실험을 통해 비언어적 신호들이 다른 자극에 비해 훨씬 영향력 있다는 것을 증명했습니다. 메라비안은 얼굴을 비언어적 정보의 원천으로 삼았습니다. 우리가 가진 영향력의 93%가 억양, 어조, 얼굴표정, 눈 움직임 같은 비언어적인 것들이고, 말이 주는 영향력이 7%에 불과하다고 합니다.* 교사의 말인 "대화"보다 비언어적 "진정성"이 우선인 것입니다. 말은 거짓말을 할 수 있으나 신체 언어 신호들은 거짓말을 할 수 없기 때문입니다.

비언어적인 표현은 언어적 표현의 보조 수단이긴 하지만, 학생들은 교사들의 비언어적인 표현과 언어적 표현이 빈번히 비일치적일 경우 관계에 부정적인 영향을 주고, 학생과의 신뢰에 치명적일 수 있습니다.

* 슈 나이트(2005), 비즈니스 NLP, 서울 : 물푸레, 108쪽.

학생들에게 "선생님은 널 믿어"라고 말하면서, 싸늘한 표정과 화난 어조로 이야기 한다면, 학생들은 "널 믿어"라는 말을, "선생님은 이중 인격자야."로 들을 것입니다. 어떤 선생님이 "야, 이 새끼야"라는 말을, 그윽한 눈으로 안타까운 마음을 담아 손을 잡으면서 진심어린 맘으로 이야기 한다면, 그 말을 학생은 "선생님은 나를 걱정하시는구나."로 들을 것입니다.

H·E·T 모형이 교사 기준이어야 하는 이유 역시 비언어적 표현이 언어적 표현 못지않게 중요하기 때문에 교사가 일치적인 대화를 하자고 하는 것에서 출발됩니다. 일치적인 대화를 한다는 것은 마음과 말이 하나 되게 표현되는 것을 의미합니다. 교사가 교육의 주체가 될 때, 일치적 대화를 할 수가 있는 진정성이 나옵니다. 교육의 주체가 교사가 아닌 관리자라면, 교사는 책임지지 않는 범위에서 적당히 하려고 할 것입니다. 즉 책임 회피식 교육을 하겠지요. 그러면 대화 방식은 문제를 유발하지 않는 범위를 유지하되, 진정성은 없게 되는 것입니다.

교사가 화가 나서 얼굴 근육이 팽팽해지고, 눈동자가 흔들리고, 어조가 격앙되었는데 "선생님은 널 이해할 수 있어."라고 한다면, 학생들은 아주 혼란스러우면서 교사를 신뢰할 수 없게 되어 버립니다. 교사의 생각과 말이 신체와 연결되어 있으므로 교사는 생각한 대로 말하도록 노력해야 합니다.

교사가 너무 화가 나서 자신을 통제할 수 없을 때에는

"선생님은 ~한 행동으로 화가 많이 나서 지금은 너와 대화하는 것이 어렵구나. 나중에 다시 이야기 하자."라고 이야기하는 것이 학생이 교사를 신뢰할 수 있기 때문에 더 나은 표현이 되는 것입니다.

교사는 말과 행동을 생각한 대로 일치시켜야 학생과 진심으로 소통할 수 있고, 학생과 진심으로 소통하여야 학생의 변화를 효과적으로 촉진시킬 수 있습니다.

05
자녀와는 어떻게 대화할까요?

교사와 부모의 역할은 공통부분도 있지만 다른 부분도 있습니다. 따라서 교사로서 학생을 잘 지도하는 성공 경험을 그대로 가정에서 사용하면 가정에서 자녀들을 힘들게 할 수도 있습니다.

H·E·T 모형은 많은 대화법들이 정리되어 있습니다. 물론 교사를 위한 소통하는 방법이지만 이 중에 부모로서 도움이 되는 내용을 다시 엮어 보았습니다.

첫 아이가 초등학교에 들어가면 직장 생활을 하는 대부분의 직장 맘들은 빨라야 오후 5시가 넘어서 집에 도착하다보니 아이들은 1시 30분 이후 혼자서 오후 스케줄을 감당해야합니다. 자녀들이 빈집에서 하루 종일 폭력적인 게임을 하거나, TV만 볼까봐 예체능과 보습학원으로 오후 프로그램을 돌립니다. 2시 수영, 3시 30분 피아노, 4시 30분 영어 학원, 6시 집이라고 가정을 해봅시다.

직장 다니는 엄마들 대부분은 아마도 이게 현실일 겁니다. 엄마들은 집에 오면 시간표대로 아이가 잘 움직였는지 확인합니다. 가끔 화장실 문제로 수영 셔틀버스를 타지 못해 결석을 하기도 하고, 피아노 치기가 싫어서 결석하기도 합니다. 자녀 양육에 불안한 마음을 이렇게 표현합니다.

엄마 : 수영 갔니? 안 갔니?
아들 : 갔어요.
엄마 : 피아노는?
아들 : 안 갔어요.
엄마 : 손바닥 한 대.
아들 : (..)
엄마 : 영어학원은?
아들 : 갔어요.
엄마 : 내일 또 그러면 더 많이 혼난다.
아들 : 네.

소통을 배우기 전 부모의 모습일 것입니다. 부모는 자녀의 가슴은 보지 못하고, 잘못된 행동과 자녀의 인격에 대해 평가하고 판단하고 심판합니다.

소통하는 부모는 이렇게 대화하는 방법이 있습니다.

엄마 : 아들, 오늘 하루 어땠니?
아들 : 엄마, 수영하고 영어학원은 갔는데, 피아노는 못 갔어요.
엄마 : 그래? 무슨 일 있었니?
아들 : 수영 갔다 오다가 친구를 만났는데, 20분 정도 시간이 있어서, 잠깐 놀아야지 했는데, 좀 늦어버렸어요. 그래서 그냥 안 갔어요.
엄마 : 그런 일이 있었구나. 그래서 안 갔구나.
아들 : 네. 죄송해요.
엄마 : 그래도 영어학원은 시간 잘 맞춰서 갔네! 내일 또 오늘 같은 일이 생기면 어떻게 하고 싶니?
아들 : 친구랑 노는 게 너무 재밌어서 사실 가고 싶지 않은 맘도 있었어요. 그런데 빠지고 났더니 왠지 찝찝해요. 엄마에게도 그렇고, 선생님께도 그렇고. 내일부터는 핸드폰 알람을 맞춰놓고 친구랑 노는 것이 좋을 것 같아요. 그리고

저 주말에 친구랑 신나게 놀게 노는 시간을 많이 확보해 놔야겠어요.
엄마 : 그거 좋은 생각이구나. 엄마도 네가 학원결석해서 학원에서 전화 오면, 무슨 일 있는 줄 알고 걱정하니까, 결석하지 말고, 늦게라도 갔으면 좋겠어. 엄마 없는 시간을 네가 이렇게 혼자서 해내다니 정말 기특하구나.
아들 : 네. 알겠어요. 그렇게 할게요.

교사인 필자의 경우 학교에서 학생들이나 동료교사들과 대화할 때는 의식적으로 잘 소통하려고 노력하지만 가정에서는 평소 무의식적인 습관대로 대화하게 됩니다. 그러다 보면 미숙한 언어 사용으로 자녀에게 상처를 주거나, 가족 내 갈등을 유발하게 됩니다.

필자가 대화법을 바꾸기 위해 노력한 세월이 몇 년이 흘렀지만, 아직도 자녀들은 과거의 대화 습관을 전부 다 버리지 못했습니다. 부모가 대화법이 바뀌는데 오랜 시간과 노력이 걸리듯 자녀들 역시 대화법이 바뀌기 위해서는 부모가 변한 것을 보고 변화를 시도하기 때문에 더 오랜 시간이 걸릴 수 있습니다. 또 부모는 무척 노력하는데 자녀는 노력하지 않는 것 같아 조급해지기도 합니다.

부모가 바뀌면 자녀도 바뀐다는 믿음으로 꾸준히 노력하면 언젠가 부모와 진심으로 소통하는 자녀를 만나게 될 것입니다.

부모는 자녀와 어떻게 대화하면 좋은지 살펴봅시다.

1) 언어적인 것과 비언어적인 것을 일치시킨다

비언어적인 표정, 눈빛, 어조, 톤이 더 많은 것을 이야기 한다고 했습니다. 비언어적인 것들은 의식하지 않는 무의식적인 반응이므로 비언어적인 것이 영향력을 발휘하는 메시지가 되기 위해서는 부모로서 자신의 내면을 바라보아야 합니다. "4부 가르치는 일은 나를 완성하는 일입니다"의 내용이 자신을 바라보도록 하였습니다. 좋은 부모의 시작은 내면의 치유라고 생각합니다. 자녀에게 분노하고, 통제할 수 없는 내 모습이 있다면 자신도 인식하지 못하는 과거에 해결되지 않은 '나의 문제'가 있을 수 있습니다.

언어적인 것과 비언어적인 것의 일치는 진정성과도 관련이 있습니다. 자녀들은 부모가 "이중의 메시지"를 보낼 때 심한 혼란을 느끼게 됩니다. 교사와 마찬가지로 부모 역시 진정성이 가장 중요합니다.

자녀와의 대화만큼 중요한 것은 부부 간의 대화입니다.

자녀들은 부모의 모습을 보고 자라고, 부모의 대화하는 모습을 그대로 답습합니다.

부부가 많은 시간 갈등상태에 있어 행복하지 않으면서, 자녀에게 "너는 꼭 행복해야 한다."라고 말한다고 생각해 보십시오. 자녀가 진정으로 행복해질 수 있겠습니까?

경청을 가르치고 싶다면 부부 간에 경청하는 모습을 보여주고, 행복을 가르치고 싶다면 행복한 모습을 보여 주어야 합니다.

2) 듣기를 잘한다

두 번째로 중요한 것이 듣기입니다. 듣기는 "3부 1. 잘 들었나요?(듣기)"에서 단계별로 정리했습니다. 듣기는 경청이고 공감입니다. 자녀의 가슴의 이야기에 경청하고 공감해야 합니다. 자녀가 만족할 때까지 자녀의 입장이 되어서 충분히 경청하여야 공감입니다. "이 정도면 되겠지?"라고 판단하지 말고 자녀가 "이제 그만하고 싶어."라는 느낌이 들 때까지 공감해 주어야 합니다. 듣기를 잘하면 자녀의 부정적인 감정이 빠지면서 스스로 해결책을 찾아내기도 합니다. 그럴 때 부모가 이렇게 질문합니다.

"하고 싶은 것이 있다면 무엇을 해보고 싶어?"
"할 수 있는 것이 있다면 무엇을 할 수 있는데?"
"그럼 지금부터 뭐 해보고 싶은데?"

질문하는 방법은 "3부 2. 좋은 질문이 좋은 답을 부른다(질문하기)"와 "6부 코칭형 교사를 위한 영역별 대화의 기술"의 '4. 성장영역'의 코칭 언어를 참고

하면 됩니다.

시간적인 여유가 없을 때는 "엄마가 네 이야기를 충분히 들어주고 싶은데 지금 시간이 없구나. 6시에 더 계속하면 안 될까?"라고 동의를 구하면 대부분의 자녀들은 부모님의 부탁을 들어주려고 노력할 것입니다.

3) 칭찬하고 인정한다

부모로서 또 중요한 것은 칭찬과 인정입니다. 칭찬과 인정에 대해서는 "6부 코칭형 교사를 위한 영역별 대화의 기술"의 '3. 허용영역'에 자세히 설명되어 있습니다. 듣기를 잘 하는 것도 인정하는 방법 중 하나입니다.

무조건 "잘했어."라고 말하는 것보다 칭찬과 인정하는 법을 제대로 익혀서 사용한다면 자녀의 성장에 도움을 줄 수 있습니다.

4) 일관성을 유지한다

자녀교육에서 제일 어렵고 힘든 것이 규칙과 가치관의 일관성 유지입니다.

평소 온화하고 따뜻한 태도를 지닌 엄마가 있습니다. 그런데 공부와 관련되면 어떤 날은 "인생의 전부는 공부가 아니야."라고 했다가 어떤 날은 "성적이 이게 뭐냐, 이래 가지고는 대학도 못 가겠다."고 윽박지르기도 합니다. 그러다가 윽박지른 것이 미안해서 "공부는 전부가 아니지만 공부는 해야 되는 거야." 라고 하면서, 공부 스케줄을 짭니다. 그리고 스케줄 관리를 합니다. 스케줄 관리가 제대로 안되면 용돈으로 협박하기도 하고, 죄책감과 수치심을 주는 단어를 사용하며 자녀를 훈육합니다. 이런 일관성 없는 새로운 자녀 양육방식을 사용하다 보면 엄마도 힘들어서 때로는 "네 인생이야, 네가 알아서 해!"라며 포기를 선언하기도 합니다.

엄마의 이런 일관성 없는 모습은 자녀로 하여금 혼란스럽게 할 수 있고, 경우에 따라서는 공격적이거나 불안을 느끼게 하는 원인이 될 수도 있습니다.

가정교육에서 일관성이 결여되면 부모의 철학이나 가정교육관에 영향을 미쳐 즉흥적이고, 감정적인 양육 태도를 가지게 됩니다. 또 부부가 대화나 협의가 없이 다른 메시지를 전달하는 것도 일관성 없는 양육 태도에 해당됩니다. 부모가 일관성을 유지하는 것은 부부 간의 대화와 협조를 통해 부모의 철학과 가정교육관과 같은 기준이 바로 세워지는 것을 의미하며, 이를 일관되게 전달하여야 가정교육이 효과적으로 이루어질 수 있습니다.

교사는 직접 가르치나, 부모는 직접 가르치기보다는 간접적으로 행동, 습관, 태도, 가치관을 가르치는 위치에 있습니다. 부모는 교사가 되어 직접 가르치려 하는 것보다는 부모로서 자녀 사랑과 생활 자세의 일관성을 유지함으로써 인생을 살아가는 모습을 간접적으로 상징화 합니다.

그러나 부모는 아이의 시각에서 가슴으로 이해하는 것이 먼저입니다. 이렇듯 부모가 아이의 거울이 되어 부모는 아이와 함께 생각하고, 그 이유를 찾아보고, 아이가 이해되면 스스로 행동할 것입니다. 부모의 생활태도를 보고 자란 자녀의 가슴 속에 부모의 철학이 상징화되어 자리잡게 됩니다. 부모는 책임감, 배려, 인내, 정직 등과 같이 가정에서 익혀야 할 덕목을 일방적으로 전달하는 것이 아니라 아이의 의견을 존중하면서 소통하는 쌍방향 통행으로 가르쳐야 합니다. 이런 소통을 했을 때 아이의 마음속에 상징화 되어 영원히 남아 있게 됩니다. 쌍방향 통행 대화는 부모가 아이의 말을 잘 듣고, 아이의 감정을 느끼고, 진심으로 이해하려고 노력해서 아이가 '문제'에 대한 해결책을 스스로 찾는 과정을 말합니다.

규칙은 아이의 행동에 대한 한계 즉 허용되는 행동과 허용되지 않는 행동을 정하는 것입니다. 허용되는 행동과 그렇지 않은 행동을 나눌 때에는 허용되지 않는 행동이 어떤 결과를 가져 오는지 예측해 보게 한다면 스스로 책임감의 개념을 익히게 될것입니다.

"지속적으로 이런 행동을 한다면 무슨 일이 생길까?"
"이런 행동은 어떤 결과를 불러올까?"

라고 질문함으로써 자기 자신을 다스릴 능력이 부족할 수 있는 아이에게 전적으로 맡기기보다 그 규칙이 왜 중요한지, 어떤 결과를 가지고 오는지 함께 대화합니다.

부모가 교사일 경우 교사의 눈으로 자녀를 바라보기 쉽습니다. 교사의 눈으로 자녀를 바라보다 보면 아이의 부족한 면, 약점이 많이 눈에 띄게 됩니다. 아이와 대화할 때는 약점을 직접적으로 지적하지 말고, 장점을 칭찬하도록 노력해야 합니다.

규칙은 합리적이어야 하고, 지키기 쉬워야 하며, 공정해야 합니다. 그러나 규칙은 바뀔 수 있습니다. 규칙이 수정되어야 한다면 아이와 다시 규정을 정합니다.
아이와 함께 규칙이 정해지면, 일단 정한 규칙은 지켜지도록 해야 합니다. 최소한의 규칙을 정하도록 하십시오.

예를 들어, 엄마가 자기 전에 이 닦는 것을 가르치고 싶다면 다음과 같이 대화할 수 있습니다.

엄마 : 자기 전에 이는 닦아야 한단다.
자녀 : 엄마, 나중에 할래요.
엄마 : 언제 할 거니?

자녀 : 안하면 안 돼요?
엄마 : 이 닦는 것이 귀찮아 보이는구나. 그런데 만약에 자기 전에 이를 닦지 않는다면 어떤 일이 생길까?
자녀 : 이가 썩어서 병원에 가겠지!
엄마 : 이가 썩어서 병원에 가면 무슨 일이 생길까?
자녀 : 기계로 잉~하겠지. 아프겠다.
엄마 : 어떻게 하고 싶니? 지금 이를 닦는 것이 좋을까? 병원에서 기계로 치료하는 것이 좋을까?
자녀 : 귀찮아도 지금 닦고 자야겠네. 치과 가는거 정말 싫거든요.

또 부모로서 자녀 교육에 가장 중요하게 추구해야 하는 것들로 가치관을 만들어 놓습니다.

예를 들면,

나는 부모로서 내 아이를 믿어주고, 성장하도록 환경을 조성한다.
나는 부모로서 내 삶의 변화를 내 안에서 이끌어내며, 내 아이가 자신의 일을 계획하고 주도하는 것을 기다려 줄 것이다.

이런 것들이 될 수 있습니다. 가치관은 갈등이나 선택의 순간에 방향을 분명히 하고, 일관성을 유지할 수 있게 해 줍니다.

규칙이 정해지면 반드시 실천해야 하지만 규칙에 유연하게 대처해야 되는 순간이 있습니다. 물론 규칙이나 가치관보다 자녀와의 관계, 즉 사랑이 더 중요합니다. 규칙으로 인해 부모나 자녀가 힘들어지고 분노하게 된다면 개선해야 하는 순간입니다. 규칙이나 기준이 흔들리면 안 되지만, 때에 따라서는 아이의 정서적 상황에 융통성을 발휘할 수 있도록 부모의 유연한 대처가 필요합니다. 부모는 아이의 속도에 맞추어 기다려주는 것입니다.

5) 조언도 세련되게 한다

"6부 코칭형 교사를 위한 영역별 대화의 기술"의 '4. 성장영역'의 피드백 언어를 추천합니다. 피드백 언어는 부모라는 관계가 전제에 있기 때문에 더 효과적입니다. 비난하거나 설교하기보다 상황을 표현하고 부모가 원하는 것을 이야기한 후 질문하는 것이 효과적입니다. 또는 "6부 코칭형 교사를 위한 영역별 대화의 기술"의 '3. 허용영역'에서 인정하기에 존재에 상처를 주지 않으면서 조언하는 방법이 있습니다. 이 두 가지를 사용하여 자녀에게 조언할 것을 권합니다.

6) 선택하고 책임지게 한다

"6부 코칭형 교사를 위한 영역별 대화의 기술"의 '5. 선택영역'은 가치관 충돌이 생겼을 때 아이의 가치관을 인정해 주면서 선택하고 책임지는 대화법입니다. 아이들은 자신이 "옳다."고 생각하는 미숙한 가치관을 가치고 있지만, 그것이 진리라고 생각하고 있습니다. 그럴 때는 아이의 가치관에 충분히 공감해 주고 선택하게 하고 책임지게 하는 것이 좋습니다.

그러나 절대 안 되는 것이 있다면 그것은 유지되어야 합니다. 선택하는 자유가 있되 절대 안 되는 것은 어떠한 일이 있어도 허락해서는 안 됩니다. 예를 들면 안전과 관련되는 것, 다른 사람을 해치는 것, 또는 가족 내 규칙 같은 것입니다. 이런 것들은 자녀에게 충분히 설명해서 납득이 갈 수 있도록 해 주어야 합니다. 특히 부모가 절대 바꿀 수 없는 가치관이 있는데, 아이가 받아들이지 않는다면 다시 고려해 볼 것을 권합니다. 이런 규칙은 적을수록 좋습니다.

이 여섯 가지가 부모로서 자녀와 소통하는 핵심입니다. 교사로서 학생들과 소통하는 것보다 부모로서 자녀와 소통하는 것이 오히려 어려울 때가 많습니다. 자녀와의 대화는 머리로 하는 것이 아니라 가슴으로 하는 것이기 때문입니다.

부모로서 효과적으로 대화법을 익히기 위해서 메모지를 준비합니다.

메모지에 1)~6)에 해당하는 경우, 본인이 자녀와 대화한 내용을 적어봅니다.

그리고 다시 가장 이상적인 대화내용으로 빨강색으로 고쳐봅니다. 하루가 지나서 수정한 내용을 다시 한 번 읽어봅니다. 한 달 되는 날 한 달 동안 대화하여 수정한 내용을 모두 읽어봅니다. 이 과정을 꾸준히 반복하다 보면 자녀와의 대화가 즐거워질 것입니다.

4부

가르치는 일은
나를 완성하는 일입니다

집단을 구성하여 교사의 소통방법을 익히는 경우에는
이 4부를 마지막 활동자료로 이용하면 더 효과적입니다.

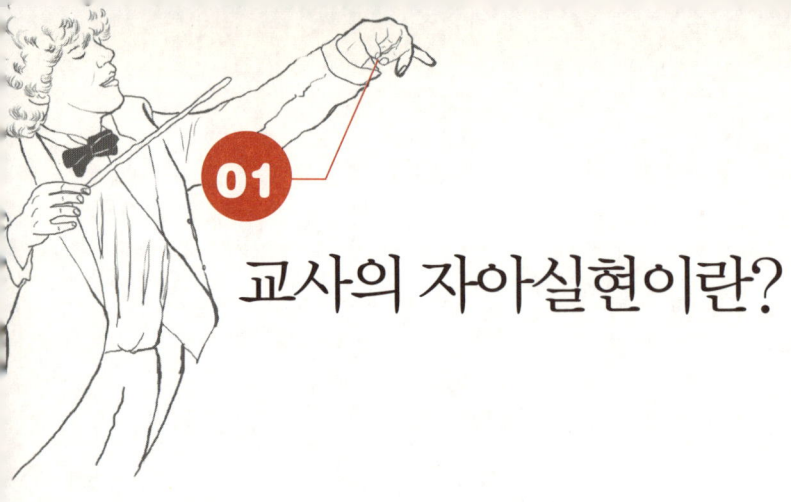

01
교사의 자아실현이란?

1) 교사의 자아실현의 의미는?

필자가 대화법에 관심을 가지게 된 것은 학생들과 진정으로 소통하고 싶었기 때문입니다. 상처 있는 사람이 상담가가 되고, 경제적인 어려움 때문에 학교를 못 다녔던 사람이 장학재단을 만드는 것처럼 필자 역시 학생들과 진심으로 소통하는 것이 어려웠기 때문에 대화법에 관심이 갔습니다.

대화의 기술을 익히면 나를 표현하고 남을 이해하는 것은 다소 수월해질 수 있으나, 대화의 달인이 되는 것은 끝이 없는 장거리 달리기와 같습니다. 어떤 것을 익혀서 나의 것으로 소화시키기 위해서는 머리에서 가슴으로, 가슴에서 손으로 내려와야 한다고 합니다. 그리고 그 시간은 대략 10년이 걸린다고 하는 사람도 있습니다.

대화법, 심리학 부분에 관심을 가지고 관련 책을 읽고 읽다 보니 학생과의 대화는 점점 좋아지기 시작하지만 여전히 자신 안에는 분노가 있고, 갈등 관계가 있고, 자녀와의 대화는 어려울 수 있습니다.

정작 중요한 "나는 누구인가"가 빠져 있기 때문입니다.

당신을 다른 사람으로 만들려고 밤이나 낮이나 최선을 다하고 있는 세상에서

> 자기 자신으로 산다는 것은 인간으로서 가장 어려운 싸움이며, 결코 끝이 없는 싸움이다.
>
> −커밍스−

나를 찾아가는 작업과 나를 사랑하는 법은 평생을 통해 이루어지는 작업입니다.

나의 내적인 본질을 드러내고 그것을 허락하고, 내안의 억압과 제약을 제거하여 내가 진정한 내가 되도록 노력했을 때 성장이 찾아옵니다. 인간관계를 잘 맺어 행복한 마음을 가지려면 자신을 사랑하는 법을 알아야 하며, 그로 인해 다른 사람과의 관계에서 진정한 기쁨을 누리게 됩니다. 이러한 작업이 처음엔 힘들고 아프기도 하겠지만, 알을 깨고 나왔을 때의 그 기쁨이 동기가 되어 나를 알아가는 작업을 즐기게 될 것입니다.

이렇듯 자신의 의사소통 방식이 감정과 일치되도록 지속적으로 노력하면 마음의 평화가 올 것이며, 자신의 잠재력을 개발하는 자아실현을 이루게 될 것입니다.

> 20세기 후반부터 시작된 정보혁명은 사회활동과 소속감을 통해 얻어지는 애정과 소속의 욕구를 증가시켰다. 정보화가 가속될수록 자신이 가치 있는 사람이라고 평가받는 존경의 욕구가 우위를 차지한다. 정보혁명의 후기 단계인 지금, 최고의 인간 욕구는 자아실현이다.
>
> −아브라함 H. 매슬로−

자아실현이란 태어날 때부터 가지고 있던 인간의 잠재력이나 가능성과 같은 자아의 본질을 실현하는 것을 말합니다. 이는 교육이 궁극적으로 추구해야 하는 일이며, 자신의 행복을 위해 추구해야 할 핵심 요소이기도 합니다.

인간의 삶이 자아실현을 위한 자아의 잠재적 가능성의 실현과정이라는 것을 처음으로 언급한 사람은 아리스토텔레스입니다. 그는 인간의 본질을 합리성으로 보고, 그것을 최대한으로 발휘함으로써 인간의 궁극적인 목적인 행복에 이를 수 있다고 하였습니다. 아브라함 H. 매슬로는 자아실현은 성장 동기가 계속적으로 충족되는 것이라 정의하였고, 자아실현 하는 사람들의 가장 중요한 특징으로 자기중심적 사고가 아닌 문제 중심적 사고를 하려는 경향이 있어서 "현실을 더욱 효율적으로 지각하고 현실과 더욱 편안한 관계"를 맺는다는 점을 지적하였습니다.*

학생을 바르게 이끌었다는 교사의 만족감과 성취감이 지속적인 성장 동기가 되어 자아실현에 다가갈 수 있습니다. 교사가 자아실현이 된다면 교사라는 직업을 통해 가르치는 즐거움의 가치를 가짐으로써 일상적이고 평범한 하루 하루를 기쁨이고 설레이는 날로 만들어 가게 될것입니다. 이러한 관점에서 삶의 기본적 행복을 경험하게 되고, 자신의 삶을 더 효율적으로 살게 됩니다.

2) 행복한 교사가 선택한 기준은?

혁신학교로 유명한 어느 초등학교 교장선생님에 관한 이야기입니다.

그 학교에서는 매주 1시간은 반드시 교사들끼리 협의회를 하고 교장선생님도 그 자리에 꼭 동석을 합니다. 이 때의 교장은 관리자가 아니라 지원자입니다. 이는 대부분의 의사결정을 교사가 하고 교장은 그에 따른 결과를 실천하려고 노력하는 사람임을 의미합니다. 단 한 명의 학생도 포기할 수 없기 때문에 위기의 학생을 지원 해야 할 필요가 있다면 상담치료와 전문치료를 받을 수 있도록 하는 것이 교장이 해야 할 일이라는 것입니다.

그 교장선생님의 철학이 필자의 마음에 남아 교육의 희망이 보이는 것 같았습니다. 그 학교 교사들의 입장에서 때론 개인적인 시간이 요구되어 힘들기도 하겠지만, 학생의 변화와 학부모의 지지가 교사에게 경험치가 되고, 교사로서의 자부심이 보이지 않는 힘으로 작용하여 강력한 동기를 가지게 될 것입니다.

★ 아브라함 H. 매슬로(2005), 존재의 심리학, 서울 : 문예출판사, 17~19쪽 요약.

교사의 변화를 위해 교사 훈련 프로그램이나 각종 연수가 개설되어도 어떤 교사는 시간 낭비라 여겨서 워크숍이나 연수에 참가하지 않을 수도 있습니다. 따라서 관리자는 '의사소통 하는 법'을 관리자의 최우선 과제로 삼아 교사 모두가 이를 충분히 익힐 수 있도록 해야 합니다. 또 관리자 역시 대화법 훈련, 리더십프로그램에 적극적으로 참여함으로써 교사의 변화를 지속적으로 유지할 수 있도록 지원해야 합니다. 관리자의 노력과 도움 없이 새로운 대화 방식이 자리잡기는 어려운 일일 것입니다. 관리자와 교사가 함께 바뀌어야 학교의 문화와 체제가 변화할 수 있습니다.

교사는 끊임없이 학부모의 요구를 수용해야 하며, 학교에 적응하지 못하는 학생이 전문가의 도움을 받을 수 있도록 각종 제반 사항을 알아야 하고, 가정의 도움을 받지 못하는 학생이 교육이라는 만남을 통해 사회에 꼭 필요한 사람으로 성장할 수 있도록 도와야 합니다. 또 학생문제에 대해서는 워크숍이나 각종 연구 활동을 통해 시대적인 교육 패러다임을 알고, 유연하게 대처해야 하며, 교사로서의 발전을 위해 끊임없이 시간을 투자해야 합니다. 교사는 교사로서의 자부심을 선택함으로써 자아실현과 교사로서의 행복을 얻을 수 있기 때문입니다.

각종 문제를 일으키는 학생들은 대부분 부모님과 가족 체계 그리고 사회 시스템에 있는 피해자입니다. 학생이 처한 환경과 기질을 고려해 보면 그들은 최선의 선택으로 살아남기 위한 몸부림을 하고 있는 것입니다. 교사와의 관계에 문제가 있는 학생은 가족, 친구, 사회에 문제가 있을 확률이 높습니다. 그런데 다시 교사와의 관계에 문제가 생김으로써 그것이 사회의 문제로 표출되어 관계의 악순환이 반복되는 것입니다.

학생들과의 관계를 형성하기 위한 시스템에 문제가 있다면 개선을 통해 발전해야 할 것입니다. 학생, 학부모, 관리자들 역시 변화의 패러다임에 동참해야겠지만, 가장 먼저 교사 자신이 새로운 패턴을 만들어 갈 수 있도록 변화해야 합니다. 그리고 교사가 행복해야 합니다. 교사가 행복하지 않으면 교사는 무엇인가를 위해 노력할 에너지를 얻지 못하고 반복적인 일상을 살아가는 쳇바퀴 속의 다람쥐처럼 살아가게 됩니다.

교사는 학생의 감정과 욕구에 관심을 가져야 합니다. 진정성을 가지고 학생을 지도하기 위해서는 먼저 자기 자신의 느낌과 욕구를 인식하고 돌보는 방법을 알아야 합니다. 또 교사는 교사라는 이름으로 권위를 부여받습니다. 그리고 그 권위가 유지되기 위해서 신뢰라는 기본 바탕이 필요합니다. 신뢰를 바탕으로 한 권위는 무너지지 않으나, 힘과 권력의 바탕으로 이루어진 권위는 모래 위의 집처럼 무너져 버릴 것입니다. "날 따르라"라는 말로는 학생들을 이끌 수 없습니다. 교과에 대한 자신감과 교사로서의 전문성 그리고 진실한 마음이 학생에게 전달될 때 진정한 리더로서 학생을 이끌 수 있습니다.

H·E·T 모형의 대화법은 분류하고 분석하는 것이 목적이 아니라 올바른 대화법으로 학생을 가능성의 존재로 인식하고자 하는 것이 목적입니다. 존재의 인식이란 존재 그 자체를 인정하고 수용하는 것입니다. 문제 행동을 하고 있는 학생들에게서도 그 학생의 존재를 인정해주면 학생은 자신의 문제를 이해하고, 자신의 본래의 모습을 찾아갈 수 있습니다. 학생이 문제나 갈등을 통해 배움의 기회를 가질 수 있도록 방향을 알려주는 것이 코칭형 교사가 할 일입니다.

H·E·T 모형은 학생과의 특정한 대화법을 다루면서 개인의 변화를 추구합니다. 위기나 문제 상황을 배움의 과정으로 바꿔주는 것은 자아실현의 과정이라며, 이런 과정을 이끌기 위해서 교사 역시 자신의 존재를 깨닫고 인간관계의 갈등을 통해 나를 보고 배움의 과정으로 승화하여야 할 것입니다.

3) 대화법을 익히는 법은?

교사들이 모여 함께 워크숍을 진행하다보면 자기를 인식하고 대화법을 익힘으로써 얻는 학생지도의 성공 경험이 자신의 신체 깊숙한 부분에 저장됨을 느낄 수 있습니다. 이것이 반복적으로 쌓이면 이것은 지혜가 되고, 이 지혜가 쌓이면 직관으로 전환됩니다. 직관은 머리로 이해하고 판단하는 것이 아니라 머리를 통하지 않고 느낌으로 찍어서 맞히게 될 확률이 높은 능력이기도 합니다.

직관이 높아 학생지도 능력에 탁월성을 발휘하는 교사를 노련한 교사라고 부릅니다. 노련한 교사 역시 처음에는 무엇인가를 결정해야 할 때 실패를 많이 했을 것이고, 그 실패가 교훈이 되어 학생지도 순간에 더 잘 대처하는 법을 배웠을 것입니다.

다음에 제시되는 워크북의 내용은 자신을 알고, 자신의 갈등을 통해 내적 성장을 이룰 수 있는 프로그램으로 구성하였습니다. 인간이라면 누구나 장점과 단점이 있습니다. 장점은 계속 키워나가면 그 에너지로 단점을 극복할 수 있습니다. 그것은 자신의 변화를 긍정적으로 바라보게 하고, 이 변화가 자신도 인지하지 못하는 내면의 창발성을 융합시켜서 새로운 시너지를 일으키게 됩니다.

필자는 학교단위에서 교사역할을 공부하고 싶어 하는 선생님들에게 워크숍 진행 자료로 쓰이길 희망하면서 이 자료를 준비하였습니다. 같은 목적으로 함께 고민하다 보면 더 많은 아이디어가 융합하여 생각보다 더 의미 있는 결과가 산출되기도 하며, 무엇보다도 더 좋은 것은 단위학교에서 같은 생각을 나눌 수 있는 동료교사와 좋은 관계를 만들 수 있습니다. 행복한 사람들의 공통적인 특징은 좋은 인간 관계입니다. 행복한 사람은 자아실현에 다가갈 수 있습니다. 결국 교사역할을 공부하기 위한 모임이 교사 개개인의 자아실현을 도와주는 견인차가 될 것임을 확신합니다.

02
나는 누구인가?

1) 나의 강점 찾기

　나를 아는 것은 내가 무엇을 잘하는지, 무엇을 어려워 하는지를 아는 것에서부터 시작됩니다. 강점은 장점의 또 다른 이름이기도 합니다. 부정적인 단어 뒤에 숨어 있는 긍정적인 것을 끄집어 내어 잠재력으로 승화시켜야 합니다.

　교사학습동아리에서 나의 강점 찾기를 진행할 때 교사들의 표정은 사뭇 진지해집니다.

> "학생들과 이런 내용을 수업했을 때는 몰랐는데, 저 역시 제 자신의 강점을 모르고 있네요."

　누구나 한번쯤은 좌절을 경험하거나 이겨내지 못할 것 같은 어려움을 만나게 됩니다. 어려움을 만날 때 그것을 극복하려면 자신이 가진 강점과 능력을 사용해야 합니다.

　잠시 닉부이치치에 대해 이야기를 하겠습니다. 닉부이치치는 발가락 하나로 세상에 희망의 메시지를 전하고 있는 장애우입니다. 그가 강연 도중에 방청객들 앞에서 넘어집니다. 모든 방청객들은 '과연 닉부이치치가 다시 일어설 수 있을까? 닉부이치치는 손도 발도 없는데, 어떻게 일어날 수 있을까?' 하는 걱정스런 눈으로 그를 바라봅니다. 닉부이치치는 모든 사람이 일어서는 방법으로는 일어날 수 없습니다. 그는 머리를 지렛대 삼아 오뚝이처럼 벌떡 일어섭니다. 강연을 들은 사람들은 온몸을 던져 희망의 메시지를 전하는 닉부이치치에게 감동의 박수를 보냅니다.

닉부이치치의 이야기에서 강점 찾기가 중요한 이유를 잘 나타내고 있습니다. 만약에 닉부이치치가 자신에게 없는 손과 발을 사용해 일어서려고 한다면 절대 일어서지 못했을 것입니다. 자신이 무엇을 가지고 있는지, 무엇을 할 수 있는지를 알고 있어야 그 강점을 이용해 다시 일어설 수 있습니다. 다시 말하자면 자신이 무엇을 잘하는지, 어떤 재능이 있는지, 자신의 장점이 무엇인지를 안다면 좌절을 이겨내고 어떠한 어려움도 극복할 수 있습니다.

진행자료 나의 강점 찾기

| 기대 효과 |

교사가 자기 자신을 어떻게 생각하고 있는지 확인하고, 자신의 장점을 극대화하는 방법과 자신의 단점을 장점으로 변화시킨다.

| 과정 |

① 모둠을 만들어 둘러앉고 각자 자신에 대해 어떻게 생각하고 있는지 다음 활동지를 작성한다.
② 진행자는 발표자를 정한다.
③ 다른 구성원들은 활동지 ①~⑤번까지 질문하고 발표자는 질문에 답한다.
④ 구성원들은 발표자의 발표를 경청하며 피드백 질문을 작성한다.
⑤ 발표자가 활동지 ①~⑤번까지 발표를 마치면 다른 구성원들이 피드백 질문(⑥~⑧번) 중 하나를 발표자에게 질문한다.
⑥ 발표자는 피드백 질문에 답한다.

⑦ 발표자는 다른 발표자를 지목한다.
⑧ 모든 구성원들이 발표를 마칠 때까지 ①~⑦까지 반복한다.

| 주의사항 |

- 개인적인 의견을 발표하고 솔직한 마음이 전해지도록 분위기를 유도한다.
- 발표자가 발표한 내용을 진행자는 간단하게 요약해 준다.
- 피드백을 할 때는 개개인에 대해 판단하거나 비평하기보다는 '느낌'을 이야기 한다.
- 피드백을 통해, 다른 사람과의 관계에서 자기 모습이 어떻게 비춰지는지 느껴본다.
- 발표가 끝나면 자유롭게 오늘 느낀 점에 대해 돌아가면서 이야기 하도록 한다.

활동지 나의 강점 찾기

발표자는 다음 질문에 답한다.(1번~5번)

① 당신의 강점은 무엇입니까?

② 지금 당신의 장점이나 능력이 최상의 상태로 발휘된다면, 당신의 미래에 어떤 변화가 예상됩니까?

③ 당신의 강점을 발휘할 수 있는 상황은 어떤 상황입니까?

④ 당신과 다른 사람들과 다른 점은 무엇입니까?

⑤ 당신의 장점을 최대한 살린다면 당신은 무엇입니까? 자신을 묘사하는 짧은 문장을 몇 개 적어봅시다.

> **피드백 질문**

발표자의 발표를 듣고 구성원들은 발표자에게 다음과 같은 질문을 한다.

⑥ 저는 당신이 (   )을 잘 할 것 같은데, 그것을 활용해 볼 생각은 없으신가요?

⑦ 이번에 당신이 (   )한 상황에서 (   )능력을 최대한 발휘할 수 있을 거라 생각합니다. 왜냐하면 (   )이기 때문입니다. 어떻게 생각하십니까?

⑧ 발표자가 자신 없어 하는 내용(경험)이 나온 경우에 다음과 같이 질문한다.
  (   )을 장점으로 바꾸어 본다면 어떤 부분에 활용될 것 같습니까?
  (자신없어 하는 내용의 경험   )을 잘 했던 적이 있다면 언제입니까?

2) 행복했던 기억 찾기

교사와 부모의 역할을 잠시 내려놓고 자유로움과 과거의 행복했던 순간을 상기시켜 봅니다. 행복한 과거의 기억이 지금의 행복처럼 느껴지게 됩니다.

감정 상태에 따라 능력의 발휘 정도가 달라지듯이 교사가 최상의 행복을 누리고 있다면 교사의 능력이 제대로 발휘될 것입니다. 교사의 행복이 교사의 능력을 최대로 끌어 올리는 역할을 합니다. 자신의 행복했던 기억이 감정을 평온한 상태로 이끌어 줄 것이고, 그 기억은 강력한 자원이 되어 힘들고 지칠 때 큰 에너지를 줄 것입니다.

진행자료 행복했던 기억 찾기

| 기대 효과 |

행복했던 기억을 되살리며 행복감, 충만감, 안정감, 열정이 가득했던 상태를 체험해 봄으로써 부정적인 관점에 사로잡혀 있을 때 다시 편안한 상태로 변화시킬 수 있다.

| 과 정 |

① 모둠을 만들어 둘러앉고 각자 자신에 대해 어떻게 생각하고 있는지 다음 활동지를 작성한다.
② 진행자는 발표자를 정한다.
③ 다른 구성원들은 활동지 ❶~❽번까지 질문하고 발표자는 질문에 답한다.
④ 구성원들은 발표자의 발표를 경청하며 피드백 자료를 작성한다.
⑤ 발표자가 활동지 ❽번의 질문에 답을 할 때는 다른 구성원들은 "네"라고 하며 환호성으로 화답한다.
⑥ 발표자가 활동지 ❶~❽번까지 발표를 마치면 다른 구성원들이 피드백 질문(❾~⓫번) 중 하나를 발표자에게 질문한다.
⑦ 발표자는 피드백 질문에 답한다.
⑧ 발표자는 다른 발표자를 지목한다.
⑨ 모든 구성원들이 발표를 마칠 때까지 ①~⑧까지 반복한다.

| 주의사항 |

- 조용한 음악을 틀어 놓고 활동지를 작성하면 더 효과적이다.
- 개인적인 의견을 발표하고 솔직한 마음이 전해지도록 분위기를 유도한다.
- 피드백을 할 때는 개개인에 대해 판단하거나 비평하기보다는 '느낌'을 이야기한다.
- 피드백을 통해, 다른 사람과의 관계에서 자기 모습이 어떻게 비춰지는지 느

껴본다.
- 발표자가 발표한 내용을 진행자는 간단하게 요약해 준다.
- 발표가 끝나면 자유롭게 오늘 느낀 점에 대해 돌아가면서 이야기 하도록 한다.

> **활동지** 행복했던 기억 찾기

나에게 가장 기억 남는 장면을 생생하게 느끼고 난 후에 다음 질문에 답한다.

1. 가장 행복했던 순간은 언제인가요?

2. 그 순간이 당신에게 주는 의미는 무엇입니까?

3. 무엇이 보이나요? 생생하게 머릿속에 그려보세요.

4. 무슨 소리가 들리나요?

5. 그 느낌은 어떻습니까?

6. 당신 신체 어디에서 반응이 느껴지시나요?

7. 행복했던 순간의 이름을 정한다면 무엇이라고 정하고 싶습니까?

8. (7번에 정한 이름)에게 당신이 힘든 일을 겪을 때나 당신이 지쳐 있을 때 나에게 도움을 줄 것을 요청해 보세요.
   ex) "싱그러움. 아, 그때의 그 기쁨을 나에게 주겠니?"라고 말하면 다른 구성원들이 "네"라고 하며 환호성으로 화답해 주세요.

> **피드백 질문**

발표자의 발표를 듣고 구성원들은 발표자에게 다음과 같은 질문을 한다.

⑨ 당신의 이야기를 들으니 (가치관이나 믿음   )이 느껴지고, 저에게 (   ) 영향을 줍니다.

⑩ 당신의 행복한 순간이 미래의 당신에게 (   )한 긍정적인 영향을 줄 것 같은 기대가 듭니다.

⑪ 당신의 이야기를 듣고 (   )장면이 떠올라 가슴이 뜨거워지고 벅차오릅니다.

3) 가치관 정렬하기

교육에 대한 가치관을 새롭게 만들어 봅니다. 지금 하는 일의 목적을 단순히 돈을 벌기 위해, 학생들에게 수업을 하기 위해, 직업인으로 살아가기 위해서 라고만 생각한다면 현실의 어려운 문제들에서 벗어나지 못할 수도 있습니다.

교사로서의 역할에 의미를 부여하고, 교사라는 직업을 선택합니다.
"사랑하는 제자를 양성하여 교육에 이바지하기 위해 나는 교사를 선택한다."
"미래의 교사를 양성하여 행복한 학교를 갖도록 하기 위해 나는 교사를 선택한다."
"미래의 일꾼을 양성하여 모든 사람들이 행복해지도록 나는 교사를 선택한다."
"교육이 희망임을 이 땅에 알리기 위해 나는 교사를 선택한다."

> (　　　　　　　　　　　　　　　　　　　) 위해 교사를 선택한다.

　이렇게 의미를 부여하여 교육자로서의 역할을 바라보면 가슴이 벅차오릅니다. 작은 일에 의미를 부여하는 습관을 기르다 보면 기분이 좋아지며 행복감이 찾아옵니다. 가치관은 내가 만드는 믿음으로 가끔 여러 가치관의 충돌이 오면 혼란을 느껴 스트레스의 원인이 되기도 합니다. 가치관을 정렬하여 우선순위를 정하면 이로 인해 스트레스를 극복할 수 있게 됩니다.

　가치관은 삶의 규칙을 만들어 냅니다. 예를 들어 "사랑"이라는 가치관을 선택한다면 사랑을 받고 사랑을 주는 것에 의미를 부여하게 되면서 규칙이 만들어지게 됩니다. "내가 사랑을 주는 사람에게 사랑을 받아야 나는 사랑받는 사람이 된다."라는 규칙을 만들었다고 가정해 봅시다. 이 규칙에는 "다른 사람에게 사랑을 받아야 사랑받는 느낌이 든다."는 자신이 통제 못하는 상황이 들어가 있습니다. 사랑이라는 가치관은 정말 좋은 것이지만 그 가치관에 의해 스트레스를 받게 되는 것입니다. 가치관과 연결된 규칙을 정할 때는 지키기 쉬운 것이거나 내가 통제할 수 있는 규칙이어야 합니다.

　어떤 고등학교 교사가 있습니다. 그 교사는 성실함과 노력하는 자세가 타의 모범이 되는 정말 멋진 교사입니다. 그런데 그 교사는 일상생활에서 심한 스트레스를 받고 있었습니다. 성실과 완벽을 추구하는 그 교사는 '내가 성실과 완벽을 추구하기 때문에 다른 교사들도 성실과 완벽을 추구하지 않으면 안 된다.'는 규칙을 가지고 있었고, 그 규칙으로 인해 스트레스를 받고 있었습니다.

　자신이 통제할 수 없는 규칙이 가치관에 포함될 경우 스트레스를 받으면서 생활의 균형이 깨지기 시작합니다. 그 규칙을 자신이 통제할 수 있는 규칙으로 정렬해 주어야 합니다.

　가치관 정렬은 다소 시간이 걸리므로 워크숍 전에 미리 작성을 하거나, 워크숍 시간을 넉넉히 잡고 시작하는 것이 좋습니다.

진행자료 | 가치관 정렬하기

| 기대 효과 |

자신이 가지고 있는 가치에 대해 긍정적으로 사고하고, 자신의 존재 의미를 진지하게 생각해 볼 기회를 갖고자 한다.

| 과 정 |

① 모둠을 만들어 둘러앉고 각자 자신에 대해 어떻게 생각하고 있는지 다음 활동지를 작성한다. 미리 작성해 오면 시간을 단축할 수 있다.
② 진행자는 발표자를 정한다.
③ 다른 구성원들은 활동지 ①~⑨번까지 질문하고 발표자는 질문에 답한다.
④ 구성원들은 발표자의 발표를 경청하며 1차 피드백 자료(⑩~⑫번)를 작성한다.
⑤ 구성원들은 발표자가 활동지 ⑦번을 발표할 때 추가하고자 하는 가치가 있다면 2차 피드백 자료(⑬~⑭번)에 답한다.
⑥ 발표자가 활동지 7번까지 발표를 마치면 다른 구성원들이 1차 피드백 질문(⑩~⑫번) 중 하나를 발표자에게 질문한다.
⑦ 발표자는 다른 구성원들의 피드백을 듣고 느낀 점을 말한다.
⑧ 발표자는 다른 발표자를 지목한다.
⑨ 모든 구성원들이 발표를 마칠 때까지 ①~⑧까지 반복한다.
⑩ 발표가 모두 끝나면 구성원들은 순서대로 2차 피드백 질문(⑬~⑭번)을 발표한다.
⑪ 발표자가 활동지 ⑦번을 이야기 할 때마다 더 좋은 가치가 있다면 기록하였다가 자신의 가치를 수정할 수 있다.
⑫ 모든 구성원들은 가치관 리스트에 다시 새롭게 추가하거나, 수정하고 싶은 가치관과 규칙을 다시 작성한다. 가치관 리스트의 규칙은 즐겁게, 내가 통제할 수 있게, 간단하게 작성한다.

| 주의사항 |

- 가치관 정렬하기는 작성시 시간이 소요되므로 미리 과제로 부여하면 시간을 절약하거나, 워크숍 진행시간을 여유롭게 확보한다.
- 개인적인 의견을 발표하고 솔직한 마음이 전해지도록 분위기를 유도한다.
- 발표자가 발표한 내용을 진행자는 간단하게 요약해 준다.
- 피드백을 할 때는 개개인에 대해 판단하거나 비평하기보다는 '느낌'을 이야기 한다.
- 피드백을 통해, 다른 사람과의 관계에서 자기 모습이 어떻게 비춰지는지 느껴본다.
- 발표가 끝나면 자유롭게 오늘 느낀 점에 대해 돌아가면서 이야기 하도록 한다.

활동지 가치관 정렬하기

잠시 눈을 감고 내가 존경하는 사람이나 이상적인 사람을 머릿속에 떠올린다.

① '당신이 존경하거나 이상적인 사람' 하면 제일 먼저 떠오르는 것 3가지는 무엇인가요?

② 그 사람이 가지고 있는 가치를 생각나는 대로 적어 보세요.

③ 그 중에서 가장 소중한 가치 2개를 선택해 보세요.

④ 2개 중에서 가장 소중한 가치 1개를 선택해 보세요.

⑤ 가장 소중한 한 개의 가치를 다른 가치(기술되지 않는 것도 가능)와 바꾼다면 어떤 결과가 예상되나요?

⑥ 4번에서 제시한 가장 소중한 가치 1개에 다른 가치 하나(A)를 추가(어떤 것도 상관없음) 한다면 무엇을 선택하겠습니까?

⑦ 이제 당신의 가치를 만들어 봅시다. 가장 소중한 가치 하나와 추가된 가치(A)를 포함하여 당신이 추구하고자 하는 가치를 10가지 적어보세요.

⑧ 7번 중에서 하나의 가치를 꼭 버려야 한다면 무엇을 버리겠습니까?

⑨ 이 버려진 가치에 긍정의 의미를 부여한다면 어떤 의미를 부여하겠습니까?

1차 피드백 질문

발표자의 발표를 듣고 구성원들은 발표자에게 다음과 같은 질문을 한다.

⑩ 당신의 이야기를 들으니 (가치관이나 믿음   )이 느껴지고, 저에게 (   ) 영향을 줍니다.

⑪ 당신의 최고 가치 (   )은 앞으로 (   )한 당신의 모습을 만드는데 영향을 미칠 것 같습니다.

⑫ 당신의 이야기를 듣고 (   )장면이 떠올라 흥분됩니다.

2차 피드백 질문

발표자의 발표를 들으면서 더 추가하고 싶은 가치와 이유를 발표한다.

⑬ 나는 (   )선생님의 (   )가치를 추가하고 싶습니다.

⑭ (   )가치를 추가하고자 하는 이유는 (   )입니다.

자신이 추구한 가치의 규칙은 너무 지키기 어렵게 서술하거나 다른 사람에 의해 통제되도록 서술하지 말고, 간단하면서 지키기 쉽도록 그리고 자신이 통제할 수 있도록 서술한다.

가치관 리스트

내가 추구한 가치 ex) 사랑	내가 추구한 가치의 규칙 내가 사랑을 표현하면 나는 사랑을 받는 것이다.

진행자료 | 나에게 주는 선물

| 기대 효과 |

제한된 시간 안에 자기 자신을 표현하고, 자기를 위로해 봄으로써 자신에게 필요한 것이 무엇인지 스스로 탐색해 보는 시간을 갖는다.

| 과정 |

준비물 : 잡지, 도화지, 풀, 가위

① 다같이 눈을 감고 스스로에 대해 생각한다. 모둠을 만들어 둘러앉고 각자 자신에 대해 어떻게 생각하고 있는지 다음 활동지를 작성한다.

　진행자는 다음과 같이 질문한다.
　― 나를 머리속에 그려보세요.
　― 나를 그림으로 표현합니다.

② 잡지에서 도화지에 있는 인물에게 주고 싶은 선물을 골라서 오려 붙인다. 또 다른 참여자를 위한 선물도 잡지에서 오려둔다.

③ 진행자는 발표자를 정한다. 발표자는 그림을 설명하고 활동지 ①~④번에 대한 답을 한다.

④ 구성원들은 미리 오려둔 잡지를 발표자에게 선물로 준다.

⑤ 구성원들은 선물의 의미를 설명한다.

⑥ 발표자는 다른 발표자를 지목한다.

⑦ 모든 구성원들이 발표를 마칠 때까지 ①~⑥을 반복한다.

⑧ 모든 구성원들의 발표가 끝나면 구성원들은 받은 선물 중에 가장 인상깊은 선물을 선정하고 느낀 점을 이야기 한다.

⑨ 자신이 구성원들로부터 받은 선물을 활동지에 붙인다.

| 주의사항 |

- 잡지나 인터넷 자료를 미리 준비해 올 수 있도록 한다.

- 구성원들이 잡지 그림이나 내용에 집착하여 불필요한 시간을 소비하지 않도록 주의한다.
- 준비된 잡지 중에서 어떤 한 사람을 생각했을 때 '왠지' 시선을 끄는 사진이나 문장이 있으면 오려두어 선물할 때 사용한다.
- 개인적인 의견을 발표하고 솔직한 마음이 전해지도록 분위기를 유도한다.
- 타인이 주는 선물의 의미가 절대적인 것이 아니며, 나의 단면을 본 것이므로 지나치게 영향을 받지 않도록 한다.
- 발표자가 발표한 내용을 진행자는 간단하게 요약해 준다.
- 발표가 끝나면 자유롭게 오늘 느낀 점에 대해 돌아가면서 이야기 하도록 한다.

| 활동지 | 나에게 주는 선물 |

이 빈 공간에 나를 그리고, 잡지를 이용하여 꾸민다.

① 나를 그림으로 표현해 보세요.

```
┌─────────────────────────────────────┐
│                                     │
│                                     │
│                                     │
│                                     │
│                                     │
│                                     │
│                                     │
│                                     │
└─────────────────────────────────────┘
```

② 내 이름을 인명사전에서 찾아보면 뭐라고 쓰여 있을까요?

③ 그림 속의 나에게 필요한 무엇인가를 선물한다면 무엇을 주고 싶습니까? 잡지에서 오려서 종이에 붙여주세요. 그 선물의 의미는 무엇입니까?

④ 그림 속의 나는 선물을 받고 어떤 느낌입니까?

⑤ 다른 참가자들에게 주고 싶은 선물을 잡지에서 하나씩 골라서 다른 사람의 그림에 오려 붙여주세요. 그 선물을 주는 의미와 다른 사람이 주는 선물을 받은 느낌을 서로 대화로 나눠보세요.

4) 내 감정의 주인은 바로 나!

필자가 교육을 받은 세월동안 감정이 자신을 지배한다는 것은 당연한 것으로 여겨 가르침의 대상은 아니었습니다. 또 감정을 어떻게 생명력 있고 활력 있는 에너지로 전환해야 하는지도 관심의 대상이 아니었습니다. 특히 부정적인 감정이 자신을 사로잡고 있을 때조차도 그저 시간이 지나면 해결이 되는 것이라 여기는 때가 많았습니다.

감정의 역할에 대해 잘 알지 못해도 지적인 능력과 합리적인 사고 방식이 있으면 교사 역할을 수행하는 데는 문제가 없는 것처럼 보입니다. 그러나 현실은 다릅니다. 교사 자신의 감정과 학생의 감정을 이해해야 진정한 관계가 시작되고, 그 안에서 교사는 리더십을 발휘할 수 있습니다.

사람들은 긍정적인 감정은 충분히 표현하고 공유하나, 부정적인 감정들은 피하려고 하거나, 상처받지 않기 위해 아무런 문제가 없는 것처럼 행동하곤 합니다. 그러다 보면 감정이라는 것이 불필요한 것처럼 느껴져서 감정이 없는 사람이 되기를 선택하게 되고, 긍정적인 감정마저도 모두 잃어버리고 맙니다.

가끔 학생들 중에 공부는 꽤 잘하고, 똑똑한데 전혀 인간미가 느껴지지 않는 학생들이 있습니다. 교사들은 그런 학생들이 행복하지 않거나, 리더로서 제 역할을 못하거나, 중요한 것을 잃어버리고 있는 것 같아서 안타까워합니다. 그들 역시 자신의 감정을 회피하거나 부인하는 경우입니다.

감정은 소프트웨어이고, 자신의 육체인 몸은 하드웨어입니다. 소프트웨어가 하드웨어에게 위험에 처해질지 모르니 어떤 행동을 취하라는 신호를 보냅니다. 즉 내가 어떤 행동을 해야 한다고 감정이 이야기하고 있는 것입니다. 그런 감정을 억제한다면 육체는 제 기능을 발휘하지 못합니다. 소프트웨어가 계속 업그레이드되는 것처럼 지금은 상처받았더라도 다음에 상처받지 않기 위해 행동을 업그레이드하라는 신호를 보내는 것이 바로 감정입니다. 그러나 소프트웨어인 감정이 제 기능을 발휘하지 못하면 부정적인 감정의 늪에서 빠져나오지 못해 육체를 해치는 극단적인 선택을 하기도 합니다.

"그렇다면 감정을 잘 다룬다는 것은 어떤 것일까요?"

먼저 자신의 감정을 민감하게 인식하고, 그 감정이 보낸 신호를 해석하고, 행동 전략을 어떻게 바꿀지 결정하는 것입니다. 행동 전략이 원하는 결과를 얻지 못했다면 그것 역시 하나의 배움으로 알고 다시 행동 양식을 바꿔보는 겁니다. 그러나 원하는 결과를 얻을 때까지 이 단순한 작업을 지속하기란 결코 쉽지 않습니다. 왜냐하면 부정적인 감정은 생각하는 힘조차 뺏어갈 때가 있기 때문입니다.

감정은 말에 의해 조정당하기도 합니다. 말을 바꾸면 인생이 바뀌는 것처럼 부정적인 감정의 말을 조금만 바꿔보면 감정의 강도는 다소 약해지기도 합니다.

앤서니 라빈스가 쓴 『네 안에 잠든 거인을 깨워라』에 감정과 관련된 내용이 있습니다.

"지금 이 순간 우리가 느끼는 감정은 하나의 선물이자 지침서이다. 그 감정은 우리를 도와주는 시스템이며, 어떤 행동을 취하라는 신호임을 깨달아라. 감정을 억제해 자신의 삶에서 몰아내려 하지 마라. 감정을 확대해 삶 전체를 집어삼키게 하지 마라. 잘못하면 인생의 가장 귀한 자원 하나를 망쳐버리게 된다."[*] 앤서니 라빈스는 부정적인 감정표현을 변형어휘라고 하는 다른 표현으로 대체함으로써 부정적인 감정에서 벗어나는 방법을 제시하고 있습니다.

어떤 학생이 "선생님, 기철이 때문에 짜증나요!"라고 말하는데, 교사가 "어쩌라고!", "기철이 오라고 해!", "네가 참아!", "원래 친구들이랑은 다 그래."라고 하면 학생들은 더 이상 선생님에게 자신의 감정을 보이고 싶지 않아지겠지요.

"기철이가 너를 성가시게 했구나."라고 학생의 감정을 눈에 보이는 행동으로 바꿔 표현해 봅시다.

★ 앤서니 라빈스(2011), 네 안에 잠든 거인을 깨워라, 서울 : 씨앗을 뿌리는 사람, 399쪽.

학생 : 선생님! 시험전이라서 불안해요.
교사 : 시험에 대해 기대하는 것이 있나 보구나!

　이렇게 변형어휘를 참고하여 학생의 말을 다른 표현법으로 바꿔줍니다. 그러면 부정적인 감정이 막 올라오다가 툭 떨어지면서 감정 뒤에 있는 사건이나 행동에 관심을 가지게 됩니다.

　우리는 어떤 순간에 어떤 감정을 느끼는지 주변과 나의 감정을 인식하고 조절할 수 있어야 합니다. 아무런 생각 없이 환경에 반응하다 보면 자신이 무엇을 하고 있는지 모르는 채 생활하게 됩니다. 감정은 어떤 날은 모든 것이 순조롭게 잘 풀리게 만들기도 하고 어떤 날은 머릿속이 복잡하여 아무것도 생각나지 않게 합니다. 마음이 가장 긍정적인 감정으로 풍요로울 때 우리는 현실을 바로 인식하게 되고 최상의 판단력과 실천력을 갖게 됩니다.

　다음 활동지를 작성하면서 자신의 감정을 조절하는 법을 익혔으면 합니다.

진행자료 | 감정 나누기

| 기대 효과 |
나의 감정을 찾아서 표현하고 다른 사람의 감정을 공감하는 연습을 한다.

| 과 정 |
① 진행자는 테이블에 둥글게 앉아 감정카드(부록 1)를 펼쳐 놓는다.
② 진행자는 발표자를 정한다.
③ 발표자는 자신에게 최근에 일어난 일을 짤막하게 이야기 한다.
④ 구성원들은 감정카드를 집어 발표자 앞에 놓고 다음과 같이 공감한다.
 "당신은 ~해서 ~(감정)을 느꼈을 것 같아요."
⑤ 만약에 다른 사람이 감정카드를 사용했다면 "PASS"해도 된다.
⑥ 모든 구성원들이 공감을 한 후 발표자의 느낌에 가장 공감한 사람을 선정하여 공감 받았을 때의 느낌을 피드백한다.
 예) "김선생님이 제 느낌에 공감해 주었을 때 (이해받는 느낌)이 들었어요."
⑦ 진행자는 발표자에게 그 느낌은 어떤 욕구와 관련이 있는지 묻는다.
 욕구리스트는 "3부 의사소통 기초를 다듬자"의 '3.나를 어떻게 표현할까요?(나-메시지)'를 참조한다.
 예) "김선생님이 무시당한 느낌이 드는 것은 어떤 욕구가 충족되지 않아서 일까요?"
   "김선생님이 편안한 느낌이 드는 것은 어떤 욕구가 충족되었기 때문일까요?"
⑧ 발표자는 다음 발표자를 지목한다.
⑨ 모든 구성원들이 발표를 마칠 때까지 반복한다.

| 주의사항 |
- 개인적인 의견을 발표하고 솔직한 마음이 전해지도록 분위기를 유도한다.
- 발표자가 발표한 내용을 진행자는 간단하게 요약해 준다.

- 발표가 끝나면 자유롭게 오늘 느낀 점에 대해 돌아가면서 이야기 하도록 한다.

공감 받은 느낌을 적어봅시다.

```
[                                                    ]
```

진행자료 내 감정의 주인은 바로 나!

| 기대 효과 |

자신의 부정적 감정을 조절하여 자신의 활동에 적응시키는 능력과 상대방의 감정을 파악하고 이해하는 능력을 돌아볼 수 있도록 한다.

| 과정 |

① 모둠을 만들어 둘러앉고 각자 자신에 대해 어떻게 생각하고 있는지 다음 활동지를 작성한다.
② 진행자는 발표자를 정한다.
③ 다른 구성원들은 활동지 ①~⑤번까지 질문하고 발표자는 질문에 답한다.
④ 발표자는 다른 발표자를 지목한다.
⑤ 모든 구성원들이 발표를 마칠 때까지 ①~④까지 반복한다.
⑥ 진행자는 활동지 ⑥번을 진행한다.

| 주의사항 |

- 개인적인 의견을 발표하고 솔직한 마음이 전해지도록 분위기를 유도한다.
- 발표자가 발표한 내용을 진행자는 간단하게 요약해 준다.
- 발표가 끝나면 자유롭게 오늘 느낀 점에 대해 돌아가면서 이야기 하도록 한다.
- 자신이 평소에 표현하지 못했던 것을 말로 표현해 보는 기회를 가지며, 자신의 모습을 다시 보는 계기가 되고 정리된 느낌을 갖는다.

활동지 내 감정의 주인은 바로 나!

눈을 감고 지난 1주일 동안 가장 기뻤던 일과 가장 화났던 일 각각 한 가지씩을 떠올린다.

① 1주일동안 내가 느낀 긍정적인 느낌의 감정은 무엇입니까?

② 1주일동안 내가 느낀 부정적인 느낌의 감정은 무엇입니까?

③ 나에게 좋지 않은 일이 발생했을 때 자주 사용하는 말은 무엇입니까?(2가지 이상)

④ 위의 말을 다음 장에 제시된 변형어휘를 사용하여 다른 표현법으로 바꿔보세요.

⑤ 언제 4번의 표현을 사용하겠습니까?

⑥ 부정적인 느낌을 받았던 상황을 원하는 장면으로 바꾸어 보세요. 그 장면을 생생하게 손바닥 위에 그려 보세요. 그리고 천천히 가슴속으로 끌어당겨 마음속 깊이 저장하세요.

변형어휘

부정적인 감정 표현	대체할 수 있는 표현
화가 난	정신을 차린
걱정스러운	편치 않은
불안한	조금 염려스러운, 기대하는, 미심쩍은, 격려받은
혼란스러운	기분이 묘한
우울한	차분한, 최상은 아닌, 기분전환 하려는
실망한	조금 난처한, 늦춰진
역겨운	의외의
무서운	해볼만한
무안한	자각하고 있는, 자극이 되는
녹초가 된	재충전 중인, 조금 처져있는
실패	실수, 배움, 현명해진
창피를 당한	편치 않은, 깜짝 놀란
마음 상한	귀찮은, 얻어맞은
~는 정말 싫다	~은 정말 좋다
참을성 없는	재촉하는
모욕당한	오해가 있는, 오해를 산
짜증스러운	자극받은, 신경이 곤두선
질투심 많은	사랑이 넘치는
게을러빠진	에너지를 비축한
외로운	여유가 있는, 잠시 독립적인
과부하 상태의	한껏 노력중인
질려버린	조금 불균형인, 바쁜, 장애가 있는, 할 일이 많은, 극대화된, 변화를 모색 중인
고통스러운	불편한
퇴짜 맞은	오해를 산

* 앤서니 라빈스(2011), 네 안에 잠든 거인을 깨워라, 서울 : 씨앗을 뿌리는 사람, 343~345쪽 참조.

슬픈	생각중인
겁에 질린	들뜬
역겨운	치워야 될
압박감에 시달리는	바쁜, 복 많은, 정력적으로 활동하는
어리석은	깨우쳐가는 중인, 배우는 중인
끔찍한	특이한
두려운	준비할 것이 있는

5) 분노

분노란 "폭발적인 화"입니다. "나 화났어"라고 말하는 것은 자신을 보호하기 위해 다른 사람에게 "으르렁" 대는 것입니다. 그런데 자신을 보호하기 위해 폭발적인 화를 표현해 버리면 결국 나를 보호하는 것이 아니라 자신을 다치게 하는 결과를 초래합니다. 그래서 분노의 다른 이름은 자살, 우울, 중독이 되기도 합니다.

"화"는 인간이 느끼는 자연스러운 감정입니다. "화"를 잘 표현하면, 변화를 이끌어내는 활력이 되기도 하고, 자신을 지키는 수단이 되기도 합니다. 그러나 "화"라는 감정에 과거에 해결되지 못한 기억과 연결되면 "분노"가 되어버립니다.

필자의 경우를 예로 들어보겠습니다. 전 담배를 피우는 사람이 싫었습니다. 일반적으로 많은 여자들은 담배 냄새를 싫어하기도 하지만 저는 손에 있는 것을 집어 던져버리고 싶거나 또는 다른 사람에게 공격성을 표출할 만큼 싫었습니다. 게다가 남편이 담배를 피우는 것은 다른 사람이 담배를 피우는 것보다 100배는 더 싫었습니다.

어느 날 어떤 상담선생님이 제 이야기를 듣더니, 제가 담배를 싫어하는 정도가 좀 심하다고 하며, '담배' 하면 생각는 것을 나열해 보라고 하였습니다. 저는 "우울, 무기력, 무식, 무시, 버림"이라고 답했습니다.

그 상담 선생님은 담배와 관련된 과거의 기억을 저에게 물었습니다. 아버지가 담배를 피우지 않았기 때문에 어린 시절의 담배와 관련된 기억을 찾는 건 힘든 일이었습니다. 며칠 동안 기억을 되짚어보니 초등학교 시절의 희미한 기억들과 감정이 수면위로 떠올랐습니다.

과거에 해결하지 못한 감정은 다루어 주어야 합니다. 그렇지 않으면 그 감정은 현재의 자신에게 영향을 줍니다. 담배와 어린 시절의 기억이 연결되면 남편을 의심하게 되고 심한 잔소리와 비난을 하여 결국은 갈등을 유발하게 될 것입니다. 담배를 피우는 남편에게 "화"를 낼 수 있습니다. 그러나 화의 정도가 지나쳐서 분노하고 있다면 그건 과거의 기억이 연결되어있는 것입니다. 분노에 차 있으면 비언어적인 것이 작동하게 되어 언어적인 의미보다 더 강한 비언어적인 메시지를 전달하게 됩니다.

김해곤 선생님이 쓴 『참대화』에 나타난 자신의 화난 감정을 진술하게 표현하는 방법으로 분노를 표현하는 4단계*를 소개하고자 합니다.

1단계 비판적인 생각

나의 분노의 원인이 되는 비판적인 생각을 확인합니다. '학생이 말을 듣지 않아서 속상하다', '너무 무책임한 녀석이다'와 같이 우리를 분노하게 만드는 비판적인 생각들을 바라보는 단계입니다.

2단계 심정(욕구) 바라보기

그 생각 뒤에 있는 충족되지 않는 나의 심정 또는 욕구가 무엇인지 바라보는 단계입니다. 학생이 말을 듣지 않아 속상하다는 생각 뒤에는 '나는 교사로서 존중 받고 싶다', '신경을 쓰지 않고 편안하고 싶다', '교사로서 역할을 잘 수행하고 싶다.' 등의 심정이 있을 것입니다. "3부 의사소통 기초를 다듬자."

---

* 김해곤(2011), 참대화, 서울 : 북셀프, 200~203쪽 참조.

의 '3. 나를 어떻게 표현할까요?(나-메시지)'에 있는 욕구리스트를 참조해 자신의 욕구를 찾아 봅니다.

3단계 자기 위로

충족되지 않은 심정에 주의를 기울이고 머무르며 위로하는 단계입니다. 이 과정은 처음 경험하는 사람에게는 좀 어려울 수 있으나 계속 연습한다면 새로운 세상으로 안내하는 기초가 될 것입니다. '나는 ~을 원하는데 그것이 안 되어 참 안타깝다.'라고 표현합니다. 이때 비참한 상상을 하거나 자학적이고 모멸적인 감정으로 빠져들지 않는 것이 중요합니다. '말하는 나'는 그저 담담하게 간절히 무엇인가를 원하는 자신을 챙겨주고 위로하는 마음으로 머무르는 것입니다.

자신을 위로한다는 것은 내 감정의 주인이 바로 자신이 된다는 것을 의미합니다. 자기 위로를 통해 과거의 나로부터 감정이 조금은 자유로워지는 경험을 하게 될 것입니다.

4단계 심정 표현하기

나의 심정을 상대에게 그대로 표현합니다. 학생이 말을 듣지 않아서 마음이 불편할 때, 유의해야 할 점은 학생을 통제하거나 조정하려는 의도를 내려놓는 것입니다. 오직 시선을 나 자신에게 돌려 내 심정을 표현합니다.

"나는 교사로서 존중받고 싶은데 서운하구나."
"선생님이 좀 쉬고 싶은데 자꾸 신경 쓰게 되어 불편해."
"평화로운 분위기에서 지내면 좋겠는데 아쉬워."

| 진행자료 | 분노

| 기대 효과 |

억압된 감정에 직면하여 자기의 감정을 정화하고, 자신을 통찰하여 분노를 적절한 방법으로 표현하도록 한다.

| 과　정 |

① 잠시 눈을 감고 가장 최근에 분노했던 기억을 영화의 한 장면처럼 떠린다.
② 모둠을 만들어 둘러앉고 다음 활동지 ❶~❻번까지를 작성한다. 만약에 활동지 ❹~❻번이 기억나지 않으면 작성하지 않아도 된다.
③ 진행자는 발표자를 정한다. 다른 구성원들은 활동지 ❶~❻번까지 질문하고 발표자는 질문에 답한다.
④ 발표자는 다른 발표자를 지목한다.
⑤ 모든 구성원들이 발표를 마칠 때까지 ①~④까지 반복한다.
⑥ 당신의 어린 시절의 기억은 당신을 성장시키는 소중한 자산이기도 하다. 잠시 가벼운 이야기로 분위기를 전환한 후에 진행자는 활동지 ❼~❾번을 진행한다.
⑦ 구성원들은 돌아가면서 활동지 ❼~❾번을 발표한다.

| 주의사항 |

- 개인적인 의견을 발표하고 솔직한 마음이 전해지도록 분위기를 유도한다.
- 발표자가 발표한 내용을 진행자는 간단하게 요약해 준다.
- 발표가 끝나면 자유롭게 오늘 느낀 점에 대해 돌아가면서 이야기 하도록 한다.

| 활동지 | 분노 |

잠시 눈을 감고 가장 최근에 분노했던 기억을 영화의 한 장면처럼 떠올린다.

① 분노한 장면은 누구와, 언제, 어디서입니까?

② 내가 상대방에게 원하는 것은 무엇입니까?

③ 그 장면의 나에게 "나는 ~을 원하는데 그것이 안 되어서 안타깝다."고 말해 보세요.

④ 분노한 장면과 관련된 어린 시절의 기억이 있다면 떠올려 봅시다. 이 장면 역시 영화의 한 장면처럼 나는 관객이 되어 바라본다고 생각해 보세요.

⑤ 어린 시절의 나에게 "나는 ~을 원하는데 그것이 안 되어서 안타깝다."라고 말해 보세요.

⑥ 어린 시절의 나는 지금의 나에게 무엇이라고 이야기 하고 있나요?

당신의 어린 시절의 기억은 당신을 성장시키는 소중한 자산이기도 합니다. 진행자는 잠시 가벼운 이야기로 분위기를 전환시켜 주세요.

⑦ 당신이 최근에 분노한 일과 똑같은 일이 발생한다면 어떻게 표현하고 싶나요? 욕구와 감정을 포함하여 문장으로 표현해 봅시다.

⑧ 내 욕구가 나에게 어떤 의미가 있는지를 상대방에게 어떻게 표현하면 좋을까요?

⑨ 진정 나에게 기쁨을 주는 것이 무엇인가요?

03 나의 미래로 떠나는 시간여행

아브라함 H. 매슬로의 『존재의 심리학』의 일부 내용을 발췌한 것입니다.

"소수의 사람들에게만 자기실현은 어느 정도 달성되어 있는 일정한 '상태'이다. 그러나 대부분의 사람에게 자기실현은 소망하고, 동경하고, 욕구하고, 바라지만 아직 달성하지 못한 '어떤 것'이며, 임상적으로 이것은 건강, 통합, 성장 등을 향한 욕구로 드러난다. 이 말은 심리학자들에게는 사람들은 현재 모습과 미래 모습이 공존하고 있기 때문에, 존재Being와 발달Becoming 사이의 이분법적 구분을 해소할 수 있음을 의미한다. 잠재력은 앞으로 존재하게 될 것이고 존재할 수 있는 것일 뿐만 아니라 현재 존재하고 있는 것이다. 자기실현은 목표가 존재하기 때문에 가치 있고, 아직 실현되지 않았을 때조차 실재한다. 인간은 현재 존재하는 모습과 되고 싶은 모습을 동시에 가지고 있는 존재이다."*

자아실현을 이루는 사람들은 현재의 모습과 미래의 모습을 동시에 가지고 있는 사람입니다. 미래의 모습을 간절히 바라고 생생하게 기억하면 이루어진

---

* 아브라함 H. 매슬로(2005), 존재의 심리학, 서울 : 문예출판사, 318쪽.

다는 말은 무조건 꿈만 꾼다고 해서 이루어진다는 의미가 아니라 미래를 간절히 소망하며, 현실에 최선을 다할 때 꿈은 이루어진다는 뜻입니다. 내가 소망하는 꿈은 일관되게 내 영혼을 파고드는 그런 것이어야 합니다. 지금 당신은 어떤 꿈을 꾸고 있습니까? 혹시 꿈을 꾸고 있지 않다면 지금부터 꿈을 꾸기 시작하면 됩니다. 교사라는 직업 자체가 꿈이 될 수는 없습니다.

교사로서의 역할에 의미를 부여하고, 교사라는 직업을 선택했던 것을 기억하십니까?
"사랑하는 제자를 양성하여 교육에 이바지하기 위해 나는 교사를 선택한다."
"미래의 교사를 양성하여 행복한 학교를 갖도록 하기 위해 나는 교사를 선택한다."
"미래의 일꾼을 양성하여 모든 사람들이 행복해지도록 나는 교사를 선택한다."
"교육이 희망임을 이 땅에 알리기 위해 나는 교사를 선택한다."

(   ) 위해 교사를 선택한다.

여기에 쓰인 의미가 자신의 꿈입니다. 꿈을 실현하기 위해 교사를 선택했습니다.
교사라는 직업을 통해 자아를 실현한다는 것은 직업을 통해 행복한 내가 되고, 잠재된 능력을 발현하고, 나아가 사회에 기여하는 일일 것입니다.
교사로서의 신념으로 묵묵히 내 꿈을 실현하다 보면 행복이 찾아옵니다.

"교사로서 행복하십니까?"

행복을 선택하는 것은 바로 자기 자신입니다. 어느 누구도 자신의 감정을 대신할 수 없습니다. 학생 때문에, 학부모 때문에, 사회적 분위기 때문에 행복을 미루기보다는 행복을 선택하는 감정의 주인이 되어야 합니다.

| 진행자료 | 나의 미래

| 기대 효과 |

삶의 목표를 달성하기 위해 나의 미래를 구체적으로 생각해 보고, 자아실현의 의지를 다지는 시간을 갖는다.

| 과정 |

준비물 : 도화지, 색연필

① 다같이 눈을 감고 스스로에 대해 생각해 봅시다. 모둠을 만들어 둘러앉고 각자 자신에 대해 어떻게 생각하고 있는지 다음 활동지를 작성한다.
② 진행자는 발표자를 정한다. 발표자는 그림을 설명하고 활동지 ①~④번에 대한 답을 한다.
③ 발표자는 다른 발표자를 지목한다.
④ 발표자가 활동지 ①~④번까지 발표를 마치면 구성원들이 발표자에게 칭찬, 지지하는 마음을 전하도록 한다.
⑤ 모든 구성원들이 발표를 마칠 때까지 ①~④를 반복한다.

| 주의사항 |

- 개인적인 의견을 발표하고 솔직한 마음이 전해지도록 분위기를 유도한다.
- 발표자가 발표한 내용을 진행자는 간단하게 요약해 준다.
- 자기가 가지고 있는 모든 개념이나 이미지들을 시각적으로 표출하여 좀 더 객관적으로 성찰할 수 있도록 한다.
- 발표가 끝나면 자유롭게 오늘 느낀 점에 대해 돌아가면서 이야기 하도록 한다.

| 활동지 | 나의 미래 |

(   ) 위해 교사를 선택한다.

1. 작은 새싹이 피어나고 있습니다. 이 새싹은 앞으로 어떻게 될까요? 그림으로 표현해 봅시다.

2. 이 새싹은 사람들에게 어떤 존재가 되고 싶어 합니까?

3. 이 새싹이 어려움을 만날 때 어떻게 극복하면 좋을까요?

4. 이 새싹이 자라서 많은 것을 이루었다면 이 새싹이 갖춘 능력은 무엇인가요?

진행자료 | 이상적인 나

| 기대 효과 |

자신이 원하는 자아상을 발견하고, 그렇게 이루어지도록 생생하게 느낌으로 체험한다.

| 과정 |

준비물 : 도화지, 색연필

① 다같이 눈을 감고 미래에 가장 이상적인 나를 생각한다. 모둠을 만들어 둘러앉고 자신에 대해 어떻게 생각하고 있는지 다음 활동지를 작성한다.
② 진행자는 발표자를 정한다. 발표자는 그림을 설명하고 활동지 ①~⑥번에 대한 답을 한다.
③ 발표자는 다른 발표자를 지목한다.
④ 발표자가 활동지 ①~⑥번까지 발표를 마치면 구성원들이 발표자에게 칭찬, 지지하는 마음을 전하도록 한다.
⑤ 모든 구성원들이 발표를 마칠 때까지 ①~④까지 반복한다.

| 주의사항 |

- 개인적인 의견을 발표하고 솔직한 마음이 전해지도록 분위기를 유도한다.
- 자신이 원하는 자아상을 새롭게 발견하고, 또 그렇게 이루어질 것 같은 느낌을 생생하게 느껴본다.
- 발표자가 발표한 내용을 진행자는 간단하게 요약해 준다.
- 발표가 끝나면 자유롭게 오늘 느낀 점에 대해 돌아가면서 이야기 하도록 한다.

| 활동지 | **이상적인 나** |

| |
| |

① 미래에 가장 이상적이고 행복한 순간의 나를 표현합니다.

② 5년 뒤 그 이상적인 나는 어디서 무엇을 하고 있는가?

③ 그 이상적인 내가 사용하고 있는 능력은 무엇인가요?

④ 존경받고 있는 이상적인 나를 다른 사람들은 어떻게 부르고 있나요?

⑤ 이상적인 나는 사회에 어떤 기여를 하고 있나요?

⑥ 이상적인 나는 지금의 나에게 무엇이라고 이야기 하고 있나요?

5부

학생의 행동을 어떻게 **범주화** 할까요?

학생행동을 범주화하는 것에 대해서는 "2부 H·E·T 모형으로 초대합니다"에서 알아보았습니다. 여기서는 학생의 행동을 범주화하는 것을 연습해 보겠습니다. 교사가 학생을 지도할 때 상황을 객관적으로 볼 수 있다면 학생지도의 방법을 찾을 수 있을 것입니다. H·E·T 모형에서 학생의 행동을 범주화하면 예방영역, 미결정영역, 허용영역, 성장영역, 선택영역, 문제영역으로 나누어집니다. 각 영역에 대해서 좀더 자세히 살펴보겠습니다.

01 | 터지기 전에 예방하자(예방영역)

학생의 문제 행동을 미리 예방하는 것이 학생지도에서 최고의 효과가 있으며, 교사가 문제 행동을 최소화 할 수 있는 최선의 선택입니다.

학생들 중 몇몇은 행동의 이유를 설명해 준다거나 교사의 한계를 미리 제시하는 것만으로도 교사와의 갈등을 최소화하는데 많은 도움이 됩니다. 조벽은『조벽 교수의 명강의 노하우&노와이』에서 허용되지 않는 행동을 첫 수업시간에 미리 '발표'해 두어야 예방으로써 효력을 발휘하게 된다고 했습니다. 일반 허용되지 않는 행동을 발표한 뒤에는 후속조치가 꼭 따라줘야 합니다.*

예방영역에서 교사들은 이런 생각들을 합니다.

---

* 조벽(2010), 조벽 교수의 명강의 노하우&노와이, 서울 : 해냄, 161~162쪽.

교과 첫 수업시간

"나는 교과 담임교사로서 학생들에게 수업시간에 떠들면 과제를 내주고, 만약에 그 과제를 해 오지 않으면 수행평가 점수에 반영한다고 해야지, 그리고 수업준비가 되어 있지 않으면, 연습장에 쓴 다음 노트에 옮겨 놓으라고 해야겠어."

담임 오리엔테이션시간

"나는 내가 맡은 반에서 중요한 것은 배려, 규칙임을 학생들에게 이야기해야겠어. 이것이 잘 운영될 수 있는 방법을 학생들과 토론해 봐야지."

수업시간 시작

"오늘 수업은 매우 중요한 내용이야, 수업에 방해하는 학생이 나오지 않도록 해야겠어. 수업에 방해한 학생은 오후에 남겨야지."

자율학습 시간 시작

"자율학습 시간에 다른 학생을 방해하면 안 되지. 방해한 학생은 뒤로 나가서 있게 해야지."

만약에 금지사항을 위반할 경우 감수해야 하는 불이익을 교사가 첫 오리엔테이션 시간에 발표한다면 문제 행동을 예방하는데 효과가 있을 것입니다.

교사는 예방영역에서 후속조치를 제시한 것을 꼭 이행하려고 해야 합니다. 그렇지 않으면 예방영역에서 교사의 언어는 실효성이 떨어져 무기력해지고 맙니다. 그러나 너무 강압적이고 지시적으로 표현하지 말고, 공익을 위해 또는 효과적인 수업을 위한 행동상의 약속이 되도록 단호하지만 부드럽게 표현합니다.

02 | 규칙을 정하자(미결정영역)

교사의 허용기준은 지극히 주관적입니다. 살아온 환경과 배경에 따라 교사의 신념과 가치관이 다르고 교사의 개인적 특성이 학생지도에 영향을 미치게 되므로 학생의 행동이나 감정을 허용하는 기준은 달라집니다. 또 어떤 경우에는 학생에 따라서 허용기준이 바뀔 수도 있습니다. 열심히 생활하던 학생이 어쩌다 한 번 잘못된 행동을 하는 경우 대부분의 교사는 학생의 행동을 허용하면서 다음에는 그렇게 행동하지 말 것을 당부하게 됩니다. 또는 환경에 따라서도 교사의 허용기준은 바뀔 수 있습니다. 예를 들어 교실에서 실내화 착용이 원칙이나 특별한 행사가 있는 경우 허용되기도 합니다.

미결정 영역에서 교사들은 이런 생각들을 합니다.

어떤 학생이 수업시간에 떠든다 ― "이 학생은 평소에 열심히 수업 받는 학생인데 오늘은 유난히 말이 많네? 처음 있는 일인데 이해해 주고 조용히 수업 받을 수 있도록 부탁해야겠어."

아침 자습 시간에 평소보다 소란스럽다 ― "오늘은 평소보다 소란스럽네. 어제 한국과 일본 축구경기가 열려서 학생들이 다소 흥분된 것 같아. 오늘은 모른 척 넘어가자."

학교 내에서 실내화 착용을 안 했다 ― "오늘은 체육대회 날이라서 학생들에게 실외화를 학교에서 신을 수 있도록 허락하지만, 실내에서는 실내화 착용이 원칙이므로 다음부터 실내에서 실내화를 착용하도록 해야지."

이렇듯 미결정 영역은 교사의 개인적인 특성에 따라, 학생에 따라, 환경에 따라 교사의 허용기준이 달라질 때라고 보면 됩니다. 그러나 미결정 영역에서 학생들은 교사의 개인적 판단에 따라 교사의 기준이 바뀌므로 혼란을 느끼게 된다거나, 또는 언제나 똑같은 기준을 제시하면 선생님은 꽉 막힌 사람으로 대화가 통하지 않는다고 인식하게 됩니다. 그 결과 교사의 지도를 신뢰하지 못하거나 관계가 나빠지는 일이 생길 수도 있습니다. 미결정 영역은 교사가 기준에 유연성을 발휘하는 순간이기도 합니다. 한국과 일본 축구경기가 있는 날은 회사도, 학교도, 도시도 약간은 소란스럽습니다. 이럴 때 조금 모른 척 넘어가 주는 겁니다. 그러나 행동기준은 제시해서 변동된 교사의 기준에 학생들이 혼란스럽지 않도록 슬쩍 원칙을 제시합니다.

토머스 고든의 『교사역할훈련』에도 미결정영역과 비슷한 내용이 있습니다. "상당히 수용적인 교사라 하더라도 때론 비수용적임을, 즉 어느 때는 봐주는 행동을 어느 때는 허용하지 않는 비일관성을 보일 수 있다. 사람은 누구나 타인을 수용하는 정도와 능력에서 시시각각 기복을 드러낸다."라고 하였으며 교사의 수용과 비수용의 분할선은 교사의 변화, 학생의 변화, 상황이나 환경의 변화에 의해 높낮이가 좌우된다고 하였습니다.*

교사도 인간이기 때문에 감정에 따라 상황에 따라 변할 수 있으므로 교사의 기준이 변하는 상황에서 사용할 수 있는 특정 대화법을 사용한다면 학생의 문제행동을 어느 정도 예방하는 효과가 있을 것입니다.

03 | 잘하는 학생을 격려하자(허용영역)

학생의 행동이나 감정이 눈에 거슬리지 않고 편안하게 인식되는 영역입니다. 이 영역에서는 교사와 학생이 긍정적이고 자율적인 분위기에서 원활한 의사소통을 하며, 교수 학습활동이 잘 이루어지고 있습니다. 즉 교수·학습 활동이 극대화 되고, 교사의 가치관이나 학생의 문제 해결력, 자기 주도 학습 등이 효과적으로 이루어지고 있습니다.

예방 영역이나 미결정 영역에서 교사의 신념이나 가치관을 수용한 학생들

* 토머스 고든(2007), 교사역할훈련, 서울 : 양철북, 55~56쪽 재인용 및 요약.

은 문제 행동 대신 자신의 성장을 위해 교수 학습활동에 전념할 것입니다. 학급 내에서 학생 지도상의 문제나 갈등이 완전히 없어질 리는 없습니다. 다른 영역에서 허용영역으로 이동하여 허용영역의 학생이 점점 늘어나서 교사가 학생지도에 소비되는 시간을 교과지도에 할애하게 되면, 교사는 학생을 가르치는 일에 전념하게 되어 생산적인 활동에 시간과 노력을 기울이게 됩니다.

허용 영역에서 교사들은 이런 생각들을 합니다.

"학생들이 학습에 최선을 다하고 있어 교사로서 행복하군."
"이런 생각을 하다니 기특하네!"
"청소가 깨끗하게 잘 되었네."
"그림을 그리는 태도가 진중하군."

교사로서 가장 행복을 느끼는 순간이기도 합니다. 교사는 허용영역에서 "내가 잘 가르치고 있나봐!", "학생들이 바람직하게 변하고 있어!", "난 괜찮은 교사야."라고 생각할 것입니다. 이 영역은 교사의 자존감이 수직상승하는 영역입니다.

이 영역에서 교사는 기분이 좋아 칭찬이나 인정을 하게 됩니다. 그러나 칭찬이 남발되어 칭찬중독이 되지 않도록 효과적으로 칭찬하고 인정하는 대화법이 필요합니다.

04 | 사고와 감정을 성장시키자(성장영역)

이 영역은 감정이나 사고처럼 보이지 않는 것들을 다룹니다. 즉 학생이 한 행동이 눈에 보이는 문제 행동이 아니며, 지속적으로 발생한 문제도 아니며,

교사나 다른 학생에게 부정적인 영향을 미치진 않으나, 교사의 지도가 필요한 시점이라고 교사 스스로가 느끼고 있는 영역입니다. 예를 들면 학생이 감정의 어려움을 가지고 있다거나 부정적 감정으로 힘들어 한다거나 수업참여가 무기력하다거나 학급에서 제 역할을 대충하고 마무리하려 하는 행동 등이 해당됩니다.

이런 상황에서 교사는 설교, 훈계, 설득하기도 하지만 학생들 스스로가 자신의 문제를 해결하도록 돕는 것이 바람직한 행동으로 연결될 것입니다. 교사는 학생이 문제의 주인으로서 자신의 문제를 스스로 발견하여 그것을 해결하도록 도와주는 역할을 합니다.

성장영역은 코칭과 관련이 깊습니다. 코칭이란 스스로 생각하고 행동하게 하는 학생을 양성하기 위해 필요한 대화법입니다. 코칭언어를 사용하면 학생의 마음이 힘들 땐 친구가 되어주기도 하고, 선택의 갈림길에선 올바른 결정을 할 수 있도록 도와주기도 하며, 스스로 문제의 주인으로서 사고하고 판단하여 행동하도록 이끌어주는 일련의 역할을 할 수 있습니다.

성장 영역에서 교사들은 이런 생각들을 합니다.

"저 학생은 무슨 일로 힘들어 보이는군. 왠지 오늘 따라 의욕이 없어 보여."
"청소를 하긴 했는데, 성실하게 한 것처럼 보이지 않고 대충한 것 같아."
"어떤 선택을 해야 할지 몰라 망설이고 있군."
"학생이 지쳐 보이고 무기력해 보이는 걸."
"평상시하고 다른 모습인데, 무슨 문제가 있는 걸까?"

코칭은 주로 질문을 통하여 자신의 문제를 바라보게 하거나, 자신의 문제를 새로운 각도에서 해결하도록 도와줍니다. 질문에 답을 하기 위해서는 감정보다는 이성이 활성화되어야 합니다. 그래서 코칭은 경청과 공감을 통해 감정을 차분히 가라앉히고 이성영역이 제 기능을 하도록 돕습니다. 또 자신의 문제를 해결하려면 자신의 잠재력이 무엇인지, 자신이 가진 장점은 무엇인지 알아야 하므로 추임새처럼 지속적인 인정과 지지가 요구되어집니다. 코칭을 하려면 3가지 기술 즉 듣기와 공감, 인정과 지지, 질문하기가 필요합니다.

H·E·T 모형을 익히기 위해서 대화의 기본 요소인 듣기, 질문하기는 먼저 익히는 것이 필요하기 때문에 따로 분리해서 "3부 의사소통 기초를 다듬자."에서 상세히 다루었습니다. 또 인정하기와 지지하기는 허용영역에서 다루어지는 내용입니다.

코칭은 자기 인식과, 자기 계발을 통해 완성되어지므로 많은 노력과 시간이 요구되어집니다. 특히 교사들이 교육받을 당시 일방적인 지시의 교육환경에서 성장하였다면 이 대화의 기술이 생소하고 더 어렵게 느껴질 것입니다.

H·E·T 모형에서 코칭언어는 자격을 취득한 전문코치는 아니더라도, 교사가 설교하는 대신 질문을 통해 학생이 자신의 문제를 선택하고 책임지거나, 자신의 문제를 회피하지 않고 해결하도록 하는 것에 초점을 둡니다. 또 H·E·T 모형에 전반적으로 흐르고 있는 것이 코칭철학입니다. 다만 코칭을 일반적인 교사가 전문적으로 배우기에는 시간과 노력이 아주 많이 소요되므로 교사로서 학생을 지도할 수 있도록 코칭 대화를 쉽게 재편성한 것이 H·E·T모형입니다.

교사가 코칭언어를 학습하고 적용해 본 후 필자에게 전해 준 피드백은 이렇습니다.

선생님과 공부한 후 학생지도가 쉬워졌습니다. 코칭언어를 배우기 전에는 학생들이 저에게 대화를 요청하면 저는 그 학생의 문제를 해결하기 위해 이렇게 하고 저렇게 하라고 계속 이야기 하고 있고, 학생은 듣고만 있었습니다. 대화가 끝난 후, 전 힘이 빠지고 지쳐버립니다. 왜냐하면 쉬는 시간마다 학생들과 이렇게 상담하고 있거든요. 그런데 요즘은 대화방식이 바뀌었습니다. 저보다 학생이 더 많이 말을 합니다. 저는 이렇게만 이야기해요.
- 네가 ~서 힘들었나 보구나.
- 그래서 지금은 어떻게 하고 싶은데?
- 그럼 뭐부터 해볼래?
- 와 멋지다. 한번 해보고 나에게 이야기 해줘!!
학생들이 자기가 더 많이 이야기 해놓고 더 즐거워하기까지 합니다. 학생들의 반응이 너무 신기하고 좋은 것 같아요.

동아리에 참여하고 나서 저에게 생긴 변화는, 학부모님들의 반응입니다. 저도 다른 선생님들과 똑같이 혼내고 소리 지르고 하는데, 학생들이 집에서 저에 대해 "우리 담임선생님은 왠지 달라, 혼내도 선생님이 싫지 않고 선생님이 이해가 돼."라고 이야기 한다고 합니다. 그러다 보니 자연스럽게 학부모들도 저에 대해 호의적이고, 제가 한 이야기를 귀담아 듣는 것입니다. 동아리에 참여하기 전까지만 해도 전 학부모들과 정말 힘들었거든요.

05 | 선택하고 책임지게 하자(선택영역)

학생의 행동이 자신에게 영향을 미치는 경우는 대부분 교사와 학생 간에 가치관 충돌이 발생한 영역으로 봅니다. 예를 들면 아르바이트, 이성교제, 두

발, 담배, 음주, 수업 태도, 무단 결석 등이 해당됩니다. 가치관의 사전적 의미는 '인간이 자기를 포함한 세계에 내리는 평가의 기본적인 태도나 보는 방법이다.'라고 되어 있습니다. 가치관은 자신이 살아오는 세월동안 "이것이 맞다."라고 결정을 내린 것입니다. 그러나 이 가치관은 맞을 수도 틀릴 수도 있습니다. 하지만 교사가 학생의 가치관을 '맞다', '틀린다'라고 평가하기보다는 스스로 선택하고 책임질 수 있도록 이끌어 준다면 학생들은 경험을 통해 무엇인가를 배우게 되거나, 스스로 가치관을 수정할 수 있습니다. 이 영역에서는 학생의 가치관이 행동으로 나타나 눈에 보이는 것입니다.

선택 영역에서 교사들은 이런 생각들을 합니다.

A 장면··· "저 학생은 교실에서 이성교제를 하고 있군. 이러다 정도의 범위를 넘어서면 어떻게 하지?"
B 장면··· "오늘도 저 학생은 수업시간에 엎드려 잠만 자는군. 저 학생의 미래가 걱정이야."
C 장면··· "수업시간에 지속적으로 참여하지 않는군. 저런 행동을 하면 수업을 하는 것이 의미가 없을 텐데."

만약에 A장면에서 교사가 "저 학생은 교실에서 이성교제를 하고 있군. 다른 학생들에게 부정적인 영향을 주면 어떻게 하지?"라고 생각한다면 다음에 나오는 문제영역으로 보아도 됩니다.

B장면에서 교사가 "엎드려 자는 학생 때문에 내가 화가 나! 난 열심히 가르치고 싶은데 잠만 자면 교사로서 역할을 할 수 없잖아!"라고 생각한다면 역시 문제영역으로 보아도 무방합니다.

C장면에서 교사가 "저 학생이 무기력한 행동을 지속적으로 하는 이유를 찾아보고 스스로 행동을 변화하도록 도와주고 싶어"라고 생각한다면 성장 영역으로 보아도 됩니다.

교사의 기준에 의해 영역은 바뀔 수 있고, 그 영역에서 효과가 없다면 다른 영역으로 이동하여서 대화를 시도해 보는 것도 좋은 방법입니다. 인간관계에서 정답은 없습니다. 다양한 시도와 시행착오를 통한 직관적인 경험만이 해답인 것 같습니다. 교사는 다양한 시도를 통해 학생 행동의 변화를 관찰하고 바람직한 방향으로 성장하도록 리드lead하는 마부가 되는 것입니다. 마차를 몰고 가는 것은 마부가 아니라 말인 것처럼 교사는 학생이 바른 길을 가도록 리드하지만 바른 길을 가는 것은 학생입니다. 교사가 전문가가 된다는 것은 학생 지도면에서 학생을 지도하는 효과적인 방법의 적중률 또는 히트율hit rate을 높이는 것이기도 합니다. 학생과 똑같이 힘겨루기를 하고 있거나, 학생지도를 포기하는 것은 전문가로서의 모습은 아니라고 대부분의 선생님들은 느끼고 있습니다.

선택영역에서 학생이 선택한 것은 결과가 좋을 수도 있고 나쁠 수도 있습니다. 우리는 실패를 통해 배운다는 것을 알고 있습니다. 그렇다면 성공도 실패도 모두 배움의 한 과정입니다. 그러나 교사의 지도가 선택영역에서만 머물러 있다면 학생의 경험은 배움의 과정으로 진행될 수 없습니다. 선택영역에서 지도한 후 성장영역으로 가서 상향식 운영을 했을 때 학습자 중심의 배움의 역동이 일어날 것입니다.

06 | 문제 행동을 다루자(문제영역)

학생들이 가정에서는 귀하다는 이유로 꾸지람을 듣지 않고, 학교에 오면 체벌금지라는 이름으로 행동에 제재를 받지 않고 문제 행동이 허용되어 버리면 학생들은 자기중심적인 사고를 하게 될 것입니다. 교사를 폭행하거나 자기 부모나 할아버지뻘 되는 어른에게 무례한 행동을 하는 것도 사회질서, 교권, 도덕성이 무너진 결과입니다. 이처럼 위계질서가 없는 막가파식 세상이

초래되지 않도록 사회의 구성원으로서 다른 사람에게 피해가 되는 행동은 적절한 제재를 가하되 나아가 스스로의 행동을 책임지도록 해야 할 것입니다.

학생의 행동이 순간적이거나 재발할 가능성이 없다면 교사는 그러한 행동을 대체로 무시하는 것이 더 나을 수도 있습니다. 경우에 따라 학생의 문제행동에 교사가 부정적인 관심을 보이면 그 부정적인 관심이 문제 행동을 더욱 더 강화시키기도 합니다.

문제영역은 정서장애나 심리적인 문제가 아니라 단순 행동상의 문제여야 합니다. 하지만 단순 행동이 통제되지 않는다면 수업이나 다른 학생의 학습에 방해가 되므로 교사의 지도가 필요한 문제영역입니다. '문제'란 사전적 의미는 해답이 필요한 물음 또는 성가신 일이나 논쟁이 될 만한 일이라고 되어 있습니다. 학생의 문제 행동을 보는 관점을 학생의 입장에서 생각해 봅시다. 학생은 어떤 문제의 해답을 찾지 못해서 자신이 경험한 것 중에서 할 수 있는 최선의 행동을 하고 있는 것입니다.

그렇다면 교사는 학생의 문제 행동으로 인해 교사 역할에 영향을 받기보다는 일단 학생의 행동을 STOP(중지)하고, 다시 대화를 시도하는 것이 좋습니다. 문제영역도 선택영역과 마찬가지로 문제영역에서 대화한 후 성장영역으로 이동하여 다시 대화를 시도해야 합니다. 문제영역에서 학생은 일단 행동상에 제재를 받기는 하지만 학생의 문제가 해결된 것은 아닙니다. 학생이 자신의 문제를 스스로 해결할 수 있도록 교사가 이끌어주는 역할을 해야 합니다.

문제영역에서 교사들은 이런 생각들을 합니다.

"저 학생의 행동은 다른 학생들의 학습에 방해가되고 있어. 못하도록 해야겠어."
"이건 안 되는 행동이야."
"내가 학생의 행동으로 화가 나는군."

"학생의 문제 행동이 반복적으로 나타나고 있어. 반복적으로 나타나니까 짜증이 나는군"

Gary D. Borich가 쓴 『효과적인 교수법』에 잘못된 행동을 하거나 질서를 깨뜨리는 행동을 할 때 학생들을 다루는 방법으로 제시된 내용입니다. 이것은 학생의 행동을 "STOP"하기 위한 것으로 강도가 낮은 것에서 높은 것으로 나열하면 다음과 같습니다.*

- 1수준 : 학생들을 단호하게 쳐다본다.
- 2수준 : 학생에게 다가간다.
- 3수준 : 다음 반응을 하기 위해 그 학생의 이름을 부른다.
- 4수준 : 학생에게 중지하도록 명령한다.
- 5수준 : 학생과 문제에 대해 의논한다.
- 6수준 : 문제 행동을 하는 학생의 자리를 다른 곳으로 옮긴다.
- 7수준 : 쓰기 숙제와 같은 벌을 준다.
- 8수준 : 방과 후 남아있도록 한다.
- 9수준 : 학부모에게 쪽지를 쓴다.
- 10수준 : 학부모에게 전화를 한다.

"STOP"에는 수준이 있습니다. 이러한 수준의 다양성보다 더욱 중요한 것은 발생한 문제 행동의 유형에 따라 올바른 대응을 하는 교사의 능력입니다. 학급 질서를 효과적으로 유지하는 데 있어 교사가 직면하는 가장 어려운 문제는 너무 경미하지도 않고 너무 심하지도 않은 수준을 결정하는 것입니다.(Sugai, 1996)

---

* Gary D. Borich(2009), 효과적인 교수법, 서울 : 아카데미프레스, 449쪽.

경미한 나쁜 행동

잡담, 장난행동, 자리이탈, 다른 학생 방해, 그와 유사한 경미한 행동이 해당됩니다. 이런 행동이 지속적인 행동으로 이어지면 중간조치가 적절하고, 수업을 방해하는 지속적인 잡담과 같이 특별한 경우에는 엄중한 대응이 필요합니다.

중간정도 되는 나쁜 행동

수업의 흐름을 끊거나, 다른 학생을 매도하는 행동, 싸움, 모독 같은 보통의 비행이 해당됩니다. 이런 행동이 자주 나타나면 엄중한 대응이 필요합니다.

심각성이 아주 큰 나쁜 행동

시험 부정행위, 표절, 도둑질, 기물 파손 등이 해당됩니다. 이런 행동이 일어나면 교실 내에서 혼자 해결하지 말고 즉시 학교 관리자에게 알려야 합니다.*

이렇듯 학생의 문제행동을 "STOP"하거나 다룰 때는 수준이 있습니다. 경미한 행동을 심각한 행동으로 처리한다거나 심각한 행동을 경미한 행동으로 처리한다면 교사는 공정하지 못한 교사로 인식되거나 전문성이 떨어지는 교사로 낙인이 찍힐 수도 있습니다. 그렇다면 벌점부여는 어느 수준이 적정할까요? H·E·T 동아리 선생님들은 수준 5, 수준 6 정도가 적정하지 않나 생각했습니다. 학생들이 잘못할 때마다 벌점을 마구 부여해 한 시간에 여러 번 벌점을 부여하는 것은 학생의 문제 행동에 수준을 잡지 못해 교사의 권위가 떨어지는 행동이 될 수도 있습니다. 학교에서 규정으로 정하는 벌점은 1~5수준까지 적용해 보아도 안 되면 학생에게 부여해야 합니다.

★ Gary D. Borich(2009), 효과적인 교수법, 서울 : 아카데미프레스, 450쪽.

성장영역, 선택영역, 문제영역에서 학생을 지도하는 교사들이 꼭 기억하여야 할 것은 수첩이나 메모지에 기록하는 일입니다. 특별한 문제로 회의가 필요하거나 지도 상에 근거가 필요하다면 학생지도 기록은 교사의 책임과 관련됩니다. 요즘처럼 학생지도가 인터넷이나 공중파의 뉴스거리로 왕왕 보도될 때에는 메모하는 습관은 교사를 보호하는 가장 강력한 그 무엇이 되기도 합니다. 학생지도와 관련된 기록은 반드시 해야 함을 기억할 필요가 있습니다.

이제 학생의 행동을 범주화하는 것을 연습해 보겠습니다.
H·E·T How to be an Essential Teacher 모형에서 학생의 행동을 범주화하면 예방영역, 미결정 영역, 허용영역, 성장영역, 선택영역, 문제영역으로 나누어진다는 것을 앞에서 살펴보았습니다. 자 눈을 감고 상기해 보세요. 학생의 행동을 범주화하는 것은 교사의 주관적 감정 상태에서 벗어나 객관적 상태를 유지하기 위한 것입니다.

아래에 제시된 "학생행동 범주화하기"는 2010년 H·E·T 동아리 선생님께서 작성한 내용입니다. 학생의 행동을 범주화 하는 것을 연습해 봅시다.

학생 행동 범주화하기

1. 교실 상황에서의 갈등

① 수업시간 중 자료를 보여줄 준비를 하고 있는데(컴퓨터를 켜거나, 유인물을 나눠줄 때) 학생이 친구에게 쪽지를 돌리거나, 웅성거리며 떠들고 있을 때
② 칠판에 판서하면서 열심히 설명하고 있는데 한 학생이 창밖을 보며 딴 생각을 하고 있을 때
③ 보충문제 프린트를 나눠주며 풀어보라고 한 후 교실을 순회하는데 한 학생이 연필도 잡지 않고 멍~하니 있을 때
④ 수업 중 친구와 떠들어서 교사가 조용히 할 것을 지도하는데, 욕을 하거나 떠들지 않았다고 반항할 때
⑤ 수업종이 울려서 교사가 교실로 들어가는데, 학생들이 모여서 떠들거나 낙서를 하고 있는 등 난장판일 때
⑥ 수행평가 점수를 학생들에게 확인하는데, 인정하지 못하겠다며 교사에게 불만을 제기할 때
⑦ 수업 중 한 학생이 다른 학생을 계속 괴롭히고 있어 수업에 방해가 될 때
⑧ 학생들이 '딱 한번만'이라며 교사에게 매번 부탁을 할 때
⑨ 반 아이들이 특정 교과 선생님과 논쟁을 하고 있을 때
⑩ 수업 중 휴대폰을 사용하고 있을 때
⑪ 자기 청소구역을 대충 청소 해 놓고 다했다고 할 때
⑫ 교사에게 물질적 보상을 자꾸 요구할 때(예를 들면, 이거 하면 뭐 해 주실 건데요?)
⑬ 학생이 매번 교사보다 늦게 들어올 때
⑭ 보충수업이나 수업시간에 교사의 허락 없이 무단으로 외출할 때

> **해답**
>
> ① 문제영역 ②선택영역 ③선택영역 ④문제영역 ⑤문제영역 ⑥문제영역 또는 성장영역 ⑦문제영역 ⑧문제영역 ⑨성장영역 ⑩문제영역 또는 선택영역 ⑪성장영역 ⑫문제영역 또는 선택영역 ⑬문제영역 ⑭문제영역

2. 학생 지도 상의 갈등

① 지각과 결석을 자주 하면서 변명만 늘어 놓고 있을 때

② 판타지 소설이나 컴퓨터 게임에 빠져 헤어나질 못하는 학생을 지도할 때

③ 한 학생이 교무실에서 늘 서성거릴 때

④ 눈에 띄는 언행을 하면서 수업분위기를 방해할 때

⑤ 단체 활동을 거부할 때

⑥ 흡연문제로 자주 교칙을 위반할 때

⑦ 교칙에 준하는 교복을 입지 않아 매번 지적해야 할 때

⑧ 화장을 항상 하고 다닐 때

⑨ 친구들에게 욕설, 비난 등을 일삼아 교사가 듣기 괴로울 때

⑩ 공부에 의욕이 없는 학생을 지도할 때(신나게 놀다가도 공부할 때가 되면 무기력한 모습을 보임)

⑪ 매사에 의욕이 없는 학생을 지도할 때(매사를 귀찮아하고, 불평이나 짜증이 많고 또래들이 갖는 관심사에도 흥미가 없음. 또 재밌게 놀지도 못하고 사소한 일에도 쉽게 마음이 상하며, 늘 꾸물거려 시간이 오래 걸리는 아이)

⑫ 시험공포증이 있는 학생을 지도할 때

⑬ 이성문제로 힘들어하는 학생을 지도할 때

> **해답**
>
> ① 문제영역 ② 성장영역(전문가의 도움) ③ 성장영역 또는 선택영역 또는 문제영역 ④ 문제영역 ⑤ 선택영역 ⑥ 선택영역 또는 문제영역 ⑦ 선택영역 또는 문제영역 ⑧ 선택영역 또는 문제영역 ⑨ 문제영역 ⑩ 성장영역 ⑪ 성장영역(전문가의 도움) ⑫ 성장영역(전문가의 도움) ⑬ 성장영역(이성문제가 모두 선택영역은 아님. 감정의 문제로 힘들어 한다면 성장영역.)

3. 학생간의 갈등

① 왕따 당하는 아이를 지도해야 할 때
② 학급 일에 장난 식으로 행동하면서 재밌어하는 학생을 지도할 때(장난삼아 반장 선출, 반복된 우스꽝스러운 언행, 장난을 위장한 놀림)
③ 학급 내 도난 사고로 오해받는 학생을 지도할 때
④ 무기력한 반장 때문에 학생들이 불만이 많을 때
⑤ 학급에서 집단끼리 갈등이 있을 때
⑥ 두 여학생이 심각하게 대립하고 있을 때
⑦ 친구 핸드폰을 빼앗아 쓰다가 걸렸는데, 오히려 친구가 빌려준 것이라고 거짓말을 할 때
⑧ 친구를 괴롭히다 문제가 커져서 교사가 알게 되었을 때, 오히려 본인이 피해자라고 거짓말을 할 때
⑨ 장난이 지나칠 정도로 반 학생들이 한 친구를 자꾸 놀릴 때

> **해답**
>
> ① 성장영역(전문가의 도움) ② 문제영역 ③ 성장영역 ④ 성장영역 ⑤ 성장영역 ⑥ 선택영역 또는 성장영역 ⑦ 성장영역 또는 문제영역 ⑧ 문제영역 ⑨ 문제영역

자신이 생각하는 것과 다르게 느껴질 수도 있습니다. 정답은 없습니다. 위의 해답은 좀 더 많은 확률을 가진다는 것을 의미합니다. 또 반복되는 행동상의 문제나 지속적으로 나타나는 문제 행동은 대부분 문제영역으로 보고 지도하되, 반드시 성장영역에서 한 번 더 지도해야 합니다.

6부
코칭형 교사를 위한 영역별 대화의 기술

01 예방영역

　학생의 행동을 범주화하다 보면 학생지도는 예방이 최선이며 최고의 교육적 효과가 있음을 알 수 있습니다. 예방하는 방법으로 교사들이 학생의 바람직한 행동에 긍정적인 피드백을 함으로써 학생의 긍정적인 행동을 강화시키기도 합니다. 그런데 학생지도가 예방이 되지 않으면 문제 행동을 하는 학생들이 많아지게 되고 교사는 그 학생들에게 집중되어, 잘한 행동에 대한 긍정적인 피드백을 소홀히 하게 됩니다. 예방영역은 앞으로 발생하게 될 지 모르는 문제 행동을 예방하는 효과를 가지고 옵니다. 학생 중 몇몇은 행동의 이유를 설명해 준다거나 교사의 한계를 미리 제시하는 것만으로도 교사와의 갈등을 최소화할 수 있습니다.

　조벽은 『조벽교수의 명강의 노하우&노와이』에서 학생들의 문제 행동의 예방의 중요성에 대해 이야기하고 있습니다. "문제 행동이 강의실에서 일어나지 않도록 하는 최선의 방법은 예방이다."라고 하였고, 예방하는 방법으로 가장 효과적인 것은 수업 첫 시간에 교사가 허용하지 않을 행동이 무엇인가를 학생들에게 전달하는 것입니다. 허용되지 않는 행동을 첫 수업 시간에 미리 '발표'해 두면 예방 효력을 발휘하게 됩니다. 또 교사의 말을 무시하는 행동을 하거나 문제 행동을 계속하는 학생이 있을 수 있으므로 금지 사항을 위반할 경우 감수해야 할 불이익도 제시하고, 학생과 함께 공유합니다.*

어떤 학교 학교장이 교사가 수업에 방해하는 학생을 뒤고 나가 있으라고 한 것이 학생인권을 무시한 지도라고 질책했다고 합니다. 학생인권이 학생의 행동에 대한 책임을 회피하게 하는 것이 아니므로 금지 사항을 위반할 경우 감수해야 할 불이익을 학생에게 충분히 납득시키고, 민주적으로 합당한지를 고민해야 합니다.

학생의 행동에 책임지도록 하는 것이 교육의 최종목표가 되어야 합니다. 사회적 분위기가 간섭과 통제와 같은 타율적 교육 방식에서 자율적인 교육과 학생인권 보호로 사회적으로 부각되고 있지만, 아직 자립 능력이 부족한 학생들에게 방종이 되지 않도록 학생의 행동에 책임질 수 있는 대화법이 필요합니다.

예방영역에서의 대화법으로는 교사가 허용되지 않는 문제행동을 제시하는 것과, 학생들에게 양자택일의 선택권을 주는 것, 공개토론을 통한 민주적인 절차와 합의, 장점 찾기 그리고 규칙을 제시하는 정보제공이 있습니다.

장점 찾기가 예방영역인 이유는 학생들은 교사가 자신의 장점을 찾아주면 교사에 대한 신뢰도가 높아지게 되어, 교사의 지시에 긍정적으로 반응하는 경향이 있기 때문입니다. 유능한 교사의 가장 중요한 특징은 학생의 장점을 찾아주는 능력을 갖추는 것입니다.

1) 양자택일

양자택일 대화법은 "문제행동을 하는 학생은 행동에 대한 책임을 져야 한다"는 전제에서 학생들이 행동에 대한 책임방식을 선택하는 것입니다. "떠들지 마"라는 명령식언어는 받아들이는 학생들에게 불편함을 주지만 "떠드는 학생을 어떻게 할까?"라고 선택권을 준다면 학생들은 무의식적으로 떠드는 행동은 책임져야 한다는 전제를 받아들이게 됩니다.

---

* 조벽(2010), 조벽교수의 명강의 노하우&노와이, 서울 : 해냄, 161~163쪽 요약.

다음 활동지에 허용되지 않는 행동리스트를 작성해 봅시다. 그리고 며칠이 지나서 다른 사람이 쓴 것이라 생각하고 한번 읽어보거나 자신의 발전을 위해 도와줄 수 있는 동료 교사와 공유해 봅니다. 선생님이 너무 강력한 기준을 가지고 있어서 스스로 자신을 힘들게 하는 건 아닌지 돌아볼 필요가 있습니다. 과거에 부모님으로부터 들었던 말이나, 환경이나 성공의 경험이 불필요한 기준을 만들었을 수 있습니다. 학생들과의 소통을 위해서 강력한 기준을 보통수준으로 내린다면 학생과의 대화는 서로의 욕구를 해결하는 방향으로 진행될 것입니다.

진행자료 양자택일

| 기대 효과 |

예방영역의 양자택일 언어를 익혀 학생이 행동에 대해 선택권을 갖도록 교사의 대화법을 학습한다.

| 과정 |

① 진행자는 사람에 따라 허용되는 행동이 다를 수 있음을 주지시키고, 다른 사람과 의견이 다름은 틀림이 아님을 이야기 한다.
② 진행자는 다음과 같은 질문을 하고 5분정도 수용적인 분위기가 되도록 나눔의 시간을 갖는다.
"지난 주 동안 어떤 즐거운 일이 있었나요?"
구성원들은 돌아가면서 발표한다.
③ 진행자는 학생들의 허용되지 않는 행동들을 생각해 보도록 한다.
④ 구성원들은 활동지의 '허용되지 않는 행동'과 '양자택일 교사 질문'을 작성한다.

⑤ 구성원이 발표 순서를 정하여 활동지에 있는 '허용되지 않는 행동'과 '양자택일 교사의 질문'을 발표한다.
⑥ 구성원들은 활동지의 '허용되지 않는 행동'이 너무 많은지 스스로 성찰하여 본다.
⑦ 발표가 끝난 후 자신이 작성한 '허용되지 않는 행동'과 다른 교사가 작성한 '허용되지 않는 행동'을 조합하여 자신만의 "허용되지 않는 행동리스트"를 작성한다.
⑧ 진행자는 구성원에게 다음과 같은 질문을 한다.
"오늘 워크숍에서 느낀 점은 무엇인가요?"
"오늘 워크숍 어떠셨나요?"

| 주의사항 |

- 개인적인 의견을 발표하고 솔직한 마음이 전해지도록 분위기를 유도한다.
- 발표자가 발표한 내용을 진행자는 간단하게 요약해 준다.
- 발표가 끝나면 자유롭게 오늘 느낀 점에 대해 돌아가면서 이야기 하도록 한다.
- 허용되지 않는 행동을 이야기 할 때, 수용적인 분위기기 되도록 한다.
- 만남의 장이 처음 시작할 때 구성원들의 어색함과 긴장감이 해소되도록 진행한다.

활동지 양자택일

교사는 허용할 행동과 허용되지 않는 행동의 기준을 제시하여 학생들에게 정보를 제공하여 학생들이 '자신의 행동에 대해 양자택일할 수 있는 선택권을 가짐으로써 책임감을 갖도록 한다.

순번	허용되지 않는 행동	양자택일 교사 질문
(예시)	수업시간에 떠드는 것은 안 된단다.	떠드는 학생은 복도에 서 있는 것이 좋을까 아니면 뒤로 나가 서 있는 것이 좋을까?
1		
2		
3		

허용되지 않는 행동 리스트	
1	
2	
3	
4	
5	
6	
7	
8	
9	
10	

2) 공개토론

　공개토론은 교사와 학생이 규칙을 만들어 함께 지켜나가는 방식입니다. 서로 동의한 규칙과 어떤 결과를 만들기 위해 협동하면 교사가 강제적으로 학생들에게 지시하는 것보다 효과적입니다. 허용되지 않는 행동에 대해 양자택일하게 하거나, 규칙을 공개토론 하고 공개토론 결과는 문서화 해 놓는 것도 예방에 효과적입니다.

　기놋Ginot, 1995은 인간주의적 전통의 예로 교사가 학생에게 어떤 행동을 해도 좋다고 허락한다면 학생들은 스스로 자신의 행동을 통제할 수 있다고 했습니다. 학생들에게 허락할 행동을 미리 제시함으로써 학생들은 스스로 자신의 행동을 통제하게 되어 책임감 있는 학생으로 성장할 것입니다.*

　공개토론은 브레인스토밍을 이용한 토론과 유사합니다.
　교사가 규칙을 하나 제시합니다. 이 규칙은 학생들에게 도움이 되어야 그들이 적극적으로 토론에 참여하게 되므로, 이 규칙을 지킴으로 인해 그들에게 돌아갈 이익을 강조하여 설명합니다. 그리고 이 규칙이 어떻게 유지되어야 하는지를 브레인스토밍합니다. 학생들이 제시한 내용은 비판하지 말고 모두 수용하면서 그 내용을 칠판에 적어봅니다. 그리고 가장 좋은 의견을 선택하게 합니다. 학생들은 칠판에 제시된 내용은 자신만의 것이 아니라 참여자 전체의 내용이라고 착각하여 좋은 의견을 생각하게 될 것입니다. 이때 교사의 의견도 포함시키고 싶다면 1차적으로 먼저 교사가 선택해 놓고, 그 결과를 학생들이 재 선택하는 것도 좋습니다.
　이 내용을 공개적인 장소에 부착하거나 구성원이 합의하는 절차를 거치면 더 지속적인 효과를 가지고 옵니다. 공개토론의 절차를 요약하면 규칙 선정 - 브레인 스토밍 - 좋은 의견 선택 - 공개 또는 합의 순입니다.

---

* Gary D. Borich(2009), 효과적인 교수법, 서울 : 아카데미프레스, 436쪽.

A 고등학교 김선생님(K)은 교실이 너무 지저분해서 동료교사들로 하여금 청소지도를 좀 제대로 시켰으면 좋겠다는 피드백을 자주 받습니다. 쉬는 시간마다 교실을 방문하여 질책도 해보았지만, 선생님만 힘들 뿐 개선의 여지를 보이지 않아 코칭(C)을 요청해 왔습니다. 다음에 제시된 사례는 그 선생님에게 맞는 공개토론을 찾아가는 방법입니다. 코치의 질문에 맞춰 대답을 해 보시면 자신에게 맞는 공개토론 방법을 찾을 수 있습니다.

C(코치) : 교실이 너무 지저분해서 많이 신경쓰이시나 봐요. 교실이 지저분하면 학생들에게 어떤 영향을 미치나요?

K(김선생님) : 아무래도 지저분하면 짜증도 나고, 건강에도 안 좋은 것 같아요. 또 매 시간마다 선생님들도 수업을 진행할 기분이 안 들겠죠!

C : 그렇군요. 긍정적인 문장으로 표현해 볼까요?

K : 교실이 깨끗하면 기분이 좋고 선생님이 더 재밌게 수업하게 되어 성적이 오른다.

C : 그 목표를 좀 더 확장시켜 봅시다. 그런 상태가 지속되면 미래에 학생들의 미래가 어떻게 될까요?

K : 자신의 꿈을 이룰 수 있고, 정리하는 습관을 가지니까 성공할 가능성이 있을 것 같아요.

C : 그것을 학생들에게 설명하면 멋진 동기부여가 될 것 같아요. 청소라는 것에 의미를 좀 더 부여해 보는 거지요.

K : 그런 방법이 있군요. 그런데 그 다음에 어떻게 해야 할까요?

C : 어떻게 청소하면 좋을지 학생들과 나눔의 시간, 즉 공개토론 다른 말로 브레인스토밍을 해 보시는 거죠. 좋은 의견을 제시하는 학생에게는 어떤 보상이 좋을까요?

K : 좋은 의견을 제시하는 학생에게는 청소구역 선택권을 주면 좋을 것 같네요.

C : 정말 멋진 의견입니다. 공개토론이 이루어지기 위해서 사전에 할 일은 무엇일까요?

K : 결정된 사항은 민주시민으로서 지킬 것을 학생들과 합의하는 과정이 필요할

것 같습니다. 또 학생들의 의견과 교사의 의견을 절충해야 합니다. 아직 판단력이 부족한 학생들에게 적절한 도움을 주되 교사는 학생들 의견을 보완해 줄 필요가 있습니다.

C : 공개토론을 해서 학생들의 의견을 수집했다고 가정해 본다면 이것이 잘 이루어졌는지 어떻게 확인하면 좋을까요?

K : 중간 중간 긍정적 피드백을 주어야 하는데요. 제가 그 부분이 좀 약한 것 같습니다.

C : 그 어려움을 극복할 방법은 없을까요?

K : 청소반장을 두고 확인한 후 스티커를 붙이게 하고, 저는 종례시간에 인정해 주면 좋을 것 같네요.

C : 멋진 공개토론이 될 것 같습니다. 선생님의 성공을 기원합니다.

| 진행자료 | 공개토론 |

| 기대 효과 |

예방영역의 공개토론을 익혀 행동에 대해 교사와 학생이 규칙을 만들어 가는 방법을 익힌다.

| 과정 |

① 진행자는 다음과 같은 질문을 하며 5분 정도 수용적 분위기가 되도록 분위기를 만든다.
   "지난 주 동안 어떤 감사한 일이 있었나요?"
   "지난 시간에 배운 것 중에 활용해 본 것이 있었나요?"
② 진행자는 다음 질문을 하며 교사들의 이야기를 경청한다.
   "만약에 규칙이 없는 교실이 지속된다면 어떤 어려움이 예상되나요?"
③ 진행자는 ②번 질문에 교사들이 하는 답을 한 줄로 요약해 준다.
④ 활동지 ①~⑨번에 답한다.
⑤ 구성원들은 순서를 정하여 발표한다.
⑥ 발표가 끝날 때마다 "선생님의 성공을 기원합니다."를 다함께 외친다.
⑦ 모두 발표가 끝나면 진행자는 구성원에게 다음과 같은 질문을 한다.
   "오늘 워크숍에서 느낀 점은 무엇인가요?"
   "오늘 워크숍 어떠셨나요?"

| 주의사항 |

- 개인적인 의견을 발표하고 솔직한 마음이 전해지도록 분위기를 유도한다.
- 발표자가 발표한 내용을 진행자는 간단하게 요약해 준다.
- 발표가 끝나면 자유롭게 오늘 느낀 점에 대해 돌아가면서 이야기 하도록 한다.

> **활동지** 공개토론

서로 동의한 규칙과 결과를 만들기 위해 협동하면 강제적으로 학생들에게 지시하는 것보다 훨씬 효과적이다. 또 공개토론 결과는 문서화해 놓으면 지속적인 결과를 얻을 수 있다.

① 토론 주제는 무엇입니까?

② 이 주제가 제대로 이루어지지 않으면 학생들에게 어떤 영향을 미치나요?

③ 목표를 긍정적인 언어로 정리해 볼까요?

④ 목표를 이룬 상태가 지속되면 학생들의 미래에 어떤 영향을 미치나요?

⑤ 이제 공개토론 현장을 상상해 봅시다. 사전에 준비가 되어야 할 것이 있다면 무엇일까요?

⑥ 공개토론이 잘 이루어졌는지 어떻게 확인할 수 있죠?

⑦ 공개토론이 지속적으로 유지되기 위해 필요한 것은 무엇인가요?

⑧ 공개토론이 성공적으로 수행되기 위해 극복해야 할 것은 무엇인가요?

⑨ 언제 공개토론을 시행하시겠습니까?

⑩ 선생님의 성공을 기원합니다.

3) 강점찾기

학생의 유능성과 장점을 찾아 희망을 잃지 않도록 격려해주는 것만으로도 문제 행동을 예방할 수 있습니다. 장점이 많은 학생의 장점은 찾기 쉬우나 단점이 많은 학생의 장점은 발견하기 어렵습니다. 그럴 때는 관점을 달리하여 학생의 단점을 장점으로 전환하도록 해야 합니다.

교사가 단점을 장점으로 본다면, 학생이 다른 사람과 어떻게 관계하든지 간에 교사에게는 그 장점만 보이게 될 것입니다. 모든 단점은 동전의 양면처럼 긍정적인 면을 가지고 있습니다. 학생의 단점이 곧 장점이 되기도 하고, 장점이라고 했던 부분이 단점이 되기도 합니다. 장점을 찾을 때는 앞에 단점을 이야기하더라도 뒤에 발전 가능성을 덧붙여 줍니다. 또는 단점을 지적하지 말고 단점 뒤에 숨은 장점을 부각시켜주기도 합니다.

장점찾기는 시점이 중요합니다. 문제가 발생하거나 결과를 평가할 때 사용하는 것이 아니라 학생과 아무 문제가 없을 때, 편안한 상태에서 툭 던지듯이 사용합니다.

화장실에 가다가 우연히 평소 수업시간에 산만한 학생을 만났다고 가정해 봅시다. 화장실 앞에서 우연히 만나면 교사와 학생 사이의 긴장감이나 어떠한 장막도 없이 편안한 분위기가 흐르게 될 것입니다. 이때 교사가 툭 던지듯이 이야기 합니다.

"너 어제 수업시간에 보니까 호기심이 정말 많은 것 같더라. 집중력만 좀 키우면 앞으로 큰 일을 할 것 같아."

이런 이야기를 들은 학생은 교사가 그런 강점을 알아주니까 행복에 겨워 그 선생님의 기대에 부흥하고자 무던히 노력할 가능성이 많아질 것입니다.

- ○○는 리듬 감각은 약하지만 음악에 대해 소질이 있어.
- 영어 발음은 좀 어색하지만 엄청 노력을 많이 하지.
- ○○는 키는 좀 작지만 다양한 재능이 많지.

- (산만한 학생) 넌 정말 호기심이 많구나.
- (게으른 학생) 넌 생각이 깊고 여유로워 보여서 신뢰가 가는구나.
- (실수를 많이 하는 학생) 넌 실패를 통해 배우고 있구나.

학생의 단점을 지적해서 변화를 추구하고 싶다면 단점을 장점으로 바꿔 칭찬해 주고, 교사가 전달하고 싶은 조언을 덧붙여 줍니다.

- (수업시간에 떠드는 학생) 친구들하고 사이좋게 지내고, 주변에 친구들이 많은 것을 보니 성격이 사교적인가 보구나. 그런데 수업시간에 떠들면 네 성적이 떨어지니까 집중하도록 노력하자.
- (산만한 학생) 넌 정말 호기심이 많구나. 그런데 수업시간에 과제를 완수하지 않으면 집에 가서 숙제로 해야 하니까 과제를 완수했으면 좋겠구나.

진행자료 강점찾기

| 기대 효과 |

예방영역의 강점찾기를 익혀 학생의 긍정적인 면에 관심을 가지는 방법을 학습한다.

| 과정 |

① 진행자는 다음과 같은 질문을 하며 5분 정도 수용적 분위기가 되도록 분위기를 만든다.
  "지난 주 동안 어떤 감사한 일이 있었나요?"
  "지난 시간에 배운 것 중에 활용해 본 것이 있었나요?"
  "과거에 선생님이나 부모로부터 잘못된 행동을 지적받지 않고 오히려 긍정적으로 해석해준 어떤 경험이 있으셨나요?"
② 진행자는 다음 질문을 하며 교사들의 이야기를 경청한다.
  "만약에 어떤 학생이 단점만 계속 지적당한다면 그 학생의 미래는 어떻게 예상되나요?"
③ 진행자는 모든 구성원들에게 잠시 눈을 감고 학급에서 힘든 학생 몇 명을 생각해 보게 한다. 그리고 학생의 입장이 되는 질문을 한다.
④ 진행자는 발표자를 선정하여 그에게 질문한다.
  진행자 : "지금 당신은 무엇을 하고 있죠?"
  발표자 : "수업 중에 선생님께 혼나고 있어요."
    (발표자는 학생의 입장에서 이야기 한다.)
  진행자 : "선생님은 지금 당신에게 뭐라고 이야기 하고 있죠?"
  진행자 : "이때 선생님이 당신을 어떻게 지도해 주시길 원하나요?"
⑤ 발표자는 잠시 학생의 입장이 되어본 느낌을 발표한다.
⑥ 평소 교사가 도움을 주고 싶은 학생을 떠올리며 장점 찾기 활동지를 작성한다.
⑦ 구성원 모두 활동지의 내용을 발표한다. 다른 구성원이 좋은 내용을 발표

하면 추가해도 좋다.
⑧ 모두 발표가 끝나면 진행자는 구성원에게 다음과 같은 질문을 한다.
"오늘 워크숍에서 느낀 점은 무엇인가요?"
"오늘 워크숍 어떠셨나요?"
"언제, 어디에서, 누구와 한 번 적용해 보시겠습니까?"

| 주의사항 |

- 개인적인 의견을 발표하고 솔직한 마음이 전해지도록 분위기를 유도한다.
- 발표자가 발표한 내용을 진행자는 간단하게 요약해 준다.
- 발표가 끝나면 자유롭게 오늘 느낀 점에 대해 돌아가면서 이야기 하도록 한다.
- 학생의 입장이 되어보는 작업을 할 때 몰입할 수 있는 분위기를 조성한다.

활동지 강점찾기

학생의 단점을 관점을 달리하여 장점으로 전환한다.

단 점	장점으로 전환하기	비 고

4) 정보제공

교사는 허용할 행동과 허용되지 않는 행동의 기준을 학생들에게 제공합니다. 정보제공이 잘 이루어지면 다른 사람에게 방해되지 않는 Ground Role을 정하게 되므로 학습 방해 요소를 사전에 제공하여 학습 환경을 조성하는데 도움이 됩니다. 또 본인의 행동에 대한 결과를 예측해 봄으로써 자신의 행동을 통제할 가능성을 높이고 문제 행동으로 인한 갈등 상황을 최소화 할 수 있을 것입니다.

수업이 시작되는 첫 시간에 교과의 특성과 앞으로의 수업방향과 함께 교사가 허용할 수 없는 규칙들을 나열하는 것입니다. 문제 행동이 나올 때마다 학생의 행동에 반응하다보면 교사는 잔소리하는 인상을 주게 되고 학생들과의 관계에 부정적인 영향을 주게 됩니다. 교사와 관계가 좋을수록, 학생 자신의 행동을 통제하는 능력이 높을수록 교사의 정보제공은 효과를 발휘할 것입니다. 교사가 허용할 수 없는 행동에 대해 객관적인 설명을 부과한다면 학생들이 받아들이기 더욱 좋을 것입니다. 그리고 학생들에게 허용되지 않는 행동을 했을 때 어떻게 할 것인지 불이익을 미리 제시해 둡니다.

그러나 허용되지 않는 행동을 했을 때 어떤 처벌을 받게 되는지 너무 강조하지는 마십시오. 비언어적인 표현이 중요하다고 했습니다. 규칙은 단호하게 표현하되, 설명과 책임질 내용은 부드럽게 표현하는 것이 좋습니다.

책임질 행동을 제시했는데 학생들이 너무 과하다는 반응이 오면 그 수위를 함께 조절해 보는 것도 좋습니다. 자신들이 정한 규칙은 스스로 지키려고 노력하는 경향이 있습니다. 그리고 규칙이 정해지면 기록해 두었다가 학생들이 잊어버릴만 할 때 부드럽게 상기시켜 준다면 예방효과가 지속될 것입니다.

진행자료 정보제공

| 기대 효과 |

예방영역의 정보제공을 익혀 학생들에게 허용할 기준과 허용되지 않는 기준을 제공하는 방법을 학습한다.

| 과 정 |

① 진행자는 다음과 같은 질문을 하며 5분 정도 수용적 분위기가 되도록 분위기를 만든다.
"지난 주 동안 어떤 감사한 일이 있었나요?"
"지난 주 동안 어떤 즐거운 일이 있었나요?"
"지난 시간에 배운 것 중에 활용해 본 것이 있었나요?"

② 진행자는 다음 질문을 하며 교사들의 이야기를 경청한다.
"어떤 학생이 문제 행동을 지속적으로 하고 있다면 그 이유는 무엇일까요?"

③ 진행자는 모든 구성원들에게 잠시 눈을 감고 가장 이상적인 교실 장면을 상상하게 한다.

④ 진행자는 가장 이상적인 교실 장면에서 교사를 생각한다. 그리고 구성원들에게 아래의 내용을 질문한다.
"지금 나는 무엇을 하고 있죠?"
"지금 학생들은 어떻게 하고 있죠?"
"나는 지금 무엇을 느끼고 있나요?"
"지금의 감정을 단어로 표현한다면 어떻게 표현되나요?"

⑤ 진행자는 이상적인 교실을 상상해본 느낌을 발표하도록 질문한다.
"이상적인 교실을 상상해 보고 나서 느껴지는 감정은 무엇인가요?"

⑥ 이상적인 교실이 되기 위해 필요한 규칙 하나를 생각한다. 그 상황이 되려면 언제, 어디서, 어떻게 미리 정보를 제공하면 좋을지를 활동지에 적는다. 또 그 상황에서 어떻게 대화할 것인지도 활동지에 적는다.

⑦ 구성원 모두 활동지의 내용을 발표한다. 좋은 내용이 있으면 추가해도 좋다.
⑧ 모두 발표가 끝나면 진행자는 구성원에게 다음과 같은 질문을 한다.
"오늘 워크숍에서 느낀 점은 무엇인가요?"
"오늘 워크숍 어떠셨나요?"
"언제, 어디에서, 누구와 한 번 적용해 보시겠습니까?"

| 주의사항 |

- 개인적인 의견을 발표하고 솔직한 마음이 전해지도록 분위기를 유도한다.
- 발표자가 발표한 내용을 진행자는 간단하게 요약해 준다.
- 발표가 끝나면 자유롭게 오늘 느낀 점에 대해 돌아가면서 이야기 하도록 한다.
- 이상적인 교실을 상상하는 작업을 할 때 몰입할 수 있는 분위기를 조성한다.

활동지 정보제공

교사는 허용할 행동과 허용되지 않는 행동의 기준을 학생들에게 제공한다. 본인의 행동에 대한 결과를 예측해봄으로써 자신의 행동을 통제할 가능성을 높이고 문제 행동으로 인한 갈등 상황을 최소화 한다.

- 정보제공이 필요한 상황은 언제일까요?

1	
2	

- **상황에서 정보제공을 작성해 봅시다.**

  예시) 수업시간에 떠드는 것은 안 된단다(규칙). 왜냐하면 수업시간에 떠들면 선생님이 수업 도중에 시간을 낭비하게 되어 설명하는 시간이 줄어들잖니! 그러면 너희들에게 양질의 수업을 제공하기 힘들어진단다(설명). 수업시간에 떠드는 학생은 10분씩 뒤쪽에 나가 서있게 할거야(책임).

1. _____
_____
_____
_____

2. _____
_____
_____
_____

02 미결정영역

　교사도 감정을 지니고 있고, 환경에 영향을 받는 사람입니다. 따라서 교사의 허용 기준이 감정이나 환경에 따라 변하므로 미결정 영역에서 학생들은 혼란을 느끼게 됩니다. 주관적으로 기준이 바뀌면 학생들은 교사를 신뢰할 수 없습니다. 따라서 학생들에게 교사의 기준을 제시함으로써 학생들이 가지고 올 혼란을 줄여주어야 합니다.

　미결정영역의 "다음언어"는 1단계 인정하기, 2단계 나-메시지, 3단계 예방하는 내용이 포함된 언어를 말합니다. 다음언어에서 1단계와 2단계는 YES-BUT대화방식*입니다. 일단 상대의 뜻을 존중해주고, 자신의 뜻을 밝히는 것입니다.

　나-메시지는 상황이나 감정을 "나"로 시작하고, 덧붙여 다음에는 상황에 따라 허용/비허용이 될 수도 있음을 예고합니다. 1단계의 인정하기는 "그렇구나.", "그럴 수도 있겠다."와 같이 중립적인 언어입니다. 인정하기는 중립적인 입장에서 학생의 감정을 수용해 주는 것입니다. 감정은 허용하되 행동은 적절한 한계를 주는 대화방식입니다. 이런 대화방식은 학생들의 변명하거나

★ 이지영(2011), 「남이 우리아이 만질 때 공손하게 거절하는 법」, 『중앙일보』. 2011. 7. 4.

합리화하고 싶은 방어를 줄이는 효과가 있습니다.

미결정 영역에서 가장 중요한 것은 3단계인 예방하기 단계입니다. 학생들의 뜻을 존중해주고, 교사의 뜻을 밝혔기 때문에 갈등상황이 아니므로 학생들에게 교사의 기준을 제시했을 때 수용가능성이 높아집니다. 자연스럽게 교사의 기준이 제시되었기 때문에 학생들이 받아들이기 편안해집니다.

토마스 고든은『교사역할훈련』에서 비수용적인 교사에 대해 이야기 했습니다. 비수용교사는 높은 기준을 적용하여, 교실에서 일어나는 자유로운 행동이나 유난스러운 상황을 용납못하고, 옳고 그름에 대해 고지식한 생각을 가지고 있습니다. 학생들은 이러한 교사들을 '꽉 막혔다', '으스댄다', '너무 꼬장꼬장하다'고 여기며 외면하는 경향을 보입니다. 반면 수용적인 교사는 학생의 보다 많은 행동을 수용할 수 있는 영역에 포함시키며, 덜 평가적이고 유연한 경향이 있습니다. 학생들은 비수용교사를 만나면 위험을 최소화하는 식으로 대응하고, 어떤 학생은 다양한 방법으로 반항과 보복을 감행하기도 합니다. 그 결과 가르치는 교사의 시간과 배우는 학생의 시간을 허비하게 됩니다.[*]

교사의 성격적인 성향에 따라 수용적인 교사와 비수용적인 교사가 있을 수 있습니다. 또 환경과 감정에 따라 학생들의 행동의 허용기준이 바뀌기도 합니다. 수용적인 교사라 할지라도 환경과 감정에 따라 허용기준이 일관적이지 않게 나타납니다. 예를 들면, 교사가 몸이 아파서 예민할 때는 아주 작은 소음도 견디기 힘들어집니다. 그럴 때는 감정적인 대응을 하는 것보다 다음언어를 사용하여 교사의 허용기준을 제시합니다.

여기서도 기억해야 할 것은 비언어적 표현입니다. 학생들은 교사의 말보다 교사의 어조, 표정, 몸짓들에 굉장히 민감합니다. 교사의 언어적 표현과 비언어적 표현이 일치되지 않으면 학생들은 혼란을 느끼게 되고, 교사를 신뢰하지 않게 됩니다. 화난 표정이 역력한데 "물어봐 줘서 고맙구나."라고 하지 마

---

[*] 토마스 고든(2007), 교사역할훈련, 서울 : 양철북, 52~56쪽 요약.

십시오. 화날 때는 "선생님이 지금 몹시 화가 나서, 좀 진정하고 이야기 하고 싶다." 그리고 다시 대화를 시도하는 것이 언어적인 표현과 비언어적인 표현을 일치시킨 대화법입니다.

또 기준을 제시할 때는 교사 역시 그 기준에 적용되어야 합니다. 바른 언어 사용을 권하면서 교사 자신이 폭언을 한다면 학생은 교사의 기준을 "위선적이다."고 느낄 것입니다.

다음언어의 1단계 인정하기는 행동에서 긍정적인 의도를 읽을 수 있을 때 사용하고, 그렇지 않으면 생략해도 됩니다.

미결정영역에서는 이렇게 대화할 수 있습니다.

교사 : 수업에 늦은 이유가 뭐니?
학생 : 급식을 늦게 받아서 밥먹는 시간이 늦어졌어요.
교사 : 그랬구나. 선생님은 수업시간에 늦게 들어오는 것이 싫구나. 오늘은 어쩔 수 없는 것 같아 이해할 수 있지만 다음부터는 수업에 늦지 않도록 시간을 조절했으면 한다.

어쩔 수 없는 사정으로 인해 늦은 경우는 수업에 늦었다는 사실만 강조하기보다는 교사가 원하는 것을 이야기하여 다음에 늦지 않도록 하는 것이 더 중요합니다.

미결정 영역의 중요한 특징 중 하나는 교사의 기준이나 규칙을 제시한다는 것입니다. 교사의 규칙이 정확히 전달되지 않았다면 학생들이 교사의 규칙에 움직이기를 기대하지 않아야 할 것입니다. 어떤 관계를 처음 시작할 때나 규칙이 변동이 있을 때는 상황에 따른 규칙을 알려주어야 학생들이 그 규칙을 지키게 될 가능성이 높습니다. 그러나 교사의 규칙이 지나치게 많거나 너무 까다로워 지키기 어렵다면 반대로 어기게 될 가능성 역시 높아집니다. 학생들이 충분히 납득할 수 있고, 지킬 수 있는 규칙을 제시하는 것이 중요합니다.

- **다음언어**

    1단계 - 인정하기(YES) : 물어봐 줘서 고맙구나. 또는 그렇구나.
    2단계 - 나-메시지(BUT) : 하지만 나는 ~ 하기는 싫구나.
    3단계 - 예방하기
    - 다음에는 나는 ~ 했으면 좋겠다.
    - 오늘은 ~ 상황이므로 학생들의 ~ 행동은 허용/비허용하겠다.
      다음에는 상황에 따라 허용/비허용 될 수도 있다.

진행자료 다음언어

| 기대 효과 |

미결정영역의 다음언어를 익혀 교사의 기준에 의해 변할 수 있는 규칙을 제시하는 방법을 학습한다.

| 과 정 |

① 진행자는 다음과 같은 질문을 하며 5분 정도 수용적 분위기가 되도록 분위기를 만든다.
   "지난 주 동안 어떤 감사한 일이 있었나요?"
   "지난 주 동안 어떤 즐거운 일이 있었나요?"
   "지난 시간에 배운 것 중에 활용해 본 것이 있었나요?"
② 진행자는 다음 질문을 하며 교사들의 이야기를 경청한다.
   "일상생활에서 규칙이 바뀌어 혼란을 겪었던 적이 있으셨나요?"
③ 구성원들은 활동지 ①~③번까지를 작성한다.

④ 진행자는 구성원들에게 질문한다.

"활동지 ①번에 선생님들은 어떤 생각을 가지고 계시나요?
이때 교사 의견은 무엇인가요?"

"또 다른 의견은 없으신가요?"

"이 때 다음언어를 사용한다면 어떻게 해 보고 싶나요?"

"여기에 정답은 없습니다. 고민해 보는 것이 정답입니다. 선생님의 솔직한 감정을 표현하는 것이 더 중요합니다."

②번과 ③번도 똑같이 반복한다.

⑤ 구성원 모두 활동지 ④번 내용을 작성하여 발표한다. 좋은 내용이 있으면 활동지에 추가해도 좋다.

⑥ 모두 발표가 끝나면 진행자는 구성원에게 다음과 같은 질문을 한다.

"오늘 워크숍에서 느낀 점은 무엇인가요?"

"오늘 워크숍 어떠셨나요?"

"언제, 어디에서, 누구와 한 번 적용해 보시겠습니까?"

| 주의사항 |

- 개인적인 의견을 발표하고 솔직한 마음이 전해지도록 분위기를 유도한다.
- 발표자가 발표한 내용을 진행자는 간단하게 요약해 준다.
- 발표가 끝나면 자유롭게 오늘 느낀 점에 대해 돌아가면서 이야기하도록 한다.

활동지 다음언어

학생 행동의 허용여부는 교사의 기준에 의해 변한다. 교사의 상태나 학생, 환경 등 기타 변인에 따라 어떻게 변하는지 공유한다.

학생의 행동	상 황	교사 의견
예시) 학생의 지각	한 번도 지각한 적이 없다. 내 생각은 원래는 안 되지만 이번엔 허용해 주고 싶다. 평소에 지각하지 않는 학생인데(인정), 오늘 처음으로 지각을 했네. 선생님은 지각하는 것이 싫구나.(나-메시지). 선생님은 다음부터는 네가 지각하지 않았으면 좋겠다.(예방)	1) 교사의 상태 2) 학생에 따라 3) 환경,상황에 따라 4) 기타
1. 수업준비가 안되어 있다.	평소에 나에게 도움을 많이 주는 학생이다. 내 생각은 (허용/비허용) 해주고 싶다.	1) 교사의 상태 2) 학생에 따라 3) 환경,상황에 따라 4) 기타
2. 수업시간에 잔다.	자주 수업시간에 자는 학생이다. 내 생각은 (허용/비허용) 해주고 싶다.	1) 교사의 상태 2) 학생에 따라 3) 환경,상황에 따라 4) 기타
3. 실내화를 신었다.	오늘은 교내 체육대회 날이다. 내 생각은 (허용/비허용) 해주고 싶다.	1) 교사의 상태 2) 학생에 따라 3) 환경,상황에 따라 4) 기타
4.		1) 교사의 상태 2) 학생에 따라 3) 환경,상황에 따라 4) 기타

03 허용영역

학생이 제 역할을 충실히 하고 있고, 학습활동에 집중되어 있다면 교사는 학생을 허용할 수 있습니다. 허용 정도가 아니라 감동 그 자체입니다. 이런 경우에는 학생에게 칭찬이나 인정을 해줌으로써 바람직한 행동에 대한 피드백이 이루어져야 합니다. 허용영역에서의 칭찬과 인정은 긍정적인 행동을 반복하게 하는 것을 목표로 하는 긍정적 피드백의 일종입니다. 잘하는 행동을 잘한다고 할 때 더 잘하려고 합니다.

만약에 학생이 어떤 행동을 했는데 교사가 아무런 반응을 보이지 않는다면 내적동기가 높은 학생들은 별 영향을 받지 않으나 우리나라처럼 외적동기가 높은 학생들은 더 이상 긍정적인 행동을 하지 않으려 할 것입니다. 하지만 과도한 칭찬은 칭찬 중독에 빠지게 되므로 결과에 대한 칭찬보다는 노력이나 과정에 대한 인정을 해주는 것이 효과적입니다. 또 지나치게 잦은 보상을 받으며 자란 학생은 칭찬이 동기를 왜곡시켜 칭찬이 없으면 행동을 그만두기 때문에 끈기를 기를 수 없습니다.*

---

* 폰 브론슨 외 1명(2009), 양육쇼크, 서울 : 물푸레, 45쪽.
  내적동기 : 학생들 스스로 어떤 행동을 하려는 동기유발 방법.
  외적동기 : 외적인 보상이나 외부에서 주어진 동기에 의해 어떤 행동을 하려는 동기유발 방법.

따라서 학생들이 허용영역에 들어올 때는 교육의 전문가로서 학생의 긍정적인 행동이 부작용 없이 지속되고, 학생의 잠재력이 극대화되는 대화법을 사용합니다.

교사가 문제행동을 하는 학생에 집중되다 보면 정작 잘하는 학생들이 소외되는 경향이 있습니다. 또는 잘 하는 학생들이 예쁘고 편하다고 느끼다 보면, 문제행동을 하는 학생을 등한시하여 교실 전체에 영향을 미쳐 교사의 지도력이 문제가 되기도 합니다. 또는 반대로 문제 행동을 하는 학생들을 돌보다가 잘하는 학생들을 돌보는 것을 소홀히 하다보면, 잘하는 학생들도 교사의 관심을 끌기 위해 문제행동을 하거나, 긍정적인 행동을 더 이상 하지 않게 되기도 합니다. 문제행동을 하는 학생과 학생의 역할에 충실한 학생 모두 교사가 가르쳐야 할 대상인 것입니다.

예방영역에서의 장점 찾기와 허용영역의 칭찬/인정은 비슷해 보이기도 합니다만 범주화할 때 구별됩니다. 장점 찾기는 행동을 문제 삼을 것인지 허용할 것인지 적용할 수 없는 장면상황이고, 허용영역에서는 교사와 학생이 학습에 매진하거나 자신의 성장에너지가 온전히 자신에게 집중되어 있어, 학습이 가장 효과적으로 이루어지고 있으므로 교사가 학생의 행동을 허용할 수 있는 장면 상황입니다.

교사는 모든 학생을 점차적으로 허용영역에 머무르도록 지도해야 합니다. 그러나 서두르지는 마십시오. 문제 행동을 일삼는 학생이 갑자기 허용 영역으로 들어오는 일이 있을 수는 있으나, 지극히 드문 일일 것입니다. 문제영역에서 성장영역으로, 성장영역에서 허용영역으로 이동합니다. 자신의 행동이 긍정적으로 인정받고, 이 행동이 자신의 미래에 도움이 된다면 학생들은 계속 이 영역에 머물러 있고 싶을 것입니다.

1) 칭찬

칭찬은 외모나 행동, 결과에 관심을 두는 것입니다. 칭찬은 행동이나 결과에 긍정적인 피드백을 주어 원하는 행동을 강화하는 역할을 합니다. 문제행동을 하는 학생이 긍정적 행동을 할 때까지 기다렸다가 어쩌다 한번 긍정적인 행동을 할 때 폭풍칭찬을 하면 그 학생은 분명 변할 것입니다. 그런데 아마도 학생을 그렇게 기다려 줄 수 있는 인내심을 가진 교사는 도를 닦는 도인이거나 부처님처럼 높은 득도의 경지에 이르는 것처럼 드문 일일 것입니다. 게다가 문제행동을 일삼는 학생이 긍정적인 행동을 하더라도 교사의 눈에 띄지 않을 확률이 더 많습니다. 그러나 학생들은 하루 종일, 일주일 내내, 한 달 동안 쉬지 않고 문제를 일으키는 것은 아니므로 그들에게 지속적으로 관심을 가지다 보면 칭찬할 거리는 분명 있을 것입니다. 또 문제 행동 뒤에 긍정적 의도가 분명히 있을 것입니다. 그 의도에 관심을 가진다면 학생의 행동에 칭찬할 수 있습니다.

칭찬은 긍정적인 행동을 유지하기 위한 교사의 좋은 대화법입니다.

칭찬이라면 "노트정리가 아주 잘 되었구나.", "성적이 많이 향상되었구나." "달리기를 잘하는구나." 이런 대화를 주로 하게 됩니다. 행동과 결과 중심의 대화가 나쁘다고는 생각하지 않습니다. 그러나 이렇게 행동과 결과에 지속적으로 초점을 두다 보면 좋은 결과가 예상되는 경우에만 도전하려고 하며 실패할 확률이 있거나, 어려운 과제는 도전하지 않으려 합니다.

따라서 칭찬할 때는
① 구체적인 행동/ 사실/ 자료를 가지고 칭찬합니다.
　　예) "오늘 등교시간보다 10분 일찍 왔네. 약속을 잘 지키는구나."

② 진심을 담아서 칭찬합니다. 진심이 느껴지지 않는 대화는 의미가 없습니다.

학생들은 가짜 칭찬이 어떤 것인지 금방 압니다. 별로 노력하지 않은 학생이 80점을 맞았는데 교사가 "노력해서 80점을 맞았구나. 잘했어."라고 하는 것은 진정성 있는 칭찬이 아닙니다. 오히려 "선생님은 너에게 80점은 좀 부족한 점수라고 느껴지는 구나. 문제 풀 때 집중을 하거나 체계적으로 풀이과정을 쓴다면 좀 더 좋은 것 같아."라고 조언하는 것이 칭찬보다 더 학생들에게 교사의 마음이 전달될 것입니다.

③ 교사가 느끼는 감정을 이야기 합니다.
   예) 선생님은 네가 그렇게 이야기 해주니까 기분이 좋구나.

위 세 가지 조건을 고려하여 칭찬을 한다면 칭찬이 남발되어 칭찬 중독이 되는 일을 예방할 수 있습니다. 또 칭찬은 "~을 잘했어."와 같이 행동이나 결과에 관심을 두었다면 학생의 있는 그대로의 모습이나 존재에 의미를 두어 가치를 부여하는 것을 인정언어라고 합니다.

진행자료 칭찬

| 기대 효과 |

허용영역의 칭찬을 익혀 학생의 행동에 긍정적인 피드백을 주는 방법을 학습한다.

| 과정 |

① 진행자는 다음과 같은 질문을 하며 5분 정도 수용적 분위기가 되도록 분위기를 만든다.
  "지난 주 동안 어떤 감사한 일이 있었나요?"
  "지난 주 동안 어떤 즐거운 일이 있었나요?"
  "지난 시간에 배운 것 중에 활용해 본 것이 있었나요?"
② 진행자는 다음 질문을 하며 발표자의 이야기를 경청한다.
  "최근에 나에게 가장 인상 깊은 칭찬을 받은 적이 있었나요?"
③ 진행자는 구성원들에게 눈을 감고 가장 성취감을 느꼈을 때를 상기시킨다.
  "내 인생에서 가장 성취감을 느꼈을 때를 구체적으로 상상해 보세요."
④ 진행자는 구성원들에게 질문한다.
  "나는 성취감을 느끼는 장면에서 무엇을 하고 있나요?"
  "내가 사용하고 있는 능력은 무엇인가요?"
  "나에게 어떤 칭찬을 해주고 싶나요?"
  "칭찬 받는 나의 기분은 어떻습니까?"
⑤ 진행자는 구성원들에게 다시 질문한다.
  "최근에 교사로서 행복했던 적은 언제인가요?"
  구성원들과 "행복한 교사"에 대해 나눔의 시간을 갖는다.
⑥ 행복한 교사였던 순간에 학생은 무엇을 하고 있는지 활동지에 적는다.
⑦ 활동지에 적은 내용 중에 최고로 좋았던 순간을 뽑아 순서대로 모두 발표한다.
⑧ 모두 발표가 끝나면 진행자는 구성원에게 다음과 같은 질문을 한다.

"오늘 워크숍에서 느낀 점은 무엇인가요?"
"오늘 워크숍 어떠셨나요?"
"언제, 어디에서, 누구와 한 번 적용해 보시겠습니까?"

| 주의사항 |

- 개인적인 의견을 발표하고 솔직한 마음이 전해지도록 분위기를 유도한다.
- 발표자가 발표한 내용을 진행자는 간단하게 요약해 준다.
- 발표가 끝나면 자유롭게 오늘 느낀 점에 대해 돌아가면서 이야기한다.

활동지 칭찬

학생들의 행동을 허용할 수 있는 상황을 구체적으로 그려보고, 칭찬하는 언어로 표현한다.

상 황	학 생	교 사
상황 1)	예시) 열심히 그리기를 하고 있다.	집중해서 반듯하게 그렸구나.
상황 2)		
상황 3)		
상황 4)		
상황 5)		

2) 인정언어

인정언어는 효과적으로 칭찬하는 방법으로 칭찬중독에 빠지지 않도록 정제된 칭찬법입니다. 칭찬이 행동이나 결과에 관심을 가지는 것이라면 인정언어는 한 학생의 존재 Being에 관심을 가지는 것입니다. 인정언어는 일반적인 결과에 대한 칭찬과 다른 칭찬법으로 학생의 있는 그대로의 존재에 의미를 주는 대화를 통해 학생의 존재에 대해 생명력에 불을 지피게 됩니다.

따라서 인정할 때는
① 행동이나 사실을 있는 그대로 읽어줍니다.
  예) "7시 50분에 등교 하는구나", "이번 주에 4번 교과서를 준비했구나."

② 행동 뒤에 숨은 의도를 알아줍니다.
  예) "비록 이런 실수를 했지만, 도와주려고 했었구나."
  "좋은 점수 받은 것도 기쁘지만, 네가 꾸준히 노력했다는 게 더 기쁘구나."

③ 가치관이나 신념을 수용해 줍니다.
  예) "~한 것을 보니 성실하구나."
  "~ 행동이 책임감 있게 느껴진다."
  "~ 생각하는구나."
  "그렇구나."
  "~은 참으로 성실한 학생이야. 왜냐하면 약속시간에 한 번도 늦은 적이 없고, 선생님이 요구한 일은 즉각 대응하기 때문이지."

④ 있는 그대로의 모습이나 감정을 인정합니다.
  예) "난 너를 믿는다."
  "넌 정말 괜찮은 학생인데, 오늘 모습은 좀 의외구나."

대부분의 교사들이 받아본 칭찬은 "발표 잘했어." "성적이 올랐네." "훌륭해." 이 정도의 피드백이었을 것입니다. 교사들이 학교를 다니던 그 시절에는 인정언어보다는 주로 훈육을 위한 단어와 결과 중심언어들이 사용되었습니다. 경험하지 않은 칭찬과 인정언어를 학생들에게 사용하려하니 생소하고 어렵게 느껴지는 것은 당연합니다.

또 인정언어를 사용하려면 학생에게 관심을 가지고 지켜봐야 존재를 바라보는 일이 가능해집니다. 인정언어를 가장 잘 표현한 것이 김춘수의 꽃이 아닌가 생각해 봅니다.

"내가 그의 이름을 불러주기 전에는 / 그는 하나의 몸짓에 지나지 않았다.
 내가 그의 이름을 불러주었을 때 / 그는 나에게로 와서 꽃이 되었다."

학생 스스로 자신이 아무것도 아니라고 생각했었는데 교사가 학생에게 의미를 부여해 주고 있는 그대로의 모습을 받아들여 줄 때 학생은 원래 가지고 있던 자기 색깔과 향기를 발현하여 세상을 향해 최고의 아름다움과 향기를 주는 사람으로 성장하게 됩니다.

인정하기는 긍정적 피드백에서도 쓰이지만 간혹 조언을 할 때도 쓰입니다. 인간은 언제나 실수를 하면서 배웁니다. 학생들이나 자녀들이 잘못을 했을 때 그들의 존재에 상처를 입히지 않으면서 행동을 바라보게 하고 싶다면 이렇게 이야기 해 보세요.

"네가 이럴 아이가 아닌데, 무슨 일 있었니?"
"이런 실수를 하는 걸 보니까, 요즘 신경 쓰는 일 있는 거니?"
"그렇게 생각할 수도 있을 것 같아. 그런데 이 부분은 네가 착각한 것이라고 생각하는데, 어때?"
"네가 이런 실수를 하다니 믿어지지 않는구나."
"다른 사람도 아닌 네가 이런 일을 하다니, 선생님 아주 화가 나는데!"
"선생님이라면 이렇게 해보고 싶은데~, 넌 어떠니?"
"선생님도 가끔 이런 실수를 하는 편인데~, 네가 이러니까 선생님이 걱정이 되는구나."

학생은 무한한 가능성의 존재입니다. 학생이라는 존재의 마음을 아프지 않게 하면서 교사의 진심을 전달해 보세요. 존재와 존재가 만나야 특별한 만남이 이루어집니다.

진행자료 인정하기

| 기대 효과 |

허용영역의 인정하기를 익혀 학생의 행동에 긍정적인 피드백을 주는 방법을 학습한다.

| 과 정 |

① 진행자는 다음과 같은 질문을 하며 5분 정도 수용적 분위기가 되도록 분위기를 만든다.
"지난 주 동안 어떤 감사한 일이 있었나요?"
"지난 주 동안 어떤 즐거운 일이 있었나요?"
"지난 시간에 배운 것 중에 활용해 본 것이 있었나요?"
② 진행자는 다음 질문을 하며 교사들의 이야기를 경청한다.
"어린 시절 엄마를 도와주기 위해 설거지를 하다가 실수로 유리컵을 깨뜨린 것과 같은 유사한 경험을 한 적이 있습니까?"
"그때 어린시절 나에게 자신의 가치관을 인정해 주는 말을 스스로에게 한다면 어떤 말을 하고 싶나요?"
③ 진행자는 구성원들에게 눈을 감고 내가 가장 노력해서 성취감을 느꼈을 때가 언제였는가 상기시킨다. 칭찬에서는 결과에 관심을 두었다면 여기서는 노력하는 과정에 관심을 둔다.
④ 진행자는 구성원들에게 질문한다.
"나는 어떤 노력을 하고 있나요?"

"그 노력은 당신에게 어떤 의미가 있나요?"
"나에게 어떤 인정언어를 하고 싶나요?"
"자신에게 인정받았을 때 기분은 어떻습니까?"
⑤ 진행자는 구성원들에게 다시 질문한다.
"최근에 교사로서 가장 보람을 느낀 적이 있다면 언제인가요?"
구성원들과 보람을 느꼈던 순간에 대해 나눔의 시간을 갖는다.
⑥ 교사로서 보람을 느낀 그 장면과 느낌, 인정하기를 활동지에 적는다.
⑦ 활동지에 적은 내용 중에 최고의 순간을 뽑아 구성원 모두 발표한다.
⑧ 모두 발표가 끝나면 진행자는 구성원에게 다음과 같은 질문을 한다.
"오늘 워크숍에서 느낀 점은 무엇인가요?"
"오늘 워크숍 어떠셨나요?"
"언제, 어디에서, 누구와 한 번 적용해 보시겠습니까?"

| 주의사항 |

- 개인적인 의견을 발표하고 솔직한 마음이 전해지도록 분위기를 유도한다.
- 발표자가 발표한 내용을 진행자는 간단하게 요약해 준다.
- 발표가 끝나면 자유롭게 오늘 느낀 점에 대해 돌아가면서 이야기 하도록 한다.

활동지 인정하기

학생들의 행동을 허용할 수 있는 장면을 구체적으로 표현하고 그때의 느낌과 인간성, 숨은 의도, 가치관 등을 덧붙여서 인정하는 언어로 표현한다.

상황1 장면 : 학생이 지각을 하지 않기로 약속하고 다음날 그 약속을 지켰다.
  느낌 : 내가 지도를 잘한 것 같아 만족감을 느낀다.
  인정하기 : 일주일 동안 지각을 하지 않기 위해 최선을 다하는 것을 보니, 넌 성실한 학생이구나.

상황2 장면
  느낌
  인정하기

상황3 장면
  느낌
  인정하기

상황4 장면
  느낌
  인정하기

상황5 장면
  느낌
  인정하기

04
성장영역

교무실에서 교사와 학생이 면담하는 장면을 유심히 보고 있으면, 교사는 쉴 틈 없이 학생에게 이야기하고, 학생들은 수동적인 자세로 듣고 있는 경우가 종종 있습니다.

교사 : ~ 알겠어? 모르겠어?
학생 : 알겠습니다.

이 때 학생들이 "알겠습니다."라고 말하는 것의 의미는 진정으로 알겠다는 뜻이 아니라, 빨리 끝내라는 의미일 것입니다. 학생을 설득하려면 학생이 말하는 비율이 70~80%여야 합니다. 그러나 반대로 교사들이 대화의 주도권을 잡고 학생들에게 의미 없는 대답만을 요구하고 있습니다.

"그렇다면 교사는 어떻게 학생을 이끌어야 할까요?"

교사는 학생이 학생 문제의 주인으로서 자신의 문제를 스스로 발견하여 문제를 해결하거나, 발전적인 방향으로 나아가도록 이끌어 주어야 합니다. 가르친다는 것은 교사가 답을 알고 있고 그 답을 알려주는 것이지만 성장영역에서는 학생들이 내면에서 자발적으로 움직이도록 동기유발을 해야 합니다. 예를 들면 성장영역에서 코칭언어는 학생의 이야기를 잘 듣고, 적절한 질문을 하여, 학생이 행동하도록 하는 대화법을 말합니다.

　코칭형 교사는 코칭이라는 심리학의 영역을 기본 전제로 하지만, 코칭 언어만 사용하는 교사를 말하지 않습니다. 즉 사전 조치로 다양한 학생 문제를 예방하기도 하고, 문제 발생 후에는 사후 조치로 코칭, 지시, 단호한 대처 등을 하기도 합니다.

　H·E·T에서의 코칭언어의 단계는 『코칭 대화』*를 참조하였고 H·E·T 코칭언어는 1단계와 4단계를 혼합하거나 생략하여 사용되기도 합니다. '1단계 듣기 → 2단계 질문하기 → 3단계 인정하기 → 4단계 메시지 전달' 순서로 구성됩니다. 또는 각 단계만 사용하여도 학생 스스로 해답을 유출해 내기도 합니다.

　상담할 때 교사가 "네가 원하는 것이 뭔데?, 뭘 해보고 싶은데?, 지금 할 수 있는 건 뭔데?" 라고 물어보기만 해도 학생이 스스로 답을 찾습니다. 이렇듯 코칭언어를 사용하면 교사는 말하는 것보다 듣는 것이 많아지고 학생은 듣는 것보다 더 많은 말을 하게 됩니다. 코칭언어의 기본 스킬인 듣기, 질문하기, 인정하기는 앞에서 설명하였습니다. 이것들이 적절하게 조합된 것이 코칭언어이나, 성장영역에서 사용되는 코칭언어는 좀 더 학생 스스로 생각하게 하고 사고를 확장시킬 수 있는 코칭 모델을 사용합니다.

　성장영역의 대화를 하기 전에 교사는 대화의 목표를 설정해야 합니다. 학생들과 대화하면서 교사가 정하기도 하고, 학생이 주제를 제시하기도 합니다. H·E·T 모형에서 코칭은 듣기→질문하기→인정하기→나-메시지 단계를 거치며 코칭의 목표가 달성되도록 하여야 합니다.

　코칭의 목표는 학생의 성장과 연결된 것이어야 합니다. 그리고 코칭언어나

---

* 고무라시키 마유미(2009), 코칭 대화, 서울 : 마리북스.

피드백언어가 끝난 뒤에는 학생의 행동변화에 관심을 가지고 지켜봐야 합니다. 왜냐하면 학생의 행동변화는 단기간에 걸쳐 마술처럼 완성되지 않기 때문입니다. 길게는 몇 년이 걸릴 수도 있고, 짧게는 며칠이 걸릴 수도 있습니다. 또 학생의 행동에서 숨어있는 느낌과 욕구를 알아야 성장영역에서 교사가 성공적으로 대화를 이끌어 낼 수 있습니다. 그러나 성장영역 대화에서 가장 먼저 해야 할 일은 목표설정입니다.

성장영역에서는 목표가 설정되면 대화가 의미 있게 진행되나 목표 없는 대화는 노력에 비해 성과가 없게 됩니다.

또 학생이 바라는 것이 욕구가 아니라 욕구 수단*이라면 교사가 대화를 통해 학생 자신의 욕구를 바라보게 하는 목표를 설정하도록 도와주어야 합니다. 성장영역에서 교사는 학생이 자신의 욕구를 충족할 수 있도록 목표를 설정하여야 하며, 그 목표와 일치하는 행동을 선택하도록 도와주는 것입니다.

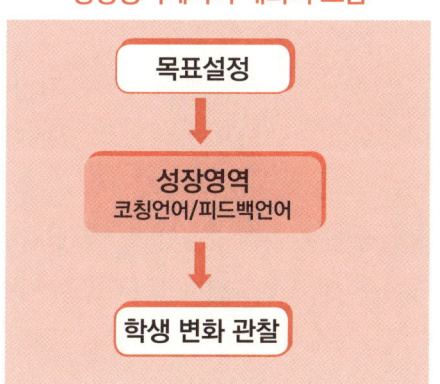

성장영역에서의 대화의 흐름

1) 코칭언어

(1) 코칭언어의 단계

- 1단계 – 듣기

"3부 의사소통 기초를 다듬자"의 '1. 잘 들었나요?(듣기)'를 참조해 주세요. 잘 듣는다는 것은 학생이 하는 말을 몸과 마음으로 듣는다는 것입니다. 상대방의 입장에서 존중받고 있고 이해받고 있음을 인식하도록 해야 합니다.

---

* 수라 하트 외 1인(2010), 내 아이를 살리는 비폭력대화, 서울 : 아시아코치센터, 97~98쪽 요약. 욕구 수단이란 욕구를 충족시키기 위한 수단 방법을 말한다. 예) MP3를 갖고 싶은 마음, 새 비디오 게임을 하고 싶은 마음, 최신 유행옷을 입고 싶은 마음, 화장을 하고 싶은 마음 등등

듣는 방법으로 간단하게는 고개를 끄덕이거나, "그래서 어떻게 되었어!", "~그랬구나!"와 같은 반응도 해당이 되며, 학생의 말을 요약하거나 반복하는 것, 학생의 감정을 말로 표현해 주는 것이 있습니다. 학생의 입장을 다시 표현할 때는 긍정적인 표현으로 바꿔주는 것이 좋습니다.

학생들이 감정을 말로 표현해 주면 듣기는 적용이 어렵지 않습니다. 하지만 학생들이 그들의 감정을 선명하게 드러내려 하지 않습니다. 따라서 교사는 학생의 행동 속에 숨어있는 감정의 소리를 듣도록 노력하여야 잘 듣는 것이 됩니다. 듣기를 성공적으로 수행하려면 교사가 학생의 감정이나 욕구를 이해하여 학생의 대답이 "예"가 되도록 추측해 보는 것도 하나의 방법이 될 수 있습니다. 추측한 다음에는 "어때?"라고 물어보면 학생이 더 적극적으로 자신의 이야기를 할 것입니다.

또 학생과 소통할 때 부정적인 감정에 초점을 맞추어 추측하게 되면 학생이 방어할 수도 있으므로, 될 수 있는 한 긍정적인 감정에 초점을 맞추는 것이 좋습니다.

가장 높은 수준 단계의 듣기를 공감이라고 하며, 공감은 가장 잘 듣는 방법입니다. 마셜 B.로젠버그는 "공감이란 다른 사람의 경험을 존중하는 마음으로 이해하는 것이다. 그런데 우리는 공감을 해주는 대신에 충고하거나 안심시키고 싶은, 그리고 자기 입장이나 느낌을 설명해 주고 싶은 강한 충동을 자주 느낀다. 하지만 공감하려면 마음을 비우고 우리의 온 존재로 들어줘야 한다."라고 공감에 대해 이야기 하고 있습니다.*

코칭언어에서 듣기가 잘 이루어지면 학생들은 충분히 공감 받았기 때문에 스스로 문제를 해결하기도 하고, 자신의 문제가 잘 정리된 듯한 느낌을 받기도 합니다.

★ 수라 하트 외 1인(2010), 내 아이를 살리는 비폭력대화, 서울 : 아시아코치센터, 157쪽.

듣기 대화의 예시

- ~했구나.
- 그 다음엔 어떻게 되었어?
- 그러니까 네 이야기를 ~했다는 거야?
- 학생 : 어제 늦게까지 공부했어요.   교사 : 어제 밤 샜다고?
- 학생 : 시험문제가 너무 이상해요.   교사 : 시험문제가 어려웠나 보구나.
- 학생 : 선생님 ○○랑 놀기 싫어요.   교사 : ○○와 무슨 일이 있었나 보구나.

- **2단계 - 질문하기**

"3부 의사소통 기초를 다듬자"에서 '2. 좋은 질문이 좋은 답을 부른다(질문하기)'를 참고해 주세요.

질문을 할 때는 "예"와 "아니오"와 같은 대답보다는 학생이 자유롭게 생각하고 대답할 수 있는 열린 질문을 해야 합니다. "누가, 언제, 어디서, 무엇을, 어떻게"를 넣어서 질문을 만드는 것이 학생들의 사고의 확장을 가져올 수 있습니다.

질문하기는 듣기가 잘 이루어진 경우 학생들에 대한 단서들을 참고하여 추가적으로 효과적인 질문을 함으로써 학생 자신에 대한 이해가 깊어지고 학생도 미처 깨닫지 못한 자신이 진정으로 원하는 것 Real Wants을 발견하게 됩니다. 이로 인해 학생은 자신이 미처 알지 못했던 새로운 지식을 습득하고, 사고의 폭과 깊이를 동시에 확대하며, 잠재된 능력을 발견하고, 그것을 끄집어내어 개발할 수 있습니다.*

질문하기의 예시

- 어떤 점에서 선생님 답이 틀렸다고 생각하니?
- 이런 행동으로 인해 나중에 어떤 사람이 될까?

---

* 유동수 외2인(2008), 한국형 코칭, 서울 : 학지사, 141쪽.

- 언제 그런 생각을 했니?
- 이런 그림을 어디서 본 적이 있니?
- 왜 그런 생각을 하게 되었니?
- 무슨 일을 할까?

• 3단계 – 인정하기

"6부 코칭형 교사를 위한 영역별 대화의 기술"에서 '허용영역의 인정하기'에 있는 내용을 참고해 주세요.

인정한다는 것은 "이런 행동을 하다니, 너답지 않구나!"와 같은 메시지를 전달하거나 행동 속에 숨어있는 학생의 의도나 목적을 읽어주는 것 또는 문제행동을 긍정적으로 표현해 주면 더욱 좋습니다. 즉 학생의 경험, 느낌과 욕구를 존중하는 마음으로 인정해 줍니다. 인정하기는 공감하기를 포함하며, 허용영역의 칭찬과 인정언어를 성장영역에서 사용합니다.

인정하기의 예시

- 지저분하구나. — 숙제가 지우개로 지운 흔적이 많구나.
- 멍하게 있니? — 창밖을 보는 것을 보니 무엇인가를 신중하게 생각하고 있구나.
- 안 놀거예요! — 다른 방법으로 관계를 맺고 싶나 보구나.
- 짜증내는 아이 — 노력해도 잘 안돼서 화가 많이 났나 보구나.
- 떠드는 아이 — 그 아이의 의견이 궁금하나 보구나.
- 산만한 아이 — 여기저기 돌아다니는 것을 보니 궁금한 것이 많구나.
- 네가 ~ 을 하는 것을 보니(관찰) 넌 ~ 을 느끼나 보구나(느낌).

• 4단계 – 메시지 전달하기

"3부 의사소통 기초를 다듬자"에서 '3. 나를 어떻게 표현할까요?(나-메시지)'를 참고해 주세요.

학생이 긍정적인 행동으로 변화하도록 나-메시지를 이용하여 교사의 메시지를 전달합니다.

> **나-메시지 언어**

- 나는 네가 다른 사람 기분을 소중하게 여기는 사람이 되었으면 좋겠다.
- 나는 그런 말을 듣고 싶지 않구나. 다른 말로 표현해 주면 좋겠는데~
- 이 부분이 신경쓰이는 구나. 좀 더 깨끗이 지워보겠니?
- 나는 너와 서로 존중하며 대화하고 싶구나.
- 선생님이 시간적인 여유가 없구나. 다른 친구에게 물어보는건 어떠니?

코칭언어는 지금까지 배운 것의 종합입니다. 코칭언어는 좀 더 학생들과 함께 깊은 내면으로 들어가 학생 스스로 해결하도록 돕는 일련의 대화 과정으로 일대일 장면에서 사용하면 놀라운 효과를 느낄 것입니다. 코칭을 토대로 상담이 이루어지면 조금 더 전문가로서 교사 역할을 하게 됩니다. 여기서 제시한 H·E·T 코칭 모델은 교사와 학생에게 적용할 수 있도록 간략화한 것입니다.

(2) 코칭 모델

① GRROW 모델(영국의 존 휘트모어)*

코칭은 미래로 향해 나가는 방법How을 탐색하는 대화법으로 다음과 같습니다.

---

* 선종욱(2010), 코칭 다이나믹스, 서울 : 이담, 308~310쪽 요약.

GRROW 모델	
1단계 Goal	**목표** −코칭 대화의 목적이 무엇인가? −장기적으로 무엇을 성취하려고 하는가? −단기 목표는 무엇인가? −언제까지 그것을 얻으려 하는가? −그것을 어떻게 측정할 수 있는가?
2단계 Reality	**현실** −현재의 성태는 어떤가? −누가 관련이 되어 있는가? −지금까지 이것을 위해 무엇을 해 왔는가? −산출될 결과는 무엇인가? −당장 극복해야 할 가장 시급한 장애물은? −현실은 어떤가?
3단계 Option	**선택** −어떤 옵션을 가지고 있는가? −또 어떤 것을 할 수 있는가? −만약 ____을 충분히 가지고 있다면? −다른 제안은?
4단계 Wrap-Up	**행동 마무리** −당신은 무엇을 할 수 있는가? −언제 하려고 하는가? −무엇이 방해를 할 것 같은가? −어떻게 그것을 극복하려고 하는가?

② COACH 모델*

『한국형 코칭』에 제시된 프로세서를 소개하고자 합니다.

★ 유동수 외2인(2008), 한국형 코칭, 서울 : 학지사. 133~153쪽 요약.

COACH 모델	
1단계 Check	상대방 이해하기 학생에 대한 사전 조사, 강점, 단점, 성격, 가족 배경
2단계 Open	대화의 장 열기 －현 상태를 좀 더 구체적으로 설명해 주겠니? －얼마나 오랫동안 그것을 했니? －너의 가장 큰 두려움은 무엇이니? －너의 현 상태를 한마디로 표현한다면? －그것이 너를 그토록 실망스럽게 만드는 이유는? －현재 너에게 동기를 부여하는 것은?
3단계 Ask	목표 및 문제 확인과 해결안 찾기 － 네가 성취하고자 하는 목표는 무엇이니? － 그 목표가 너에게 중요한 이유는? － 가장 바람직한 변화의 모습을 한 마디로 표현한다면? － 현재까지 그 목표를 달성하기 위해 무엇을 했니? － 목표달성을 위해 어떤 문제가 있니? － 그 중에서 가장 중요한 문제는? － 만약에 이 문제를 해결하지 않고 그냥 두었을 때 시간이 가면 갈수록 어떻게 될까? － 다른 방법들은 또 없을까? － 과거에 어떤 시도를 해 보았니? － 제시된 방법들이 현실적으로 가능하니? － 실행에 옮기는데 가장 큰 장애 요소는? － 장애를 극복하기 위한 방법은?
4단계 Comment	발전적 피드백 제공하기 － 너와 좀 더 이야기를 나누고 싶은데 들어줄 시간이 있니? － 이것을 고치기 위해 앞으로 어떻게 하면 좋을까? － 어떤 부분이 변화되면 바람직한 모습으로 개선이 가능할까?

5단계 Help	실행계획 구체화 도와주기 – 언제, 무엇을, 어떻게 하겠니? – 약속이 지켜진 대로 그 결과를 알려줄 수 있니?

이 밖에도 CCU모델이나 코칭 펌에서 만든 다양한 모델들이 있습니다.

(3) H · E · T 코칭 모델

성장영역에서 코칭언어는 학생의 감정적인 어려움이나 고민을 해결할 수 있도록 도와주는 것을 목표로 합니다. 코칭언어를 사용할 때는 마음이 평온하고 시간적으로 여유가 있는 상태여야 합니다. 그리고 코칭언어는 상호간에 신뢰가 어느 정도 바탕이 되어야 효과를 볼 수 있습니다.

다른 코칭 모델이 익숙하다면 그 모델을 사용하여도 무방합니다. H · E · T 코칭 모델은 교사들이 쉽게 익힐 수 있도록 프로세스가 진행됩니다. 여기서 제시한 코칭 프로세스는 래포형성–목표 설정(이슈 설정)–사고의 확장–계획–확인의 과정을 거치면서 학생 스스로 자신의 문제를 해결하도록 돕습니다.

① 래포 형성

자연스럽게 학생의 근황이나 이야기를 들을 수 있는 질문을 합니다. 긴장을 풀고 대화를 하기 위한 워밍업을 하는 것입니다.

"오늘 기분 어떠니?"
"오늘 점심 식사는 어땠니?"
"오늘 기분이 좋아 보이는데, 어때?"
"기분이 안 좋아 보여서 선생님이 불렀어. 선생님과 대화하는 것 괜찮니?"

이렇게 가볍게 시작합니다. 여기서 래포가 잘 형성되지 않으면 다음으로 진행하는 것이 어려울 수 있습니다. 대화가 잘 안될 것 같으면 다음 기회로 미루어도 됩니다.

② 목표 설정(이슈 설정)

대화의 이슈를 설정합니다. 주제 잡는 것은 대화의 방향을 결정하는 것입니다. 대화가 원하지 않는 방향으로 흘러간다면 잠시 학생에게 오늘 주제에 대해 언급해 주는 것도 좋습니다.

"선생님과 나누고 싶은 이야기가 뭐니?"
"지금 당장 해결하고 싶은 고민이 뭐니?"
"그 고민이 어떻게 되면 만족하겠니?"

③ 사고의 확장

기존의 방식에서 다른 관점으로 바라보도록 하는 질문입니다. 이슈나 목표를 달성하기 위해 다양한 면에서 생각해 보도록 합니다.

"지금까지 해본 방법은 뭐니?"
"과거에 성공했던 경험은?"
"미래에 너라면 어떤 결정을 내릴까?"
"네가 존경하는 사람은 이럴 때 어떻게 할까?"
"네가 읽은 책에서는 비슷한 내용은 어떤 거니?"
"만약에 네가 충분히 능력이 된다면 어떻게 할 것 같니?"
"브레인스토밍 해볼까?"
"가장 행복한 모습을 상상하면 어떤 모습이지?"

④ 계획

"언제, 어디서, 어떻게, 누구와 하고 싶니?"

"걸림돌이 있다면 무엇일까?"
"그 일이 잘 이루어지려면 무엇이 필요하지?"
"가장 중요한 일/ 쉬운 일/ 할 수 있는 일 한 가지만 이야기 하면 뭐지?

⑤ 확인

계획한 것이 잘 이루어져 있는지 확인하는 단계입니다.
"그것을 했는지 선생님이 어떻게 확인하지?"
"오늘 배운 것을 정리해 볼래?"
"오늘 코칭 어땠니?"

코칭 언어를 사용할 때는 질문만 하는 것이 아니라 우리가 앞에서 배운 듣기와 칭찬과 인정 그리고 나-메시지를 적절히 사용합니다. 코칭 프로세스는 코칭언어의 방향을 이끌어 갑니다. 성장영역에서 대화가 끝난 다음에는 학생의 행동을 관찰하여 행동의 변화가 있을 때 긍정적 피드백인 인정과 칭찬을 통해 행동이 지속적으로 유지되도록 해 주어야 합니다.

다음은 학생을 코칭한 사례입니다.

Q(교사) : 선생님과 무슨 이야기를 나누고 싶니?
A(학생) : 제 미래는 답이 없어요.
Q : 그래 답이 없다고 하는 걸 보니 너의 미래를 생각하면 답답한가 보구나. 지금 넌 몇 점이니?
A : 3점이요.
Q : 미래는 몇 점이 되었으면 좋겠니?
A : 8점이요.
Q : 그렇구나. 3점에서 8점이 되려면 무엇이 더 필요할까?
A : 제 생각에는 목표설정과 열정이 더 필요한 것 같아요.

Q : 너에 대해 많이 생각했구나. 목표설정과 열정 중에서 어떤 것이 더 중요하니?

A : 음~목표설정이요.

Q : 목표설정이 더 중요하다고 하는데 그 의미는 무엇이니?

A : 목표설정이 없으면 후회할 것 같아요. 행동이 놀기만 하고 다음 학년 걱정이 되네요.

Q : 그렇구나. 네가 원하는 목표는 무엇이니?

A : 내가 하고 싶은 것 하는거요.

Q : 원하는 것을 하고 싶구나. 구체적으로 무엇을 하고 싶니?

A : 경영, 호텔 경영, 큰 식당 사장, 레스토랑 운영이요.

Q : 그렇구나. 네가 가장 행복했던 모습을 생각해 볼까?

A : 자동차를 타고 여행을 가고 있어요. 미국인가 봐요.

Q : 이번에는 네가 고급레스토랑 사장이라고 가정해봐. 무엇이 보이니?

A : 가족들이 제 식당에서 행복하게 밥을 먹고 있어요. 아빠, 엄마, 누나 그리고 저 4명이네요.

Q : 가족끼리 식사를 하는가 보구나. 무슨 소리가 들리니?

A : 웃음 소리요.

Q : 그래!, 느낌은 어떠니?

A : 훈훈해요.

Q : 되고 싶은 모습을 상상해보니 어떠니?

A : 너무 좋아요. 꼭 되고 싶네요

Q : 원하는 것을 생각하니까 기분이 좋구나. 네가 이렇게 호텔경영인처럼 CEO가 되려면 무엇이 필요할까?

A : 몰라요. 전 지금 공부도 못하고 할 수 있는 일도 없는걸요!.

Q : 할 수 있는 일이 없어서 실망스럽구나. 그럼 멋진 호텔경영인을 머릿속에 그려봐.

A : 네.

Q : 멋진 상상의 호텔 경영인이 되려면 무엇이 필요하지?

A : 꿈, 고등학교, 신체건강, 가능성 부여, 도움을 줄 수 있는 사람, 대학 입학.
Q : 멋진 상상의 호텔 경영인이 되려면 어떤 것이 갖추어져야 하지?
A : 전문성, 사람들 감정알기, 영어, 인간관계, CEO로서 자질, 성실함, 정직, 노력, 가치실현
Q : 와!! 그런 생각을 하다니 넌 생각이 깊은 아이구나. 그 중에서 지금 네가 가지고 있는 것은 무엇이니?
A : 정직, 인간관계, 감정알기는 지금 제가 가지고 있는 것인 것 같아요.
Q : 그럼 다른 나머지 것 중에서 한 달 안에 노력할 수 있는 것은 무엇이지?
A : 성실이요.
Q : 1년 동안 노력해야 하는 것은 무엇일까?
A : 교과공부요.
Q : 좋아! 좀 더 구체적으로 어떤 교과인지 이야기 해 주겠니?
A : 영어요.
Q : 한 달 동안 네가 성실하게 무엇을 할거니?
A : 영어 수업에 집중해볼래요.
Q : 선생님이 어떻게 확인할 수 있을까?
A : 제가 문자로 연락드릴께요.
Q : 좋아!! 파이팅!!

목표설정으로 방향성만 가지고 있으면서 지금까지 배운 언어들을 쭉 연결시켜 시도해 보면 처음에는 좀 어렵지만 조금씩 자연스러워질 것입니다.

다음 대화의 문제점을 찾아봅시다.

학생 : 선생님, 점심 시간에 밖에 나가서 밥 먹고 와도 되나요?
교사 : 학교에서 밥 먹기가 싫구나? 점심은 급식실에서 먹는 거란다. 그런데 무슨 이유라도 있니?
학생 : 오늘 급식 메뉴가 맘에 안들어요!

교사 : 오늘 급식 메뉴가 맘에 들지 않는구나!
학생 : 점심 먹고 빨리 들어올께요. 허락해 주세요!
교사 : 학교 밖으로 나가는 건 안돼.
학생 : 선생님!! 제발이요!! 전 급식 못 먹겠어요!!
교사 : 안된다니까!! 교실로 가!!

교사가 "점심은 급식실에서 먹는 거란다. 그런데 무슨 이유라도 있니?"라고 말하는 것은 학생의 의견에 공감하면서 이유를 물어보았습니다. 그런데 학생은 끝까지 자기가 원하는 것을 요구하고 교사는 지쳐서 화를 내고 맙니다. 무엇이 문제일까요?

교사가 학생의 느낌에는 공감을 잘해 주었지만 욕구에는 접근하지 못했습니다. 욕구와 욕구수단은 다릅니다. 욕구는 하나이고 욕구수단은 여러 가지가 나올 수 있습니다. 학생의 욕구가 욕구 수단이라면 교사가 대화를 통해 학생이 자신의 욕구를 바라보게 하고 그 욕구를 충족시키기 위해 또 다른 욕구수단을 선택하도록 도와주어야 합니다.

학생 : 선생님, 점심시간에 밖에 나가서 밥 먹고 와도 되나요?
교사 : 학교에서 밥 먹기가 싫구나? 점심은 급식실에서 먹는 거란다. 그런데 무슨 이유라도 있니?
학생 : 오늘 급식 메뉴가 맘에 안 들어요!
교사 : 맛있는 것을 먹고 싶은데, 먹고 싶은 것이 없다는 거니? 어때?
학생 : 네. 제가 좋아하는 것이 없어서요.
교사 : 네가 점심시간에 학교 밖을 나가는 건 안 되는 일이란다. 지금까지 급식메뉴가 언제나 마음에 들지는 않았을 텐데, 그때는 어떻게 했니?
학생 : 밥하고 국만 먹을 때도 있었구요. 안 먹을 때도 있었어요.
교사 : 저런 많이 힘들었겠구나. 학교 밖을 나가는 거 말고 선생님이 어떻게 도와줄까?
학생 : 글쎄요.

교사 : 좋은 방법이 생각나지 않나 보구나! 이런 일이 자주 반복되면 어떻게 될까?

학생 : 제가 배고프게 하루를 보내거나, 굶는 날이 생기거나 하겠죠!

교사 : 만약에 네가 존경하는 안철수라면 이 문제를 어떻게 생각할까?

학생 : 편식하는 습관을 고치려고 노력하거나 급식 메뉴를 보고 먹을 게 없으면 간식을 싸가지고 오든지 할 것 같아요.

교사 : 멋진 생각을 했구나. 또 다른 것 없니?

학생 : 밥과 국을 많이 먹는 거요.

교사 : 그래 그것도 좋은 생각이다!! 또?

학생 : 이젠 없어요.

교사 : 그럼 이 중에서 네가 어떤 것을 한번 시도해 보겠니?

학생 : 음식 싸가지고 다니는 것은 좀 귀찮을 것 같구요. 먼저 밥과 국을 좀 많이 먹으면서, 조금씩 편식하는 것을 고쳐봐야겠어요.

교사 : 그런 결정을 하다니 넌 정말 현명한 아이구나!!

코칭언어는 어느 한 순간에 완성되는 것이 아닙니다. 지금까지 진행된 교사 동아리 워크숍 역시 코칭식 요소가 포함되어서 진행되었습니다. 다음에 제시된 코칭언어 연습을 수시로 꾸준히 하고 또 기록해 볼 것을 권합니다. 그리고 더욱 코칭언어는 1회성으로 끝내는 것보다는 2~5회 정도 워크숍을 진행할 것을 권합니다.

코칭언어는 완전히 내것이 될 때까지 익히는 데 많은 노력과 시간이 요구되나, 자연스러워진다면 대화의 전문가가 될 수 있습니다.

진행자료 코칭언어

| 기대 효과 |

성장영역의 코칭언어를 익혀 학생이 학생 문제의 주인으로서 자신의 문제를 스스로 발견하고 해결하도록 돕는 언어를 학습한다.

| 과 정 |

① 진행자는 다음과 같은 질문을 하며 5분 정도 수용적 분위기가 되도록 분위기를 만든다.
"지난 주 동안 어떤 감사한 일이 있었나요?"
"지난 주 동안 어떤 즐거운 일이 있었나요?"
"지난 시간에 배운 것 중에 활용해 본 것이 있었나요?"
② 진행자는 두 명씩 조를 이루도록 한다. 두 명 중에 한 명은 학생을, 다른 한 명은 교사의 역할을 하도록 한다.
③ 처음에는 두 명이 상황을 구체적으로 머릿속에 그리면서 토론하듯이 활동지를 작성한다.
④ 활동지를 보지 않고 조별로 상황을 연습한다.
⑤ 조별로 나와서 코칭언어 연습한 것을 발표한다.
⑥ 한 조의 발표가 끝날 때마다 진행자는 다음과 같은 질문을 한다.
"코칭언어를 사용할 때 어떤 느낌이 들었나요?"
"학생의 역할을 하신 선생님은 어떤 느낌이 들었나요?"
"코칭언어를 학습하는데 어려운 점은 무엇인가요?"
"그 어려움을 극복하기 위해 어떤 노력이 필요할까요?"
⑦ 모두 발표가 끝나면 진행자는 구성원에게 다음과 같은 질문을 한다.
"오늘 워크숍에서 느낀 점은 무엇인가요?"
"오늘 워크숍 어떠셨나요?"
"언제, 어디에서, 누구와 한 번 적용해 보시겠습니까?"

| 주의사항 |

- 개인적인 의견을 발표하고 솔직한 마음이 전해지도록 분위기를 유도한다.
- 발표자가 발표한 내용을 진행자는 간단하게 요약해 준다.
- 발표가 끝나면 자유롭게 오늘 느낀 점에 대해 돌아가면서 이야기 하도록 한다.
- 조별 발표가 이루어질 때 집중할 수 있도록 한다.

활동지 코칭언어

3개월 동안 하루도 빠짐없이 지각하는 학생을 코칭언어를 사용하여 지도하고자 한다. 두 명끼리 짝지어서 교사와 학생 역할을 나눠서 연습한다.

교 사	학 생

2) 피드백 언어

　피드백은 긍정적 피드백과 교정적 피드백으로 나뉘어집니다. 여기서의 피드백 언어는 교정적 피드백을 말합니다. 성장영역에서는 코칭언어를 사용하거나 피드백 언어 중 어느 것을 사용하여도 되나 신뢰가 잘 형성되어 있지 않은 학생은 코칭언어를 사용하는 것이 좋습니다.

　피드백 언어는 학생과의 신뢰가 형성되어 있고, 긍정적인 피드백인 칭찬과 인정을 받아본 학생에게 사용해야 더 효과적입니다. 코칭언어보다 피드백 언어는 시간의 제약이 적습니다. 코칭언어는 시간이 여유롭게 있는 경우에 사용하는 것이 좋습니다. 또 지속적인 교정적 피드백을 받은 학생은 교사와의 소통을 기피하게 됩니다. 학생과 신뢰가 밑바탕에 전제가 되어 있어야 피드백 언어는 효과가 있습니다.

　교사가 지시형 언어를 쓰면 어떤 학생들은 강하게 거부하는 경향이 있습니다. 학생의 강한 거부는 교사의 권위를 땅에 떨어지게 하고 교사를 분노하게 만듭니다.

　흔히 행동을 지적하려고 할 때 명령, 경고, 설득, 비평, 질문(왜?), 협박, 비꼬기 식의 대화를 하게 됩니다. 이는 행동의 변화를 요구하기보다는 심리적 거부감을 가져와 반발을 불러일으키게 되어 교사와 학생이 심한 갈등상태에 놓이게 됩니다. 피드백 언어는 학생들에게 교사의 메시지가 정확히 전달되고, 마음속에 거부감 없이 받아들여져야 하고, 실천하고자 하는 욕구가 우러나오도록 해야 합니다. 그래야 학생들은 자신의 행동을 돌아보게 되고, 스스로 개선의 필요성을 인식하게 되며, 발전의 기회로 삼게 됩니다. 상처 주지 않고 행동을 수정하여 생산적인 방법으로 대화하게 하는 것이 피드백 언어의 특징입니다.

　"듣기 좋은 말"로 기분을 좋게 하고 안심시키는 것은 관계에는 긍정적인 영향을 줄지 모르나, 학생들은 교사를 나약하고 만만한 사람으로 인식하게 되고, 학생들로부터 '성격 좋고 함께 하기 편한데, 별로 배울 것이 없는 사람으로 평을 들을 수도 있습니다. 나-메시지를 사용하여 학생의 행동을 스스로 바라보게 하는 것이 피드백 언어의 목표입니다.

피드백 언어는 3단계(상황이나 행동 – 방향 또는 결과 – 질문) 나누어집니다. 여기에 행동에 대한 느낌과 그 이유를 설명합니다.

피드백 언어
1단계 – 상황이나 행동을 부드럽게 표현 수업하기 전에 쓰레기 주우라고 했는데, 여전히 교실이 많이 지저분하구나.
2단계 – 행동의 방향 또는 결과 선생님은 교실이 지저분하면 정신이 분산되어 수업 효과가 떨어지므로 청소를 하고 싶구나.
3단계 – 질문 청소를 못한 다른 이유라도 있니? (2단계 선생님의 말)에 대해서 어떻게 생각하니? 그것을 고치기 위해서 앞으로 어떻게 하면 좋을까? 너를 위해서 좀 더 이야기를 나누었으면 하는데 어떠니? 어떤 부분이 변화되면 보다 바람직한 모습으로 개선이 가능할까?

피드백 언어를 사용해야 할 경우는 다음과 같습니다.[*]

① 말과 행동 간의 불일치가 발견 될 때

예) 행동 : 약속이 지켜지지 않았구나.
방향 또는 결과 : 선생님은 약속이 지켜져야 한다고 생각하는데,
질문 : 어떻게 하면 네가 약속을 지킬 수 있을까?

---

[*] 유동수 외2인(2008), 한국형 코칭, 서울 : 학지사. 148쪽.

② 자기 자신과 세상을 비관적/ 부정적으로만 바라볼 때

　　예)　행동 : 이번 일에 소극적으로 참여하는구나.
　　　　　방향 또는 결과 : 선생님은 네의 태도가 걱정이 되는구나.
　　　　　　　　　　　　　선생님이 너를 도와주고 싶은데,
　　　　　질문 : 선생님이 무엇을 도와주면 네가 적극적으로 참여할 수 있겠니?

③ 생각, 감정 및 행동 간의 차이가 있을 때

　　예)　행동 : 전에 한 이야기와 좀 다른 내용을 이야기하는구나.
　　　　　방향 또는 결과 : 선생님이 너를 이해하고 싶어서 그러는데,
　　　　　질문 : 다시 한번 설명해 줄 수 있니?

④ 무엇을 어떻게 해야 하는지 전혀 몰라서 못하고 있을 때

　　예)　행동 : 한다고 해놓고 과제를 하지 않았구나.
　　　　　방향 또는 결과 : 약속을 했는데 지키지 않으니까 선생님이 실망스럽구나.
　　　　　　　　　　　　　선생님은 네가 이 과제를 완수하는 것을 원하는데,
　　　　　질문 : 무엇을 도와주면 네가 이것을 할 수 있을까?
　　　　　　　　 (또는) 이것을 못한 이유라도 있니?

⑤ 이 밖에도 교사 입장에서 볼 때에 학생의 인간적 또는 성장 및 발전을 위해 피드백이 필요하다고 생각될 때

상황 설명	보강으로 수업에 들어가게 되어 부득이 자율학습지도를 시키는 상황임.
목 표	시간의 중요성 알기

교 사	학 생	특 징
너희들은 선생님이 자습하도록 하였는데 친구와 소근거렸고, 자율 학습하는 자세가 바르지 못하였다.		1단계 – 상황을 부드럽게 표현
선생님은 시간은 한번 가면 오지 않는다고 생각한다. 나는 너희가 미래를 위해 매 시간 너희가 할 수 있는 일 중 최선을 했으면 한다.		2단계 – 행동의 방향과 결과
이 시간에 너희들이 할 수 있는 최선의 행동은 무엇일까?	중간고사 시험 준비하는 거요.	3단계–질문
그래. 다음부터는 꼭 너희가 해야 하는 일을 해서 시간을 낭비하지 않았으면 한다.		

선생님들도 다 함께 상황을 만들어서 피드백 언어를 연습해 봅시다.

진행자료 피드백 언어

| 기대 효과 |

성장영역의 피드백 언어를 익혀 학생들에게 상처주지 않고 그들이 자신의 행동을 바라볼 수 있도록 하는 대화방법을 학습한다.

| 과 정 |

① 진행자는 다음과 같은 질문을 하며 5분 정도 수용적 분위기가 되도록 분위기를 만든다.
"지난 주 동안 어떤 감사한 일이 있었나요?"
"지난 주 동안 어떤 즐거운 일이 있었나요?"
"지난 시간에 배운 것 중에 활용해 본 것이 있었나요?"
② 진행자는 두 명씩 조를 이루도록 한다. 두 명 중에 한 명은 학생을, 다른 한 명은 교사의 역할을 하도록 한다.
③ 처음에는 두 명이 상황을 구체적으로 머릿속에 그리면서 토론하듯이 활동지를 작성한다.
④ 활동지를 보지 않고 조별로 상황을 연습한다.
⑤ 조별로 피드백 언어 연습한 것을 발표한다.
⑥ 한 조의 발표가 끝날 때마다 진행자는 다음과 같은 질문을 한다.
"피드백 언어와 코칭 언어를 비교해 보면 어떤 차이가 느껴지시나요?"
"학생의 역할을 하신 선생님은 어떤 느낌이 들었나요?"
"피드백 언어를 학습하는데 어려운 점은 무엇인가요?"
"그 어려움을 극복하기 위해 어떤 노력이 필요할까요?"
⑦ 모두 발표가 끝나면 진행자는 구성원에게 다음과 같은 질문을 한다.
"오늘 워크숍에서 느낀 점은 무엇인가요?"
"오늘 워크숍 어떠셨나요?"
"언제, 어디에서, 누구와 한 번 적용해 보시겠습니까?"

| 주의사항 |

- 개인적인 의견을 발표하고 솔직한 마음이 전해지도록 분위기를 유도한다.
- 발표자가 발표한 내용을 진행자는 간단하게 요약해 준다.
- 발표가 끝나면 자유롭게 오늘 느낀 점에 대해 돌아가면서 이야기 하도록 한다.
- 조별 발표가 이루어질 때 집중할 수 있도록 한다.

활동지 피드백 언어

상황을 만들어 피드백 언어를 연습한다.

상황1

상황설명 :

목표 :

교사 :

상황2

상황설명 :

목표 :

교사 :

05 선택영역

　가치관이나 신념이란 결정을 내리는 기준으로 삼는 준거를 말합니다. 이는 내가 믿기로 선택한 것들이며, 절대적인 진리라고는 볼 수 없습니다. 가치관이나 신념은 내가 선택한 믿음으로서 긍정적인 감정을 경험하게 되어 중요한 가치를 가지게 되고, 일관된 행동을 함으로써 의미있다고 해석하는 것이기도 하며, 나라는 사람을 나타내는 핵심이 되기도 합니다.
　일방적으로 교사의 가치관이 옳다고 따르라고 하기보다는 학생 스스로 책임지게 하는 것이 교육입니다. 또 학생지도의 핵심은 학생들이 선택에 대해 책임지게 하는 것입니다. 따라서 "선생님이 하라고 하니까 어쩔 수 없이 해야지" 하는 학생들의 자세는 책임감이 결여된 수동적인 행동으로 내면에서 배움이 일어나지 않게 됩니다. 학생들의 선택이 미흡하여 실패가 예상되더라도 기다려주는 여유가 교사나 부모에게 필요합니다.
　학생들은 여러 가지 대안들에 대해 선택하게 되는데, 어떤 학생들은 교사보다 더 뛰어난 선택을 하기도 하고, 어떤 학생들은 감정적이고 즉흥적인 선택을 하기도 합니다. 학생들이 가지고 있는 경험과 가치에 의한 선택이므로 자신만의 가치체계에 의해 선택이 이루어지겠지요. 이때 교사가 무조건 "그건 학생이 선택하는 거니까 내가 알 바 아니지."라는 입장을 취하면 성숙하지 않는 가치체제를 가진 학생은 극복할 수 없는 실패를 경험하게 될 수도 있습니다.

실패의 경험이 나쁘다고 생각하지는 않습니다. 실패의 경험을 통해 성공의 문에 다가갈 수 있기 때문입니다. 그러나 극복할 수 없는 실패의 경험을 하게 되는 학생들 즉 현명하지 못한 선택으로 돌이킬 수 없는 실패를 하게 되는 학생들에게는 현명한 다른 누군가가 선택을 도와주는 것이 나을 수도 있습니다.

선택영역은 교사와 학생 간에 가치관 충돌이 발생하는 영역으로 교사가 객관적인 정보를 제공하는 대화를 하면 학생들은 자율적으로 행동하고 자신의 행동을 선택하고 책임지게 됩니다. 학생이 선택하되 큰 그림을 그리고 현명하게 선택할 수 있도록 교사가 이끌어주는 것입니다. 교사가 학생의 선택에 너무 관여하게 되면 학생은 자신을 신뢰할 수 없게 되거나 나약해질 수도 있으므로 스스로 선택할 수 있게 이끌어주도록 해야 합니다.

인생은 선택의 연속입니다. 학생들이 교사의 지시나 명령에 복종하는 것에 익숙해지면 착하고 순종적일 수는 있으나 선택하고 책임지는 법을 학습할 수는 없습니다. 사회인으로서 자신의 행동을 선택하고 책임질 수 있도록 학교에서 가르쳐야 합니다. 선택영역에서 교사의 대화법은 학생이 선택을 잘 하는 사람으로 성장하도록 도울 것입니다.

선택영역은 이성교제, 아르바이트, 두발, 담배, 음주, 수업 중 잠자기, 무단결석과 같이 학생의 행동이 성장에 바람직하다고 볼 수는 없으나, 다른 학생들에게 영향을 미치지 않는 경우를 말합니다. 선택영역은 교사의 기준에 의해 문제영역이나 성장영역으로 분류되기도 합니다. 그러나 다른 교사들과 기준이 많이 다르다면 그 기준을 다시 점검해 보는 것이 좋을 것입니다.

선택영역에서 가치관이 다른 학생과 대화하다 보면 교사의 부정적인 감정이 수면위로 올라올 수 있습니다. 학생의 선택에 대해 교사로서 도저히 수용할 수 없다면 학생의 감정과 느낌은 듣기 기술을 이용하여 공감해 주고, 교사가 수용할 수 없는 이유를 객관적으로 설명해 줄 필요가 있습니다. 그러면 학생이 자신의 선택이 거절당하더라도 존중받는 느낌이 들어 교사에 대한 신뢰를 유지할 수 있습니다.

1) 나-메시지

선택영역에서의 나-메시지는 한계와 선택 그리고 책임질 내용에 초점을 맞추어 설명하듯이 해야 합니다. 그리고 마지막으로 학생이 사고할 수 있도록 질문하는 것입니다. 이때 학생의 가치관을 인정한다면 학생과의 관계에 더욱 긍정적인 영향을 줄 것입니다. 선택영역에서는 나-메시지 → 한계, 선택, 책임 → 질문입니다.

나-메시지 : 초청인사 강의를 하는 동안 너희들이 떠들어서, 나는 매우 마음이 상했고 당황스럽고 무례하게 느껴졌다.
한계 : 수업 중에는 무례한 행동을 할 수 없단다.
선택 : 초청강의를 잘 들을거니, 한 시간동안 교실에 남아 청소를 하겠니?
책임 : 네가 한 말을 책임졌으면 한다.
질문 : 어떻게 하는 것이 너에게 도움이 되겠니?

한계와 처벌에 대해 생각해 봅시다. 행동주의자들은 보상이나 처벌에 의해 행동이 변할 수 있다고 합니다. 학생들은 보상받기 위해 어떤 행동을 하거나 처벌을 피하기 위해 어떤 행동을 억제시키거나 감소시킵니다. 즉 보상과 처벌은 학생의 행동을 변화시키는 작용을 하고 있습니다. 학생의 행동을 강화시키는 보상으로는 정적 강화물과 부적 강화물이 있습니다.

정적 강화물은 스티커, 칭찬, 성적의 결과와 같이 행동을 강화하기 위해 행동 뒤에 보상을 주는 것이고, 부적 강화물은 불쾌한 자극을 제거해 줌으로써 특정 행동을 하도록 강화하는 것입니다. 즉 부적 강화는 행동을 증가시키기 위해 불쾌한 자극을 제거하는 것이고 처벌은 행동을 감소하거나 억제하게 하기 위해 불쾌한 자극을 주거나, 학생이 원하는 것을 하지 못하게 하는 두 가지 방법 중 하나로 이루어집니다. 처벌에는 체벌, 모욕, 소리지르기, 벌점부여 등이 있습니다. 처벌보다는 강화를 사용하여 학생의 행동을 변화시키는 것이 효과적이라고 합니다.* 일반적으로 보상은 무엇인가를 잘하면 상을 주는 것이고 처벌이란 잘못하면 벌을 주거나 좋아하는 것을 빼앗는 것으로 알고 있습니다.

그런데 처벌은 행동 수정보다는 "다음부터는 걸리지 말아야지"라는 생각을 하게 됩니다. 처벌을 통한 행동수정을 하려면 지속적으로 교사의 힘이나 권위가 유지되어야 합니다. 예컨대 학생부장님이 너무 무서워서 학생들이 문제 행동을 하지 않았던 학교에서 권위의 상징인 학생부장님이 다른 학교로 가고 나면 학생들이 더 교칙을 지키지 않으려 하는 것도 그런 이유라고 생각합니다. 선택영역에서의 한계와 책임은 처벌로 주어지는 것이 아니라 적절한 수준의 규율을 제시하는 것이고 학생은 스스로 한계와 책임을 선택하게 됩니다. 학생은 자기가 선택한 것을 행동으로 옮기려는 경향이 강하기 때문에 선택할 기회를 준다면 행동을 스스로 통제할 것입니다.

학생의 감정을 존중해주고 그들의 느낌과 욕구를 바라볼 수 있도록 교사가 대화로 이끌어주기 위해서는 허용할 수 있는 것과 그렇지 않은 것을 구분할 수 있는 체제가 필요합니다. 규칙과 질서가 없는데 감정만을 중요시할 수는 없는 것입니다. 감정을 이끌어 주는 것도 중요하지만, 행동을 이끌어주는 활동도 소홀히 할 수 없습니다.

선택과 책임이 중요하다고 해서 다음과 같이 대화하는 것은 바람직하지 않습니다.

나 메시지 : 초청인사 강의를 하는 동안 너희들이 떠들어서, 나는 매우 마음이 상했

---

* Robert J. Sternberg, Wendy M. Williams(2010), 스턴버그의 교육심리학, 서울 : 시그마프레스, 234쪽 요약.

고 당황스럽고 무례하게 느껴졌다.
한계 : 수업 중에는 무례한 행동을 할 수 없단다.
선택 : 떠들면 세 대 맞을래? 오리걸음 다섯 바퀴 할래?

행동에 대한 책임을 선택하라는 것이지 처벌을 선택하라는 것은 아닙니다.

선택영역의 나-메시지를 사용하기 전에 예방영역에서의 정보제공, 양자택일, 공개토론을 미리 해서 한계를 정하게 되면 선택영역의 한계가 더 강한 의미를 가지게 됩니다. 한계는 교사와 학생이 함께 만들어가는 규칙으로 학생이 지켜야 할 약속 같은 것입니다.

상황 설명	교실에서 이성교제 중인 학생을 지도함.		
목 표	교실에서 건전한 이성교제 하기		
교 사		학 생	특 징
선생님이 교실에서 O와 OO가 껴안고 있는 것을 보았어.			감정을 빼고 상황을 객관적으로 표현한다.
선생님은 교실에서 너희들의 그런 장면을 보고 무척 당황스럽구나. 다른 친구들에게 어떤 영향을 미칠 것 같니?			
교실에서 그런 행동은 안 된단다.			
너희들 행동에 대해서는 부모님과 통화를 해보고 싶구나. 어때?		전화하지 마세요. 저희가 뭘 잘못했는지 모르겠어요.	
학교에서 그런 행동은 안 된단다. 선생님은 학교에서는 신체적 접촉을 안했으면 좋겠어.			
다음에 또 이런 일이 있으면 어떻게 할 거니? 학생부로 보내는 것과 부모님 소환 중에 어떤 것을 선택하겠니?		부모님 소환이요.	

앞으로 교실에서는 이런 행동 안하겠다는 뜻이지?	네	
앞으로 ○○와 어떻게 교제 하고 싶니?		성장영역의 대화를 시도함.
분석 (목표에 대해)	건전한 이성교제에 대해 학생에게 설명하고 행동을 선택하도록 함.	

상황 설명	무단결석이 일주일째이고 학교를 자퇴하고자 함. 학생이 일방적으로 무단결석을 통보하고 등교하지 않고 있으며, 학급에 친한 친구가 없어 힘들어 하는 학생임.	
목 표	학교에 등교하도록 지도하고자 함.	
교 사	학 생	특 징
(전화) A야, 네가 내일부터 학교에 안 나온다고 문자만 보내고 휴대폰을 꺼놔서 많이 당황했단다. 오늘 하교 길에 무슨 일 있었니?	아니요. 그냥 학교 다니는 것이 싫어졌어요.	학생의 무단결석을 무조건 혼내기보다는 원인을 찾고 스스로 생각할 수 있는 기회를 제공함.
요즘 힘든 일이 있나보구나. 무단결석하면 교칙위반이란다. 내일부터 집에서 쉬면서 조금 마음이 정리되고 부모님과 대화를 나누고 나서 다시 결정되면 이야기 해 주겠니?	네.	
(늦은 밤 핸드폰 문자 연락이 옴.)	선생님. 모레부터 나갈께요.	
(약속한 날 학교에 등교함) A야, 엄마랑 너에 대해 이야기 해보았는데... 네가 힘들어한다는 이야기를 들었어. 요즘 학교에 무슨 변화가 있었니?	아니요. 그냥 모든 게 다 싫어서 학교 안 다니고 싶었어요.	
그런데 용기를 내서 다시 왔구나. 네 용기가 대견스럽구나. 네가 학교에 잘 다녔으면 좋겠는데... 선생님이 뭘 도와줄까? (학생과 이야기를 나눔)		성장영역의 대화를 시도함.

진행자료 나-메시지

| 기대 효과 |

선택영역의 나-메시지를 익혀 학생이 스스로의 행동에 대해 한계, 선택, 책임질 수 있는 대화법을 학습한다.

| 과 정 |

① 진행자는 다음과 같은 질문을 하며 5분 정도 수용적 분위기가 되도록 분위기를 만든다.
  "지난 주 동안 어떤 감사한 일이 있었나요?"
  "지난 주 동안 어떤 즐거운 일이 있었나요?"
  "지난 시간에 배운 것 중에 활용해 본 것이 있었나요?"
② 진행자는 다음과 같은 질문을 한다.
  "다시 학창 시절로 돌아간다면 무엇을 가장 해보고 싶나요?"
  "그 이유는 무엇입니까?"
  "내가 학창시절에 선생님께 받은 긍정적인 영향력은 무엇입니까?"
③ 진행자는 두 명씩 조를 이루도록 한다. 두 명 중에 한 명은 학생을, 다른 한 명은 교사의 역할을 하도록 한다.
④ 처음에는 두 명이 상황을 구체적으로 머릿속에 그리면서 토론하듯이 활동지를 작성한다. 활동지를 보지 않고 조별로 상황을 연습한다.
⑤ 조별로 나와서 나-메시지를 연습한 것을 발표한다.
⑥ 한 조의 발표가 끝날 때마다 진행자는 다음과 같은 질문을 한다.
  "학생의 역할을 하신 선생님은 어떤 느낌이 들었나요?"
  "나-메시지를 학습하는데 어려운 점은 무엇인가요?"
  "그 어려움을 극복하기 위해 어떤 노력이 필요할까요?"
⑦ 모두 발표가 끝나면 진행자는 구성원에게 다음과 같은 질문을 한다.
  "오늘 워크숍에서 느낀 점은 무엇인가요?"
  "오늘 워크숍 어떠셨나요?"

"언제, 어디에서, 누구와 한 번 적용해 보시겠습니까?"

| 주의사항 |

- 개인적인 의견을 발표하고 솔직한 마음이 전해지도록 분위기를 유도한다.
- 발표자가 발표한 내용을 진행자는 간단하게 요약해 준다.
- 발표가 끝나면 자유롭게 오늘 느낀 점에 대해 돌아가면서 이야기 하도록 한다.
- 조별 발표가 이루어질 때 집중할 수 있도록 한다.

활동지 나-메시지

다음 상황에 맞는 나-메시지를 연습한다.

상황	행동	나-메시지 → 한계/선택/책임 → 질문
1	학생이 복도에서 발을 떡 벌리고 서 있을 때	
2	종이가 널부러져 있을 때	
3	학생이 교사가지도하는 중 방해할 때	
4	학생이 심하게 쿵쿵 뛸 때	
5		
6		
7		

2) 협상

협상이란 서로 윈-윈(WIN-WIN)하는 전략으로 서로의 욕구를 채우는 방법이기도 합니다. 협상을 하면 패자가 없이 승자만 존재하게 됩니다. 그러나 여기서의 협상은 객관적으로 교사가 상황을 이야기 하고 교사의 지도에 대해 정당화합니다. 교사가 원하는 것을 요구할 때는 학생의 성장에 도움이 되어야 할 것입니다. 그리고 객관적이고 사실적인 정보를 부드럽게 이야기 하고 학생에게 선택하게 합니다.

학생이 즉흥적으로 선택하지 않도록 선택의 결과에 대해서도 부드럽게 이야기 합니다. 선택영역에서 학생의 잘못된 행동이 문제가 되어 분노가 느껴진다면 대화를 멈추고 다시 대화를 시도하는 것이 좋습니다. 선택영역은 가치관의 충돌입니다. 잘 잘못을 따지자는 것이 아니라 학생이 합리적인 선택을 하도록 교사가 이끌어야 합니다.

1단계 - 상황과 함께 교사 입장 이야기하기

> 너는 저번 주와 이번 주에 지각을 총 4번 했구나.
> 선생님은 "학생은 교칙을 지켜야 한다"고 생각한다.
> 네 지각을 지도하는 것이 선생님이 해야 할 일이라고 생각해(입장의 정당화)

2단계 - 교사가 원하는 것을 요구하기

> 선생님은 네가 지각을 하지 않도록 노력했으면 좋겠어.

3단계 - 교사의 요구가 받아들여질 때 생길 긍정적 결과, 받아들여지지 않을 때 생길 부정적 결과를 설명

> 지각을 하지 않도록 노력하면 벌을 받지 않아도 되고, 지각을 계속하면 교칙위반으로 징계처리 될거야. 징계를 받게 되면 1주일동안 교내 청소를 해야 한단다.

4단계 - 질문하기

어떻게 하면 좋겠니?
(　　　)을 통해 넌 무엇을 얻을 수 있니?
네가 얻고자 하는 것을 충족시킬 다른 활동은 무엇이 있을까?
네가 원하는 것은 무엇이니?
네가 할 수 있는 것은 무엇이니?

5단계 - 기록에 남길 것, 한계선도 지정

예) ○월 ○일-○○의 지각을 지도함. 다음에 또 지각하면 징계로 교내 봉사를 선택함. 지각하지 않기 위해 학생이 일찍 자는 것과 컴퓨터 사용을 줄이는 노력을 하기로 함.

진행자료 협상

| 기대 효과 |

선택영역의 협상을 익혀 학생과 교사의 욕구를 모두 만족시키는 대화법을 학습한다.

| 과 정 |

① 진행자는 다음과 같은 질문을 하며 5분 정도 수용적 분위기가 되도록 분위기를 만든다.
"지난 주 동안 어떤 감사한 일이 있었나요?"
"지난 주 동안 어떤 즐거운 일이 있었나요?"
"지난 시간에 배운 것 중에 활용해 본 것이 있었나요?"
② 수업시간에 잠만 자는 학생이 되어 봅시다. 그리고 진행자는 다음과 같은 질문을 합니다.

"나는 수업시간에 잠을 많이 자는 학생입니다. 내가 잠을 자는 이유는 (   )을 얻기 위해서입니다."

"그것을 얻기 위한 다른 방법은 무엇이 있을까요?"

구성원들은 위 질문에 돌아가면서 답한다.

③ 구성원들이 2명씩 한 조를 이루도록 한다.

④ 처음에는 두 명이 상황을 구체적으로 머릿속에 그리면서 토론하듯이 활동지를 작성한다. 활동지를 보지 않고 조별로 상황을 연습한다.

⑤ 조별로 나와서 협상 연습한 것을 발표한다.

⑥ 한 조의 발표가 끝날 때마다 진행자는 다음과 같은 질문을 한다.

"학생의 역할을 하신 선생님은 어떤 느낌이 들었나요?"

"협상을 학습하는데 어려운 점은 무엇인가요?"

"그 어려움을 극복하기 위해 어떤 노력이 필요할까요?"

⑦ 모두 발표가 끝나면 진행자는 구성원에게 다음과 같은 질문을 한다.

"오늘 워크숍에서 느낀 점은 무엇인가요?"

"오늘 워크숍 어떠셨나요?"

"언제, 어디에서, 누구와 한 번 적용해 보시겠습니까?

| 주의사항 |

- 개인적인 의견을 발표하고 솔직한 마음이 전해지도록 분위기를 유도한다.
- 발표자가 발표한 내용을 진행자는 간단하게 요약해 준다.
- 발표가 끝나면 자유롭게 오늘 느낀 점에 대해 돌아가면서 이야기 하도록 한다.
- 조별 발표가 이루어질 때 집중할 수 있도록 한다.

| 활동지 | 협상 |

학생의 주장이 강력한 경우는 교사가 강압적으로 이기는 것보다 서로 WIN-WIN 할 수 있는 전략을 사용한다.

1단계 : 상황과 함께 교사 입장 이야기 하기
2단계 : 교사가 원하는 것을 요구
3단계 : 교사의 요구가 받아들여질 때 생길 긍정적 결과, 받아들여지지 않을 때 생길 부정적 결과를 설명
4단계 : 질문하기
5단계 : 기록에 남길 것, 한계선 지정

상황	학생행동	진 행	
1) 교실에서 이성교제를 한다.	학생들이 이성 간에 접촉하는 장면을 3번 목격하였다.	1단계	
		2단계	
		3단계	
		4단계	
		5단계	
2) 수업시간에 잠만 잔다.	수업시간에 엎드려서 잠을 잔다. 3번 이상 깨웠는데 변화가 없다.	1단계	
		2단계	
		3단계	
		4단계	
		5단계	
3) 무단결석	이틀째 학교에 연락도 없이 등교하지 않았다.	1단계	
		2단계	
		3단계	
		4단계	
		5단계	

06 문제영역

　문제영역은 학생들의 행동이 선하거나 협조적인 모습이 아니라 과격하고 다소 반항적인 모습입니다. 문제영역에서의 문제를 골치 덩어리라고 보지 말고 해결해야 할 과제라고 생각해야 합니다. 테레사 수녀님은 '문제는 선물이다.'라고 했습니다. 학생들의 문제행동은 학생들에게 고통이나 스트레스가 있거나 안전이나 애정·사랑·존중과 같은 기본적인 욕구가 충족하지 않아 자신이 가진 방법으로 해결하려는 행동입니다.

　문제영역에서 학생의 행동이 교사의 분노를 자극하기도 합니다. 그러나 이 영역에서 교사와 학생이 분노하게 되면 서로 상처를 받게 됩니다. 먼저 학생의 욕구를 인정해 준 다음에 교사가 원하는 것을 이야기 하면 문제영역에서의 갈등을 피할 수 있습니다.

　수업 중에 다른 학생의 공부에 방해가 되는 학생들의 문제 행동은 멈추도록 지도해야 합니다. 때에 따라서는 문제 행동으로 다른 학생들의 주목을 받거나 교사에게 학급에서 자신의 권력을 보여주려고 한다면 교사는 어떠한 반응도 보이지 않는 것이 더 효과적입니다. 문제행동이 단순 행동이 아니라 심리적이나 정서상의 이유로 지속적으로 나타난다면 교사가 지도하는 것보다 상담 전문가에게 상담을 받도록 연계해야 합니다.

문제영역에서는 문제 행동을 멈추는 것 즉 STOP이 목표입니다. 그러나 문제영역에서 STOP하는 것으로 학생지도를 끝내 버리면 문제 상황만 종료될 뿐 학생의 행동수정은 이루어지지 않습니다. 행동의 변화를 위해서는 성장영역에서의 대화법으로 학생 자신의 행동을 돌아보게 해야 합니다. 미결정영역과 허용영역, 예방영역을 효과적으로 지도했다면 문제영역에서 학생을 지도하는 일이 줄어들 것입니다. 마찬가지로 학생과 교사의 관계가 좋다면 문제영역에서 학생을 지도하는 일 역시 줄어들 것입니다.

문제영역은 선생님에 대한 말대꾸, 다른 사람 방해, 불복종, 거짓말, 싸움, 도둑질, 학교재산 파괴, 선생님 공격, 욕설 등이 포함되는 상황입니다. 대체로 선생님들은 이런 상황에서 함께 분노하기도 하고, 바로 상위 규범을 적용하여 처벌이나 징계를 적용하기도 합니다.

사람은 누구나 자신을 공격하거나 해를 끼치는 행동을 할 경우 수용적이고 친절한 태도를 유지하기가 어렵습니다. 교사로서 투철한 사명감을 가지고 있더라도 문제영역에서 평정심을 유지하는 것은 정말 어려운 일입니다. 화라는 감정이 학생의 행동 변화를 위해 필요할 때도 있으나, 교사가 평정심을 잃고 분노하는 것보다 전문가로서 교사의 역할을 하기 위해 잠시 문제 행동을 멈추어줄 것을 학생에게 단호하게 요구해야 합니다.

학생의 행동이 다른 누군가를 배려하지 못한 행동이라면 허용해서는 안 됩니다. 학교는 작은 사회입니다. 학교에서 타인을 배려하는 것을 익히지 못하면 사회에서 한 성인으로 살아가기 어려워집니다. 문제를 다루면서 학생의 변화를 추구하도록 해야 합니다.

문제영역에서의 대화는 평정심을 유지하면서 단호하게 대처하는 것이 중요합니다.

1) 단호한 언어

단호한 메시지로 규칙을 표현합니다. 단호한 언어를 학생들에게 사용할 때는 평정심을 유지하면서 단호하게 표현합니다. 부드럽지만 단호한 언어는 쉽게 학생들에게 적용할 수 있습니다. 단호한 언어에서 제시되는 규칙이 예방영역에서 제시된 내용이라면 학생들의 행동 변화는 더 빠르게 옵니다.

- "~야, 우리는 종이 울리기 전까지 자리에 앉기로 되어 있었지"
- "수업시간에 다른 학생들에게 방해 되지 않도록 조용히 해야 한단다."
- "자기가 맡은 구역은 청소해야 한단다."
- "선생님과 대화 할 때는 바른 말을 사용해야 한단다."
- "자기가 쓴 물건은 자기가 치우는 거야."

진행자료 단호한 언어

| 기대 효과 |

문제영역의 단호한 언어를 익혀 평정심을 유지하면서 단호하게 규칙을 표현하는 법을 학습한다.

| 과 정 |

① 진행자는 다음과 같은 질문을 하며 5분 정도 수용적 분위기가 되도록 분위기를 만든다.
"지난 주 동안 어떤 감사한 일이 있었나요?"
"지난 주 동안 어떤 즐거운 일이 있었나요?"
"지난 시간에 배운 것 중에 활용해 본 것이 있었나요?"
② 진행자는 발표자 한 명을 선정한 후 다음과 같이 진행한다.
"나는 지금 정신없는 교실에 앉아 있습니다. 한 명의 남자 아이는 내 지시를 따르지 않고 있으며, 다른 학생들은 교사의 감정에는 아랑곳 없이 히히덕거리며 나의 존재를 무시하고 있습니다."
"지금 나는 어떤 느낌이 드나요?"

"이 장면을 교실의 한 귀퉁이에서 또 다른 내가 보고 있습니다."
"또 다른 나는 교실에 서 있는 나에게 무엇이라고 하고 있나요?"
"또 다른 내가 나에게 선물을 주었습니다. 그 선물에는 지금의 이 상황을 벗어나기 위한 방법이 쓰여 있습니다. 선물은 무엇인가요?"

③ 진행자는 구성원들이 2명이 한 조를 이루도록 한다.
④ 처음에는 두 명이 상황을 구체적으로 머릿속에 그리면서 토론하듯이 활동지를 작성한다. 활동지를 보지 않고 조별로 상황을 연습한다.
⑤ 조별로 나와서 단호한 언어를 연습한 것을 발표한다.
⑥ 한 조의 발표가 끝날 때마다 진행자는 다음과 같은 질문을 한다.
"학생의 역할을 하신 선생님은 어떤 느낌이 들었나요?"
"단호한 언어를 학습하는데 어려운 점은 무엇인가요?"
"그 어려움을 극복하기 위해 어떤 노력이 필요할까요?"
⑦ 모두 발표가 끝나면 진행자는 구성원에게 다음과 같은 질문을 한다.
"오늘 워크숍에서 느낀 점은 무엇인가요?"
"오늘 워크숍 어떠셨나요?"
"언제, 어디에서, 누구와 한 번 적용해 보시겠습니까?"

| 주의사항 |

- 개인적인 의견을 발표하고 솔직한 마음이 전해지도록 분위기를 유도한다.
- 발표자가 발표한 내용을 진행자는 간단하게 요약해 준다.
- 발표가 끝나면 자유롭게 오늘 느낀 점에 대해 돌아가면서 이야기 하도록 한다.
- 조별 발표가 이루어질 때 집중할 수 있도록 한다.
- 조별 파트너가 바뀔 수 있도록 한다.

| 활동지 | 단호한 언어 |

단호한 메시지로 예방영역 규칙이나 일반적인 규칙을 표현한다.

상 황	학생의 행동	교 사
1		
2		
3		
4		
5		
6		

2) 녹음기언어*

　학생들에게 교사의 교육적 의도와 방법을 반복적으로 설명하였는데도 불구하고 학생들이 과도한 요구를 하는 경우에 효과적인 대화법입니다. 여기서도 비언어적인 것을 부드럽게 해야 합니다. 그렇지 않으면 조롱하는 것처럼 느껴질 수 있습니다. 녹음기언어보다는 공감하면서 나-메시지를 사용하는 것을 권하고 싶습니다. 그러나 학생들이 어린아이들이 떼쓰는 것처럼 징징거리며 교사의 업무를 방해하거나 무리한 요구를 하다보면 교사는 감정적인 대응을 하게 됩니다. 이런 경우에는 감정적인 대응보다는 녹음기 언어를 사용하여 단호하게 대처합니다.

　숙제를 한 달 전부터 공지하고 매주 숙제 검사 일을 공지했음에도 불구하고 학생이 숙제 제출기한을 늘려달라고 요구하는 경우가 있습니다. 하루쯤이야 이해해주고 싶은 마음이 교사에게 있을 수 있지만 한계를 인정해 주다 보면 형평성이 어긋나기 때문에 논란의 대상이 될 수 있습니다.
　만약 어떤 학생이 사흘째 계속 찾아와 학생의 요구사항을 이야기 하고 있다고 가정해 볼까요? 이때 교사는 무리한 요구를 하는 학생과의 상황, 숙제 공지를 반복적으로 했는데 이행하지 않은 학생에 대한 야속한 마음, 숙제 제출기한의 한계가 무너져 생길 수 있는 여러 가지 문제들 때문에 분노의 감정이 올라오기 시작합니다. 그 분노로 인해 교사는 이성을 잃거나 감정적인 대응을 하기도 합니다만 합리적인 대처방법이라고 보기 어렵습니다. 또 이 때는 학생의 마음을 공감하기가 어렵습니다. 교사가 이미 여러 가지 문제를 가지고 있기 때문입니다.
　전문가로서의 교사라면 먼저 학생을 향한 분노의 화살과 모든 책임을 학생에게 돌리고 싶은 마음을 내려놓습니다. 미성숙한 학생들이기 때문에 그럴 수 있습니다. 잠시 진심으로 요구조건을 들어줄 수 없는 교사의 미안한 마음

★ 폴렛 데일(2006), 대화의 기술, 서울 : 푸른 숲, 94~95쪽.

을 느낍니다. 그리고 다음과 같이 대화를 시도하는 겁니다.

학생 : 정말 죄송합니다. 하지만 갑자기 급한 일이 생겨서 숙제를 못 냈어요.
교사 : 미안하다. 숙제 제출기한은 한 달 전에 공지를 했잖니. 시간이 지난 숙제는 받을 수 없구나.
학생 : 하지만 며칠 전에 프린터기가 고장이 나서 숙제를 다 했는데 출력을 못했어요.
교사 : 저런 안됐구나. 하지만 기간이 지나면 과제를 받을 수 없구나. 이해해 주겠니?
학생 : 지금 제 USB에 과제가 담겨있어요. 제발요, 선생님~~
교사 : 물론 그랬겠지. 하지만 약속된 시간이 지나서 과제는 받을 수 없단다.
학생 : 선생님 제발… 제 내신에 문제가 생겨요.
교사 : 그럴 수도 있겠구나. 그래도 선생님은 공지한 대로 과제를 받을 수가 없구나.
학생 : 대학을 못 갈지도 몰라요.
교사 : 안됐구나. 기간이 지난 건 받을 수 없단다.
학생 : 정말 불공평해요.
교사 : 당연히 넌 그렇게 느낄 수 있어. 그런데 선생님은 과제 제출기간을 이미 공지했기 때문에 기간이 지난 과제는 받을 수 없단다.

| 진행자료 | 녹음기 언어

| 기대 효과 |

문제영역의 녹음기 언어를 익혀 평정심을 유지하면서 단호하게 규칙을 표현하는 법을 학습한다.

| 과 정 |

① 진행자는 다음과 같은 질문을 하며 5분 정도 수용적 분위기가 되도록 분위기를 만든다.
 "지난 주 동안 어떤 감사한 일이 있었나요?"
 "지난 주 동안 어떤 즐거운 일이 있었나요?"
 "지난 시간에 배운 것 중에 활용해 본 것이 있었나요?"
② 진행자는 구성원들이 2명식 한 조를 이루도록 한다.
③ 처음에는 두 명이 상황을 구체적으로 머릿속에 그리면서 토론하듯이 활동지를 작성한다. 활동지를 보지 않고 조별로 상황을 연습한다.
④ 조별로 나와서 녹음기 언어 연습한 것을 발표한다.
⑤ 한 조가 발표가 끝날 때마다 진행자는 다음과 같은 질문을 한다.
 "학생의 역할을 하신 선생님은 어떤 느낌이 들었나요?"
 "단호한 언어를 학습하는데 어려운 점은 무엇인가요?"
 "그 어려움을 극복하기 위해 어떤 노력이 필요할까요?"
⑥ 두 발표가 끝나면 진행자는 구성원에게 다음과 같은 질문을 한다.
 "오늘 워크숍에서 느낀 점은 무엇인가요?"
 "오늘 워크숍 어떠셨나요?"
 "언제, 어디에서, 누구와 한 번 적용해 보시겠습니까?"

| 주의사항 |

- 개인적인 의견을 발표하고 솔직한 마음이 전해지도록 분위기를 유도한다.

- 발표자가 발표한 내용을 진행자는 간단하게 요약해 준다.
- 발표가 끝나면 자유롭게 오늘 느낀 점에 대해 돌아가면서 이야기 하도록 한다.
- 조별 발표가 이루어질 때 집중할 수 있도록 한다.
- 조별 파트너가 바뀔 수 있도록 한다.

활동지 녹음기 언어

학생들이 과도한 요구를 하는 경우에 효과적인 대화법이다. 상황을 먼저 적고 두 명씩 짝지어 역할극을 한다.

상 황	학생 행동	교 사
같이 앉고 싶은 친구가 있다고 좌석배치를 바꿔달라고 떼쓰는 학생을 어떻게 지도할까요?		

3) 객관적 반응

교사는 단호하게 학생의 행동을 저지하고 또 올바르게 대응할 수 있는 능력을 길러 너무 경미하지도 않고 너무 심하지도 않는 수준의 반응을 결정해야 합니다.

요즘 학교에서 많이 사용되고 있는 벌점부대를 추가하여 객관적 반응을 정리하면 다음과 같습니다.

- 수준 1 : 학생들을 단호하게 쳐다본다.
- 수준 2 : 학생에게 다가간다.
- 수준 3 : 다음 반응을 하기 위해 그 학생의 이름을 부른다.
- 수준 4 : 학생에게 중지하도록 명령한다.
- 수준 5 : 학생과 문제에 대해 의논한다.
- 수준 6 : 문제 행동을 하는 학생의 자리를 다른 곳으로 옮긴다. 벌점 부여한다.
- 수준 7 : 쓰기 숙제와 같은 벌을 준다.
- 수준 8 : 방과 후 남아있도록 한다.
- 수준 9 : 학부모에게 쪽지를 쓴다.
- 수준 10 : 학부모에게 전화를 한다.

객관적 반응에서 중요한 것은 교사가 수준에 맞는 반응을 결정하는 것으로 학생이 자기 행동에 대해 책임지도록 해야 합니다. 그러나 문제 행동 뒤 이면에 채워지지 않는 욕구가 남아 있습니다. 그것은 성장 영역에서 코칭 언어로 느낌과 욕구에 공감해 주어야 합니다.

수업시간에 잡담한 학생에게 바로 학부모님에게 전화하겠다고 하면 학생들은 적정치 못한 수준의 반응을 결정하였기 때문에 교육적인 효과보다는 교사에 대한 반발만 생기게 됩니다. 또 선생님에게 심한 욕설을 한 학생에게 "단호하게 쳐다보는 것"으로 가벼운 수준의 반응이 결정되면 교사의 권위는 힘을 잃어버립니다. 문제 행동에는 그 행동에 적합한 수준의 반응이 적용되어야만 합니다.

수업시간에 조금이라도 떠드는 학생에게 벌점을 부여하는 것은 생각해 봐야 할 문제입니다. 처음부터 너무 높은 수준의 반응을 보이면 다음엔 더 높은 수준의 반응을 보여야 하므로 교사가 감당하지 못하게 될 수도 있습니다. 적정 수준의 단호한 대응은 행동의 결과에 대한 책임입니다. 책임을 지고 나면 성장영역이나 선택영역에서 한 번 더 대화를 해서 학생의 숨겨진 욕구를 이해하고 바르게 성장하도록 도와주어야 합니다.

어떤 교사가 학생이 수업시간에 방해를 너무 많이 하므로 뒤로 나가 서 있으라고 했는데, 우연히 학교를 순회하던 관리자가 학생체벌금지를 모르냐고 하면서 교사를 질책했고, 그 교사는 어떻게 해야 할지 모르겠다며 하소연했습니다.

선생님이 학생을 교실 뒤고 나가라고 한 것은 교육적으로 많이 사용되고 있는 수준 6에 해당하는 Time out입니다. 먼저 예방영역에서 규칙으로 제시했던 것을 단호한 언어를 사용하여 실천하고 나서 부적 강화에 대한 정보제공을 합니다.

> 교사 : 선생님은 수업시간에 다른 학생 수업을 방해하면 뒤로 나가 있도록 했던 것 기억하죠? – 정보제공(예방영역)을 수업시작에 한 번 더 상기합니다.

그리고 수업이 진행될 것입니다. 그러다가 어떤 학생이 떠들기 시작합니다. 그럼 수준 1을 적용하여 단호하게 쳐다보거나 호명합니다. 선생님이 학생을 지도하는 모습이 오히려 학습에 방해가 되어서는 안 됩니다. 그럼에도 학생이 또 떠들어서 수업을 방해한다면 다음과 같이 이야기 해 보는 겁니다.

> 교사 : 수업시간에 수업에 방해되면 뒤로 나가기로 했지요? 뒤로 나가서 바른 자세로 서 있어 주세요. – 단호한 언어

바른 자세로 5분을 유지하면 다시 자리에 앉을 수 있습니다. – 부적 강화
에 대한 정보제공

학생은 바른 자세를 5분 유지할 가능성이 매우 높습니다.

교사 : 바른 자세에서 5분 유지하는 것을 보니 반성을 많이 했구나. – 인정언어
교사 : 어떻게 수업에 참여하고 싶나요? – 질문
　　　(또는) 무엇을 느꼈나요? – 질문

　우리의 목적은 학생을 교육시키는 것이지 문제를 일으키지 않고 학교를 조용히 만드는 일이 아닙니다. 어떻게 하면 바르게 학생을 지도하고 교육시킬지 함께 고민해야 합니다. 행여나 인터넷이나 공용방송의 뉴스거리가 될까봐 전전긍긍하는 관리자보다는 교사가 학생지도 방법을 몰라 어려움을 토로하면 더 나은 방법을 찾아 함께 고민하는 관리자와 동료교사가 되어야 할 것입니다.

| 진행자료 | 객관적 반응

| 기대 효과 |

문제영역의 객관적 반응의 수준을 적절히 결정하여 학생이 자신의 행동에 대해 책임 있는 행동을 할 수 있도록 대응하는 법을 학습한다.

| 과 정 |

준비물 : 포스트 잇, 전지

① 진행자는 다음과 같은 질문을 하며 5분 정도 수용적 분위기가 되도록 분위기를 만든다.
 "지난 주 동안 어떤 감사한 일이 있었나요?"
 "지난 주 동안 어떤 즐거운 일이 있었나요?"
 "지난 시간에 배운 것 중에 활용해 본 것이 있었나요?"
② 구성원들은 활동지에 있는 것을 작성한다.
③ 진행자는 전지에 수준 1부터 수준 10까지를 적는다.
④ 구성원들에게 포스트잇을 10장씩 나누어 준다. 구성원들은 자신이 생각하는 학생행동과 수준을 포스트잇에 적어 전지에 붙인다.

　예) 1수준 : 수업시간에 처음으로 떠들었다.

⑤ 진행자는 수준을 서로 비교하여 다른 의견이 있다면 토론한다. 활동지에 학생행동과 수준을 정리하여 발표한다.
⑥ 두 발표가 끝나면 진행자는 구성원에게 다음과 같은 질문을 한다.
 "오늘 워크숍에서 느낀 점은 무엇인가요?"
 "오늘 워크숍 어떠셨나요?"
 "언제, 어디에서, 누구와 적용해 보시겠습니까?"

| 주의사항 |

- 개인적인 의견을 발표하고 솔직한 마음이 전해지도록 분위기를 유도한다.
- 발표자가 발표한 내용을 진행자는 간단하게 요약해 준다.
- 발표가 끝나면 자유롭게 오늘 느낀 점에 대해 돌아가면서 이야기 하도록 한다.
- 조별 발표가 이루어질 때 집중할 수 있도록 한다.
- 조별 파트너가 바뀔 수 있도록 한다.
- 수준에 맞는 학생의 행동을 정리하여 구성원들에게 나누어 줍니다.

활동지 객관적 반응

학생 행동에 대해 수준을 정한다. 그리고 다른 교사는 어떻게 생각하는지를 함께 공유한다.

수 준	학생 행동	객관적 반응
1		
2		
3		
4		
5		
6		
7		

7부

사례로 접근하기

　교사에게는 하나의 역할만 요구되지 않습니다. 어떤 상황에서는 일대일로 학생을 상담해야 하고, 어떤 상황에서는 하나의 목표를 설정해 교사와 학부모가 힘을 모아 교육의 목표를 달성해야 하며, 또 어떤 위기의 상황에서는 강력한 지시를 통해 어려움을 극복해야 합니다. "모든 교사는 꼭 코칭만 해야 하고 명령을 하면 안 된다." 또는 "교사는 학생의 감정을 무조건 이해해야 하므로 행동을 통제하면 안 된다."는 생각을 과감히 버려야 합니다.

　코칭형 교사는 긴급하거나 임박한 상황에서는 강력한 리더십을 발휘해야 하고, 언제 학생을 일대일로 상담해야 될지를 알고 끊임없이 노력하는 교사를 말합니다. 코칭형 교사는 코칭언어를 사용하여 학생을 이끌어주기는 하나 코칭언어만을 사용한다고 해서 코칭형 교사가 되는 것은 아닙니다. 코칭형 교사가 된다는 것은 고통의 순간을 배움의 과정으로 받아들이고 변화를 용기 있게 받아들여 실천하는 교사가 되는 과정을 거치게 됩니다.

　7부 "사례로 접근하기"에서는 쉽게 H·E·T 모형에 접근하는 방법과 그 특징을 이해하고 실제로 적용되는 사례를 종합적으로 보여주고자 합니다. 이것이 정답이라고 생각하지 않습니다. 또 하나의 시도라고 생각해 주시기 바랍니다.

01 | 한번 더 정리해 봅시다

H·E·T 학생지도 모형을 들어가기 전에 먼저 대화의 기본 듣기, 질문하기, 나-메시지에 대한 학습이 필요합니다. 그리고 언어보다 더 전달력이 강한 것은 비언어적인 표정, 어조, 얼굴표정, 눈의 움직임임을 잊지 말아야 합니다.

예방영역의 키워드는 "정보 제공"입니다.

예방영역은 무엇을 새롭게 시작할 때가 대부분입니다. 흔히 오리엔테이션을 할 때와 수업시작, 행사의 시작 부분을 말합니다. 이때 사용되는 언어는 정보제공, 양자택일, 장점 찾기, 공개토론이 있습니다. 예방영역에서는 정보를 제공하는 것이 제일 중요하며, 이 정보는 학생들이 납득할 수 있는 것이어야 합니다.

미결정 영역의 키워드는 "다음에는 ~"입니다.

미결정 영역은 기준이나 규칙이 바뀔 때입니다. 언제나 같은 기준이나 규칙을 적용하면 융통성 없는 교사로 인식되거나 학생들이 대화가 통하지 않는다고 생각하게 됩니다. 기준이나 규칙이 바뀌면 바뀐 기준이나 규칙을 제시해 줌으로써 다음에 문제가 발생하지 않도록 합니다. 미결정 영역에 사용되는 언어는 나-메시지에 예방하는 메시지를 추가한 다음언어를 사용합니다. 미결정 영역은 나-메시지에 "다음에는 ~"을 덧붙여 줍니다.

허용영역의 키워드는 "문제없음"입니다.

허용영역은 학생들의 사고, 감정, 행동이 학습을 할 수 있는 상태이거나, 학생들이 공동 생활에 적극적으로 사회적 관계를 잘 형성하고 있는 상태입니다. 이럴 때는 교사가 학생에게 긍정적인 피드백으로 칭찬, 인정언어를 사용합니다. 칭찬은 행동의 결과에 관심을 가지고, 인정언어는 존재에 관심을 가집니다.

성장영역의 키워드는 "감정과 사고"입니다.

성장영역은 학생이 행동상의 문제가 아니라 감정상의 어려움을 느끼는 영역입니다. 문제영역이나 선택영역에서 문제행동이 다루어지고 난 다음 학생 스스로 행동을 돌아보게 할 때 사용됩니다. 또는 학생이 무기력하거나, 감정이 불안하거나 자신의 행동에 대한 통찰이 없을 때입니다. 이때는 코칭 언어, 피드백 언어를 사용합니다. 코칭언어는 듣기, 질문하기, 인정하기, 메시지 전달로 이루어지며 코칭 프로세스는 문제해결을 위한 절차를 말합니다.

선택영역의 키워드는 "한계, 책임, 선택"입니다.

선택영역은 교사와 학생간의 가치관 충돌로 봅니다. 선택영역에서의 문제는 학생 개인의 문제에 국한됩니다. 이 영역은 개인적인 가치관과 관련되기 때문에 학생이 선택하고 책임지게 합니다. 예방영역이나 미결정영역에서 교사의 기준을 제시하여 학생들에게 충분히 인지가 되었다면 선택영역에서의 대화는 훨씬 쉬워질 수 있습니다. 선택영역에서는 한계와 책임이 주어지는 나-메시지, 협상을 사용합니다. 예를 들면 교칙위반, 지각, 이성교제, 흡연 등이 해당됩니다. 선택된 행동에 대한 책임을 진 경우에는 성장영역이나 허용영역에서 대화를 다시 해 학생의 성장에 긍정적인 피드백을 주게 됩니다.

문제영역의 키워드는 "STOP"입니다.

문제영역은 학생이 다른 누군가에게 영향을 미치고 있는 상황입니다. 교사나 다른 학생의 학습권을 방해한다면 학생의 행동은 통제되어야 합니다. 그 상황을 STOP하는 것이 목적이고, 학생의 인격에 모독이나 비난을 하여 교사와 학생이 감정적인 대응을 하는 것보다 상황을 멈추고, 다시 성장영역이나 허용영역의 대화를 하도록 합니다. 문제영역에서는 단호한 언어, 녹음기 언어, 객관적 반응이 있습니다.

"2부 H·E·T모형으로 초대합니다"에서 설명하였듯이 이 모형은 선택영역, 문제영역에서 상향식으로 운영되어 모든 학생을 허용영역으로 가도록 하는 것이 목적입니다. 기본 대화 습관을 익힌 다음에 영역별 키워드만 기억해도 학생지도의 흐름이 보입니다.

02 | 수업시간에 교사에게 반항하는 학생 지도 사례

다음은 수업시간에 교사에게 반항하는 학생을 지도한 사례입니다.

(1) 예방영역

학기 초 수업 첫 시간

교사 : 만나서 반갑습니다. 선생님은 여러분을 1년 동안 가르치게 될 교사 김지영입니다. 함께 공부하게 돼서 반갑습니다. 선생님이 여러분에게 당부하고 싶은 것은 교과서 준비와 노트정리입니다. 그리고 수업시간에 다른 학생들에게 방해되지 않도록 했으면 좋겠습니다. 떠드는 학생은 뒤로 나가서 있다가 바른 자세를 유지하면 일정시간이 지나고 자리에 앉을 수 있습니다. 5분이 좋을까요? 10분이 좋을 까요?

학생 : 5분이요!!

교사 : 알겠습니다.

교사는 수업 첫 시간에 앞으로 수업시간에 해야 할 일을 요목조목 설명하기도 하고, 해서는 안될 행동을 제시하기도 합니다. 갈등을 피하기 위해 미리 정보를 제공합니다.

(2) 문제영역

수업 중 게임기로 게임을 하다가 걸린 학생이 교사에게 게임기를 뺏긴 후 이기죽거리며,* 교사에게 노골적으로 적대감을 표시합니다. 평소에도 그 학생은 적대감을 갖는 표정을 보일 때가 많았으며, 교사의 지도를 불쾌하게 받아들여 지도하기 어려운 학생이었습니다.

> 교사 : 수업시간에 집중하지 않고, 게임을 하니 선생님이 좀 당황스럽구나!!
> 학생 : XX – (비속어를 사용함.)
> 교사 : (화난 목소리로 이야기 함.) 선생님에게 그렇게 이야기 하는 건 안 되는 거야! 지금 그렇게 이야기 하는 걸 보니 내가 굉장히 화가 나는구나. 선생님은 수업해야 하니까 이 시간 끝나고 다시 이야기하자.

학생의 비속어를 듣고 화는 나지만, 그 학생의 입장이 이해가 된다면 다음과 같이 이야기해도 됩니다.

> 교사 : (심호흡을 하며) 그럴 학생이 아닌데 안 좋은 일이 있나 보구나. 그런데 선생님에게는 바른 언어를 쓰는 거야. 그렇게 이야기 하니 선생님이 좀 당황스럽다. 선생님은 수업을 해야 하니까 쉬는 시간에 이야기 하자.

교사도 감정이 있기 때문에 그 상황에서 솔직한 교사의 마음을 나-메시지를 사용하여 이야기 하고, 다시 성장영역에서 이야기를 합니다.

---

* 자꾸 밉살스럽게 빈정거리다.

(3) 성장영역

목 표	(코칭언어) 스스로 행동에 대해 성찰하기	
교 사	학 생	특 징
지민이, 교무실로 오세요.	(이기죽거리며) 네.	
너 게임하다 선생님에게 걸려서 머릿속이 복잡하지?	네.(이기죽거리며)	
선생님이 어떤 벌을 내릴지, 친구 게임기는 어떻게 할지, 엄마에게 알려지면 어떤 반응을 보일지, 지금 복잡할 거 같다. 어때?	네.(이기죽거리는 표정이 수그러듦)	
내가 네 기분을 이해해준 것처럼 너도 내 기분을 이해해주겠니? 지금 선생님 기분은 어떨 것 같니?	무시당한 기분이 들 것 같아요.	
응. 맞아. 지금 선생님은 무시당한 기분이야. 학생들에게 수업하고 있는데 네가 지금 같은 행동을 하면 교사는 무시당했다고 생각하지.	네.	
너에게 타임머신이 있어서 30분 전으로 돌린다면 뭘 하고 싶니?	저도 다른 애들처럼 수업하고 싶어요.	
후회하고 있구나.	네.	
오늘 같은 잘못을 할 때 부모님은 주로 어떤 벌을 내리셨니?	아빠가 절 죽도록 때렸어요.	
아빠가 널 때릴 때 넌 무슨 생각했니?	그냥 싫었어요.	
아빠가 네가 잘못했을 때 때리는 방법 말고 널 지도해 주길 바랬겠구나.	네.(눈시울이 붉어짐)	
지금도 잘못하면 아버지께서 그렇게 때리시니?	아뇨. 지금은 안 때리세요.	

그러면 지금은 싫지는 않겠구나.	아뇨. 그냥 지금도 아버지가 싫어요.
아버지가 널 때리면서 지도해서 넌 지금도 아버지가 싫은가 보구나. 좋을 땐 한 번도 없었니?	좋을 때도 있어요. 놀이동산 갈 때하고, 재밌게 가끔 놀 때도 있어요. 그땐 좋으세요.
아빠가 좋은데 너의 잘못을 지적하는 방법이 싫은가 보구나!	네.
아빠는 그 방법 말고는 그 당시에 다른 방법을 알지 못해서 그랬을거야. 지금은 안 때리신다고 하니 말이야.	그런 것 같아요.
지민아! 선생님 하면 떠오르는 단어가 뭐니?	짜증, 화, 귀찮음
선생님들은 너의 잘못을 지적하는 사람, 널 화나게 하는 사람이란 뜻이니?	네.
네가 아버지를 바라보는 시각으로 선생님을 보고 있는 것 같구나. 어떠니?	… 그러는 것 같아요.
그런 생각을 하면 누가 피해를 볼까?	저요.
어제 수업시간에 네 구령에 맞춰 학생들이 인사할 때 기분 어땠니?	좋았어요. 인정받는 기분이 들었어요.
그렇게 칭찬으로 인정받는 학생이 되었으면 좋겠다. 그리고, 난 네가 모든 선생님들의 장점을 보고 배워서 네가 원하는 사람이 되었으면 좋겠어.	네.
오늘 수업시간에 뺏긴 게임기는 3주 보관이야. 친구에게 진심으로 사과하도록 해.	네.

오늘 같은 잘못을 했을 때 예전에 어떤 벌을 받으면 다음에 안하려고 노력했던 것 같니?	… 맞을 때요.
다른 방법은 없니?	모르겠어요. 생각 나는 게 없어요. 다음부터는 안 할께요.
믿어달라는 이야기니?	네.
좋아! 한 번 믿어보겠어. 수업시간에 선생님의 지도를 받는 성실한 학생이 되어보자.	네.

(4) 허용영역

위 학생(지민이)과 이런 대화를 나눈 후 그 학생의 행동이 눈에 띄게 좋아졌다. 눈빛도 많이 부드러워지고 수업에 참여하는 모습도 보여주었다.

 교사 : 지민아! 수업에 열심히 참여하는 모습과 친구를 배려하는 모습을 보니 커서 훌륭한 리더가 되겠는걸!!

지민이는 그 뒤로도 교사가 어려움에 처해있을 때 적극적인 자세로 도와주는 등 긍정적인 행동을 보여주었습니다. 하나의 영역에 머무르는 것이 아니라 예방영역-문제영역-성장영역-허용영역으로 지민이 지도는 이어졌습니다. 시간이 지날수록 지민이는 점점 허용영역에 머무르는 시간이 많아지면서 교과에 흥미를 보이고 수업시간에 열심히 참여하였습니다. 리더십 있는 학생이었기 때문에 그 학생의 변화는 다른 학생들에게도 영향을 미쳐서 지민이 반이 전반적으로 수업태도가 좋아졌습니다.

만약에 문제영역에서 학생지도를 끝냈다면 지민이 행동의 변화는 없었을 것입니다. 교사가 지민이의 행동에만 문제를 삼고 질책만 했었다면 이 역시 지민이는 행동의 변화는 없었을 것입니다. 성장영역에서 코칭언어, 그리고 허용영역에서의 인정언어가 뒷받침되어야 학생의 행동은 변화하고, 교사와의 약속을 지키기 위해 노력할 것입니다.

03 | 금연 지도 사례

다음은 흡연 문제로 학생을 지도한 사례입니다.

(1) 예방영역

학생으로서 학교에서 흡연을 하는 것은 징계사유에 속합니다. 이것은 대부분의 학교에 교칙으로 제시되어 있으며, 담임교사가 수시로 학급 아이들에게 주의시키고 있습니다.

(2) 선택영역

학생이 교무실로 들어오는데 심한 담배 냄새가 납니다. 물증은 없으나, 학교에서 흡연을 하는 것은 안 되는 일이라서 학생에게 선택영역에서의 나-메시지를 사용했습니다.

> 교사 : 지금 네 몸에서 담배 냄새가 많이 나는구나. 학교에서 흡연하면 징계를 받게 된단다. 너는 학생부에 지도 받은 기록이 있어서 이번에 걸리면 징계대상자란다. 선생님은 네가 담배를 안 피었으면 좋겠는데, 선생님이 뭘 도와줄까?
> 학생 : 선생님 저 안 했어요!!
> 교사 : 선생님은 널 도와주고 싶어서 그러는데… 어떻게 도와주면 좋을까?
> 학생 : 선생님. 제가 담배를 너무 어릴 때부터 피워서 끊기가 어려워요. 노력했는데 안돼요.

나-메시지를 사용해서 한계를 알려주었습니다. 그리고 학생과 깊은 대화를 해야 할 것 같아서 쉬는 시간에 다시 이야기를 하기로 했습니다.

(3) 성장영역

목 표	(코칭언어) 금연하기	
교 사	학 생	특 징
선생님과 이야기 좀 할까? 시간 어떠니?	네. 좋아요.	
그래. 아까 그 흡연과 관련된 이야기인데, 좀 더 선생님에게 이야기 해 줄 수 있니?	네.	
중학교 때 생활이 어땠니?	중학교 때 가정에 어려운 일이 많았어요. 친구들과 어울려 놀다 보니 담배를 조금씩 피우기 시작했고, 지금은 못 끊겠어요.	
그랬구나. 힘든 일이 있다고 했는데 구체적으로 무슨 일이었니?	부모님이 맨날 집에서 싸우시고, 결국 이혼하셨어요. 전 아버지가 너무 미워요.	
그런 힘든 일이 있었구나. 그럼에도 불구하고 이렇게 씩씩한 걸 보니, 의지가 강하구나. 금연하기 위해 어떤 노력을 해 봤니?	사탕도 먹고, 한 달도 끊어봤는데… 결국 또 하게 되고… 친구들에게도 도와달라고 해 봤는데… 잘 안되네요.	
여러 가지 노력을 해 봤는데 안 되었다는 거지?	네.	
넌 꿈이 뭐니?	저요? 되고 싶은 거 없는데요. 공부도 못하는데, 졸업하고 생각해 볼래요.	

만약에 네가 공부를 잘한다면 뭐가 되고 싶니?	제가 공부를 잘한다면 선생님이 되고 싶어요.	
그렇구나? 무슨 계기가 있었니?	제가 중학교 3학년 때 저 공부하라고 하면서 문제아인 저에게 좋은 말씀 많이 해주신 선생님이 계시거든요. 그 선생님처럼 되고 싶어요.	
멋진 생각이구나. 어려운 학생들을 도와주고 싶다는 거니?	어렵다기보다는 저 같은 애들을 바로잡아 주고 싶어요.	
선생님이 되려면 무엇이 필요하지?	공부도 잘해야 하고, 착해야 하고, 책도 많이 읽어야 하고, 태도도 반듯해야죠.	
많은 생각을 했네. 그럼 그중에서 네가 갖춘 것은 무엇이지?	착해요. 그리고 저 가끔 책도 읽어요.	
부족한 건 뭐지?	호호호 공부하고 흡연이요.	
그중에서 네가 지금 노력할 수 있는 건 뭐니?	제가 선생님이 될 수 있을까요?	
선생님 생각을 묻는다면… 될 수 있다고 생각해. 언제 되느냐가 중요한 거니까!	맞아요. 전 선생님이 되고 싶어요.	
지금 노력할 수 있는 건 뭐니?	당장 담배는 못 끊어요. 그런데 노력해 볼래요. 그리고 전 국어가 재밌어요. 국어 공부부터 해 볼래요.	
담배를 줄이고, 수업에 참여해서 공부해 보겠다는 거니?	네.	
너의 열정이면 원하는 것을 이룰 수 있을 거야.	감사해요.	

또 무엇을 해 보고 싶니?	학원에 가면 맨날 자는데 차라리 학원 끊고 집에서 공부해보겠다고 엄마에게 말해야 겠어요.
엄마한테 미안하구나. 어때?	네. 엄마한테 학원간다고 했지만 공부는 안 해요. 잔소리 듣기 싫어서 가서 잠만 자요.
엄마한테 솔직히 이야기 하고 네가 스스로 해보겠다는 거니?	네.
선생님이 무엇을 도와줄까?	담배를 학교에서는 안 필래요. 친구들에게 이 사실을 알리고 절 감시하라고 해 주세요.
좋아!! 그건 선생님이 도와줄게. 넌 멋진 선생님이 될거야.	감사합니다.

(4) 허용영역

위 학생은 특정 교과를 선택해서 노력하기 시작했습니다. 금연을 도와주기 위해 친구들도 발 벗고 나서서, 최소한 학교에서만큼은 흡연을 하지 않았으나 완전히 끊지는 못했습니다. 그러나 그 학생은 꾸준히 노력하고 있어 언젠가는 끊을 것이라는 희망을 잃지 않았습니다.

　　교사 : 네가 노력하는 모습을 보니, 넌 정말 멋진 선생님이 될 거야.

선택영역에서 흡연이라는 문제를 "네가 선택해야 할 문제이고 행동에 대한 책임이 있다"라는 관점으로 접근하니 학생이 자신의 이야기를 들려주기 시작했습니다. 교사의 가치관을 제시하고 따르라고 했다면 학생은 마음의 문을 닫아 버렸을지도 모릅니다. 학생의 가치관을 인정해 주었을 때 그들은 선생님과 이야기 할 주파수를 맞추고, 교사의 이야기를 듣기 시작합니다. 성장영역에서 학생과 이야기 할 때에도 금연으로 시작되었지만 학생이 진정으로 바라는 꿈으로 관점을 바꿔서 대화하고 난 후 금연하고 싶은 마음이 들도록 합니다.

04 | 장난이 심한 학생 지도 사례

학교에서 장난이 유별나게 지나치고, 수업 분위기를 망치는 학생을 지도한 사례입니다.

(1) 예방영역

교사는 수업 시간에 다른 학생의 공부에 방해되지 않도록 주의를 주고, 준비물을 잘 챙겨 와서 학교생활에 잘 적응할 수 있도록 조·종례 시간에 전달합니다.

(2) 문제영역

종례시간에 선생님이 종례를 하는데 학생이 한시도 가만히 있지 않고 떠들어 댑니다. 선생님이 조용히 하라고 당부하지만, 금세 뒤돌아서 친구들과 떠들기 때문에 전달사항을 제대로 전할 수 없습니다. 결국, 선생님은 떠든 학생을 뒤로 나가 있으라고 합니다.

> 교사 : 조용히 하라고 이름을 세 번이나 불렀는데, 계속 친구와 이야기를 해서 선생님이 종례를 할 수가 없구나. 종례 끝날 때까지 뒤에 가 있어요. 그리고 종례 끝나면 교무실로 오세요.
> 학생 : 네.

학생의 행동을 중단시키기 위해 수준이 낮은 2단계를 적용하였는데, 학생의 행동이 수정되지 않아 개별적으로 성장영역에서 지도하기로 하였다.

(3) 성장영역

목 표	(코칭언어) 선생님의 말에 경청하기		
교 사	학 생		특 징
선생님은 너의 행동에 화가 나는구나. 네 이름을 세 번이나 불렀는데, 무시당한 느낌이야.	죄송해요.		
이런 일로 그 전에도 선생님께 혼난 적이 있었니?	네. 많이요. 초등학교 때부터 자주 그랬어요.		
주로 어떤 상황이었니?	뒤에 있는 친구랑 이야기하거나, 친구에게 말을 걸 때요.		
선생님께 혼날 때 너의 마음은 어떠니?	기분이 안 좋아요.		
그런 행동을 계속하는 이유가 있니?	처음에는 심심해서 했는데, 지금은 습관이 되었어요.		
지금 너에게 하고 싶은 질문 5가지를 만들어 볼래?	1. 나는 왜 장난을 치는가? 2. 수업시간에 왜 떠드는가? 3. 수업시간에 왜 벌점을 받는가? 4. 왜 이곳에 왔는가? 5. 앞으로 어떻게 할 것인가?		
5가지를 모두 썼구나. 그중에 어떤 질문이 가장 마음에 드니?	"왜 이곳에 왔는가?"		
"이곳은" 구체적으로 어디를 말하니?	학교도 되고, 교무실도 돼요.		
그 질문에 스스로 답한다면?	모르겠어요.		

학교에서 공부하는 이유는 무엇이라고 생각하니?	편하게 살려고요. 공부를 잘하면 편하게 살 수 있잖아요. 그리고 머리가 좋아져요. 또 교육받으러 와요. 또 재밌기도 해요. 특히 떠드는 것이 솔직히 재밌어요.
그렇구나. 학교에서 떠드는 것이 재미있어서 계속 그렇게 행동한다면 넌 어떻게 될까?	맨날 벌점 받고, 선생님께 혼나겠죠. 그럼 머리도 나빠질 것이고, 공부도 못하게 될 것 같아요. 또 다른 친구들을 방해하니까 그 친구들도 공부를 못하게 될 것 같네요.
생각을 많이 했구나. 앞으로 어떤 노력을 해 보겠니?	일단 친구들이 불러도 뒤를 보지 않는 것부터 해 볼래요.
선생님은 무엇을 도와줄까?	제가 또 떠들면 30분씩 더 학교에 남아 있도록 벌을 주세요.
좋아!! 선생님은 네가 할 수 있을 거라고 믿어.	

(4) 허용영역

학생이 종례시간에 선생님 말을 들으려고 노력하였습니다. 다른 교과 선생님도 학생의 태도가 좋아지고 있다고 이야기해 주었습니다.

교사 : "~야, 네가 종례시간 뿐 아니라 ○○수업시간에도 수업태도가 좋아지고 있다고 그 선생님이 칭찬하시더라. 넌 스스로 한 약속을 지킬 줄 아는 멋진 학생이야!!"

05 | 욱하는 학생 지도 사례

친구랑 장난을 치다가 장난이 심해져 싸움이 된 경우를 지도한 사례입니다.

(1) 문제영역

쉬는 시간에 복도에서 친구와 싸우고 있는 한 학생이 복도를 지나가던 교사에게 발견되었다. 학생의 행동은 중지되었고, 담임교사는 학생이 자신의 행동을 성찰할 수 있도록 성장영역에서 지도하기로 하였다.

(2) 성장영역

목 표	(코칭언어) 스스로 행동에 대해 성찰하기	
교 사	학 생	특 징
무슨 일이 있었니?	친구랑 싸우다가 걸렸어요. 그래서 선생님께 혼났어요.	
좀 더 구체적으로 이야기 해 주겠니?	제가 A의 뺨을 때렸어요. 그랬더니 A가 저를 때리기 시작해서 막 싸웠어요.	
그 친구와 알고 지낸 건 언제부터니?	옆 반이라서 올해부터 와서 알고 지냈어요.	
A와 사이가 안 좋게 된 건 언제부터니?	어제부터요.	
네가 갑자기 남의 뺨을 때릴 아이가 아닌데, 때리기 전에 무슨 일이 있었니?	제가 짜증이 났어요. A가 짜증나게 했어요.	
짜증 나게 한 걸 좀 더 자세히 이야기 해 줄래?	지나가면서 저를 툭 건드렸어요.	
그런 일이 있었구나. 몇 번 정도 널 건드렸니?	두세 번 정도요.	

A가 너를 툭툭 건드려서 짜증이 났구나. 두세 번 건드려도 짜증이 안 났던 때의 너와 '지금의 너'는 어떤 차이가 있니?	(생각함) A가 건드리기 전에 짜증나는 일이 없었을 것 같아요.	
요즘에 네 생활에 어떤 변화가 있었니?	아무 말 없이 제가 좋아하는 학원선생님이 갑자기 가버렸어요. (흐느낌)	
그럴 때는 많이 당황스러웠을 것 같아. 어때?	갑자기 가버리셔서 연락처도 모르고, 답답해요. 그 뒤로 자꾸 짜증이 나요.	
그 선생님과 연락을 하기 위해 어떤 노력을 해봤니?	(생각함) 친구들에게 연락처 아냐고 물어봤어요. 그런데 없는 것 같아요.	
그 외에 연락하기 위해 할 수 있는 다른 방법으로 무엇이 있을까?	학원에 연락처 물어보는 것, 또 다른 친구에게 물어봐도 될 것 같아요.	
또?	싸이월드나 페이스북 찾아보는 것, 메일 알아보는 것이요.	
그 중에서 네가 가장 쉽게 할 수 있는 것이 뭐니?	학원에 물어봐야겠어요. 그럼 핸드폰 번호나 메일을 알려 주실 것 같아요.	
그렇구나. 연락이 되면 무슨 말을 하고 싶니?	그 동안 잘 가르쳐주셔서 감사하다고 하고 싶어요.	
선생님이 네 말을 듣고 나니 마음이 따뜻하구나. 그런데 오늘같은 일이 반복되면 어떻게 될까?	자꾸 친구랑 싸우면 징계를 받고, 부모님도 학교로 오셔야 할 것 같고, 전학가라고 할 수도 있을 것 같아요. 공부를 못하겠네요.	
오늘같은 상황이 다시 생기면 그 때는 어떻게 하고 싶니?	조심하라고 말로 할래요.	
친구 사이가 좋은 학생들이 있다고 해보자. 그들은 어떤 모습이지?	서로 약속을 잘 지키고, 바른 말을 써요.	

오늘 너와 이야기를 하고 나서 선생님은 네가 친구들이랑 사이좋게 지내는 것을 원한다는 느낌이 드는구나. 어때?	네, 맞아요. 저는 말로 표현하는 것이 잘 안 되는 것 같아요. 이제 행동으로 하기 전에 말로 표현하는 것을 노력해봐야겠어요.
그렇구나. 네가 잘 할 것이라고 믿어.	네, 감사합니다.

06 | 진로 지도 사례1

학생들이 진로 희망을 써서 제출하면 담임교사는 학생과 진로에 관해 코칭합니다. 다음은 학기 초에 작성한 학생이해자료를 토대로 한 담임교사의 진로지도 사례입니다.

(1) 성장영역

목 표	(코칭언어) 꿈을 이루기 위한 방법 탐색하기	
교 사	학 생	특 징
네가 작성한 진로희망이 '교사'라고 되어 있구나. 언제부터 교사가 되고 싶었니?	초등학교 때부터요.	
교사가 되고 싶은 계기가 있었니?	제가 친구들에게 설명하는 것을 좋아해요. 그래서 교사가 되고 싶었어요.	
어떤 교사가 되고 싶니?	학생들을 이해하고 잘 가르치는 교사요.	
교사가 된 네 모습을 상상하면 어때?	너무 뿌듯하고 행복해요.	
교사가 되기 위해서 무엇이 필요할까?	'공부, 마음을 잘 아는 것, 카리스마.'요.	

카리스마는 무슨 뜻이니?	애들에게 만만하게 보이면 안 되잖아요. 호호호	
그런 뜻이 숨어 있었구나. 멋진 선생님이 그려지는 걸!! 하나 더 추가한다면 무엇이 있을까?	글쎄요. 모르겠어요.	
그렇구나. 이 중에서 네가 갖추고 있는 것은 무엇이니?	전 친구관계가 좋아요. 위로를 잘해 준다고 해요. 그러니까 사람 마음을 잘 알아주는 것을 갖추고 있다고 생각해요.	
그런데, 네가 쓴 학생 이해자료에 '나는 상처를 잘 받는 성격'이라고 되어 있는데 언제 상처를 잘 받니?	친구들이 마음을 상하게 하는 말과 행동을 하면 그때는 아무 말 못하는데 며칠 동안 속이 상해요.	
그럴 때 너는 어떻게 하니?	참을 수 있을 만큼 참다가 도저히 못 참겠으면 말로 해요. '사실은 너 때문에 기분이 나빴다.'고 라고 말해요.	
상처를 안 받기 위해서 할 수 있는 일은 뭐가 있을까?	모든 행동을 똑바로 하는 거요. 전 친구들이 저를 놀리지 않도록 하기 위해서 바른 행동을 하려고 노력할 거예요.	
만약 어떤 학생이 있는데 항상 바른 행동을 하려고 한다면 그 학생이 어떻게 보이니?	저는 좋다고 생각해요. 그런 것은 노력해야 하잖아요.	
네 말이 틀린 것은 아니지만, 항상 바르게만 행동하려고 하면 스트레스의 원인이 되기도 한단다. 상처를 안 받는 다른 방법은 없을까?	아~ 그럴 수도 있겠네요. 그런데, 선생님 전 다른 방법은 잘 모르겠어요.	
그럼 선생님이 다른 방법을 하나 제시해도 될까?	네.	
상처를 안 받기 위해 상황을 해석하는 네 생각을 바꾸는 건 어떠니?	아~ 그런 방법도 있네요. 그런데 어떤 건지 잘 모르겠어요.	

네가 상처받는 때는 언제니?	친하지 않는 친구들이 내 물건을 가지고 놀릴 때요.	
넌 그때 어떻게 생각하니?	'친구들이 나를 놀리고 있어.' 라고요.	
그 친구가 너를 무척 좋아하고 네 물건에 관심이 많은 친구라고 가정을 해본다면 그 때는 어떤 해석을 할 것 같니?	'나에게 관심이 있구나.' 라고 할 것 같아요.	
그렇구나. 똑같은 상황도 해석이 달라지는 건 그런 거란다. 앞으로 넌 어떤 노력을 해 보고 싶니?	긍정적으로 해석할래요. 그리고 그것을 말로 표현해 볼래요.	
우리 다시 처음에 했던 이야기를 좀 더 해보자. 교사가 되기 위해 무엇이 필요한지 다시 한 번 이야기해 볼까?	공부, 마음을 잘 아는 것, 카리스마. 그리고 긍정적인 생각이요!!	
좋은 의견 하나가 더 추가되었구나!! 잘 가르치고, 학생을 이해해주는 멋진 선생님이 그려져서 기대되는구나!!	네. 감사합니다.	

07 | 진로 지도 사례2

(1) 성장영역

목 표	(코칭언어) 꿈을 이루기 위한 방법 탐색하기	
교 사	학 생	특 징
오늘 선생님과 무슨 이야기하고 싶니?	선생님, 저는 재미있게 공부하고 싶어요.	
재미있게 공부하는 것은 어떤 것인지 구체적으로 이야기해 주겠니?	영어는 노래를 하면서 공부하고, 수학은 예습하고 복습하는 장면이 상상되는 것 같아요. 전 재미있게 공부하고 싶어요.	

그렇구나. 넌 10년 뒤에 무엇을 하고 싶니?	전 패션 디자이너가 되고 싶어요.	
패션 디자이너가 되고 싶은 계기가 있었니?	TV를 볼 때마다 그런 직업들이 나오면 관심이 가요. 그리고 집에서 혼자 바느질도 해보고, 재봉틀도 만져보고 하는데 재미있어요. 내가 만들어 준 옷을 사람들이 입고 돌아다니는 것을 상상하면 기분이 좋아져요.	
패션 디자이너가 되기 위해 필요한 능력은 무엇이 있을까?	바느질, 영어, 수학, 미술, 손재주, 성격, 흥미, 건강이요.	
와우!! 정말 많이 생각했구나. 성격은 어떤 의미야?	유명한 패션 디자이너는 대인관계가 좋고, 남을 배려할 것 같아요.	
네가 제시한 것 중에서 지금 할 수 있는 것은 무엇이니?	공부, 친구, 바느질, 건강, 흥미	
'흥미'는 어떤 것인지 자세히 이야기 해줄래?	앙드레 김을 TV로 본 적이 있는데 즐거운 마음으로 일하는 것을 봤어요.	
앙드레 김의 어떤 면이 인상적이야?	앙드레 김이 만든 옷은 멋있어요. 그리고 앙드레 김은 다른 사람들하고 관계도 좋은 것 같아요.	
네가 앙드레 김이라면 어떤 기분이 드니?	내가 앙드레 김이라고 생각하면 '내가 어떻게 하면 그 사람처럼 될 수 있을까?' 하는 방법을 생각하게 되는 것 같아요.	
아까 얘기한 것들 중 지금 네가 할 수 있는 것은 무엇이니?	공부, 친구, 바느질, 건강, 흥미	
그럼 앞으로 노력해야 할 것은 무엇이니?	영어, 미술, 손재주요.	
6개월 내로 이루고 싶은 것은 뭐니?	공부, 친구, 흥미요.	
오늘 당장 무엇을 먼저 해 보고 싶니?	오늘 수학 복습을 해보고 싶어요.	

| 오늘 선생님과 대화하고 난 후 어떤 느낌이니? | 할 수 있는 일이 정리된 것 같아서 좋아요. | |

08 | 성격 관련 코칭 사례

학생들이 작성한 자신에 대한 성격을 토대로 학생과 성격에 대해 코칭한 사례입니다.

자신의 성격(장·단점)과 외모의 특징을 적고, 고치고 싶은 점을 적어 보세요.

장점 : 1. 대인관계 원만하다.
　　　2. 대체로 잘 먹는다.
　　　3. 잘 웃는다.
　　　4. 성격이 밝다.
단점 : 1. 노는 것을 너무 좋아한다.
　　　2. 동생에게 짜증과 화를 잘 낸다.

---

(1) 성장영역

목 표	(코칭언어) 자신의 성격 잘 사용하기	
교 사	학 생	특 징
오늘 무슨 이야기 하고 싶니?	전 제 성격이 마음에 안 들어요. 성격을 고치고 싶어요.	
그렇구나. (학생이 작성한 내용을 읽음). 성격이 밝고 사교적이구나.	네. 전 친구가 많은 편이에요.	
선생님과 성격의 어떤 부분에 대해 이야기 하고 싶니?	제 단점에 대해서요.	

단점을 보완하고 싶다는 거니?	네. 새 학년이 되어서 저를 좀 변화시켜야 할 것 같아서요.	
단점이 너에게 어떤 영향을 주니?	자꾸 반복되니까 짜증나는 일이 많아요.	
그런 생각을 했구나. 성격에 '노는 것'이라고 했는데 언제를 말하는 거니?	평일에는 놀 시간이 없어요. 토요일이요.	
무엇을 하며 노니?	노래방, 방방놀이터, 그리고 거리를 뛰어다니며 잡으면서 놀아요.	
그런데, 그게 네 성격의 단점이라고 했는데 그 이유가 뭐니?	제가 너무 놀아요. 공부에 방해될 정도예요.	
몇 시간을 놀면 공부에 방해가 된다고 생각하니?	토요일 점심 먹고 2시~6시까지 놀 때요.	
신나게 놀고 나면 공부가 더 잘 될 것 같은데 네 생각은 어때?	지금 제가 생각해 보니까 나쁜 건 아닌 것 같아요. 제가 공부시간이 적어서 걱정되었나 봐요. 주말에 노는 시간을 2시간 정도만 해야겠어요.	
그럼 이번주 주말에 무엇을 하면서 놀거니?	노래방에서 2시간 정도만 놀래요. 그럼 스트레스도 풀리고 친구들과도 잘 지낼 수 있을 것 같아요.	
그렇구나. 두 번째로 동생에게 화내고 짜증낸다고 했는데 주로 언제 이런 기분을 느끼니?	제가 동생에게 자주 짜증내는 편이예요. 동생에게 화풀이 하는 경향이 있어요.	
동생에게 짜증내는 것이 지속된다면 어떻게 될까?	동생이 날 따라하게 되니까 나에게 짜증낼 것 같아요.	
그것이 너에게 어떤 영향을 미칠 것 같니?	나에게 짜증내면 서로 기분이 나빠지고, 사이도 안 좋아지고, 그리고 엄마에게 혼나는 시간이 많아질 것 같아요.	
넌 어떤 노력을 할 수 있니?	배려해 줄래요.	

좀 더 구체적으로 이야기 해 주겠니?	잘 들어주고, 대답도 잘 해주고, 짜증을 줄여 볼래요.	
동생을 잘 배려해 주는 사람이 있다고 가정하면 그 사람은 앞으로 어떤 사람이 될 것 같니?	배려가 습관화가 돼서 다른 사람에게도 배려해 주니까 미래에 누군가에게 꼭 필요한 사람이 될 것 같아요.	
오늘 선생님과의 대화에서 도움이 된 부분은 무엇이야?	제 자신이 정리된 기분이 들고, 제 성격의 단점이 조금만 보완되면 될 것 같아서 가벼워진 것 같아요.	

09 | 공부를 잘하고 싶은 학생 코칭 사례

학생들은 공부를 잘하고 싶어서 담임교사나 교과담임교사에게 상담을 요청하는 경우가 종종 있습니다. 교사가 공부하는 법을 가르치는 것보다 학생이 자신에 대해 깨달을 수 있도록 코칭한 사례입니다.

(1) 성장영역

목 표	(코칭언어) 스스로 공부하는 법 찾기	
교 사	학 생	특 징
선생님과 나누고 싶은 이야기가 있니?	네. 제가 학원에서 수학공부를 하는데 요즘 재미가 없어요. 그래서 억지로 해요. 성적이 떨어질까봐 걱정은 되는데 너무 하기 싫어요.	
걱정이 되겠구나. 언제부터 그런 생각을 했니?	제가 이번 달부터 심화반에 들어갔어요. 그때부터 점점 재미가 없어졌어요.	

무엇을 할 때 그것을 느끼니?	심화반의 학생들이 다들 잘하는 것을 볼 때요. 선생님이 문제를 풀라고 하면 전 그 애들이 푸는 것을 보게 되고 그럼 더 하기 싫어져요.	
만약에 그 친구들이 없다면 어떨 것 같니?	그럼 수학이 재밌을 것 같아요. 사실 전 초등학교 때부터 수학을 좋아했어요. 경쟁하는 친구가 없이 공부하면 수학 문제 푸는 것은 재미있어요.	
친구들과 경쟁한다고 느끼는 것을 구체적으로 말해줄래?	그 친구들이 더 잘하는 것이요. 제가 3문제 풀면 다른 친구들은 5문제 풀고, 제가 5문제 풀면 그 친구들은 10문제 풀어서 정말 하기 싫어져요.	
그 장면을 잠시 떠올려 볼까? 네가 가장 신경 쓰이는 것은 무엇이니?	다른 친구들이요.	
지금 네가 경쟁하고 있는 것이 '친구'가 아닌 '네 자신'이라고 생각한다면 넌 어떤 모습이니?	끝까지 답을 찾으려고 노력할 것 같아요. 방법을 찾아가겠죠.	
네 자신과 경쟁한다면 넌 언제 기쁨을 느낄까?	답을 찾았을 때, 모르는 것을 알았을 때일 것 같아요.	
친구들과의 경쟁을 의식하지 않기 위해 할 수 있는 일은 뭘까?	내가 풀고 있는 문제에 집중하는 거요.	
네 자신과 경쟁한다면 학원 다니면서 너는 어떻게 달라질까?	다른 사람을 인식하지 않고 공부할 것 같아요.	
이 변화가 지속된다면 어떻게 될까?	즐기는 사람이 될 것 같아요. 공부가 재미있어지니까 공부를 잘할 것 같아요.	
그렇구나. 앞으로 너는 무엇을 먼저 해보고 싶니?	수학시간에 문제 푸는 즐거움을 느껴 볼래요.	

오늘 선생님과 대화하면서 너에게 도움이 된 것이 있다면 뭐니?	수학 공부는 다른 사람과 하는 게 아니라 스스로 공부하는 거라는 거요.
네가 너 자신에게 해주고 싶은 말이 있다면?	'공부 열심히 해서 네 꿈을 이루자!, 넌 할 수 있어!'

10 | 무기력한 학생 코칭 사례

교사가 관심을 가지고 지켜보면 어떤 학생들은 무기력하게 학교생활을 하고 있는 경우가 있습니다. 이럴 경우 그 무기력의 원인을 찾아가는 대화를 합니다.

(1) 성장영역

목 표	(코칭언어) 자신이 원하는 것 찾기	
교 사	학 생	특 징
선생님과 나누고 싶은 이야기가 있니?	없어요.	
특별한 일이 없나보구나. 요즘 생활은 10점 만점에 몇 점이니?	5점이요.	
몇 점이 되면 만족하겠니?	9점이요.	
4점은 무엇으로 채울 수 있겠니?	공부하면서, 가족과 친구랑 싸우지 않는 것, 엄마 말씀 잘 듣는 것이요.	
그 중에서 가장 먼저 이루어지길 원하는 것은 무엇이니?	엄마 말씀 잘 듣는 거요.	
좀 더 구체적으로 이야기 해 줄래?	엄마가 하라는 것 제때 하는 것과 오빠랑 싸우지 않는 것이요.	

선생님이 네 이야기를 잘 들어보니까 네가 간절히 원하는 것이 엄마가 행복해지는 것이라는 느낌이 드는구나. 어때?	(흐느낌) 네, 맞아요. 엄마가 너무 불쌍해요.	
네가 원하는 것을 한 문장으로 표현해 볼래?	엄마가 행복해지길 원해요.	
엄마가 행복해지기 위해 네가 할 수 있는 일은 뭘까?	건강하게 지내는 거요.	
네가 엄마라면 딸이 어떻게 생활하길 바라겠니?	뭐든 재밌게 하면서 행복했으면 좋겠어요.	
너는 뭐 할 때 제일 행복하니?	친구들이랑 놀 때요.	
조금 전에 부모님 이야기를 했는데 부모님께 혼날 때는 언제니?	멀리 놀러갈 때요. 버스 타고 시내 나갔다가 집에 늦게 들어갈 때요.	
부모님이 원하시는 것은 뭘까?	말 잘 듣기를 바라시는 것 같아요.	
어머님 말을 듣고 행동으로 안 옮길 때는 언제니?	귀찮을 때요.	
너의 목표는 엄마의 행복인데 네 행동은 그렇지 않은 것 같아서 너도 갈등이 심할 것 같구나.	그러네요.	
엄마가 행복하길 바라는데 행동이 잘 안 되는 이유는 무엇일까? 방해되는 것이 있니?	그 이유는 잘 모르겠어요. 방해 되는 것은 놀고 싶은 마음인 것 같아요.	
너는 10년 뒤에 어떤 모습이 되면 행복할까?	간호사가 되고 싶어요.	
어떤 간호사가 되고 싶니?	어려운 사람을 도와주는 사람이요.	
간호사가 되었을 때 지금과 무엇이 달라져 있을까?	제가 인정받고, 사람들을 도와주면서 행복함을 느낄 것 같아요.	
간호사가 되기 위해 필요한 것들을 카드로 만들어 볼까?	(카드를 만듦) (카드의 내용은 다음과 같음) 건강, 운동, 음식, 사교성, 배려, 감정, 일, 독서, 솔선수범, 진학	

지금 당장 할 수 없는 것은 무엇이니?	(카드를 고르며) 진학이요.
지금 할 수 있는 일은 무엇이지?	(카드를 고르며) 건강, 독서, 배려, 공부요.
꾸준히 해야 할 일은 무엇이지?	(카드를 고르며) 음식, 운동이요.
이미 하고 있는 것은 무엇이니?	건강, 독서, 공부, 배려, 감정이요.
조금 더 노력하고 싶은 것은 무엇이니?	솔선수범, 운동, 공부요.
그 중에서 오늘 당장 하고 싶은 것은 뭐니?	오늘 배운 것 복습해 볼래요.
너 자신에게 해주고 싶은 말은 뭐니?	'이제 그만 놀고 간호사가 되기 위해 열심히 생활하자!'
오늘 선생님과의 대화에서 느낀 점은 뭐니?	내가 할 수 있는 일이 있다는 것을 알았어요. 그동안 이야기 못했던 것을 이야기하니 마음이 편안해졌어요. 그리고 재미있어요.

H·E·T 모형은 교사 기준에 의해 프로세스가 진행되어집니다. 학생의 행동을 허용할 것인가 허용하지 않을 것인가, 교사는 어떤 기준을 가지고 있는가, 교사의 감정 상태는 어떠한가에 따라서 모형의 프로세스는 다르게 움직이게 됩니다. 교사에 따라 기준이 다르다는 것은 교사의 내면의 소리에 학생지도 방식이 달라진다는 것입니다.

여러 선생님들과 동아리를 운영하면서 대화법보다 먼저 교사 스스로 자신을 돌아볼 수 있는 능력이 더 중요하다는 것을 알았습니다. 대화법보다 더 중요한 것이 진정한 교사의 마음입니다.

필자에게는 하느님을 제외하고 세 명의 코치가 있습니다. 부모님, 남편, 자녀들입니다. 이들은 대화법을 배우지도 않았고, 대화법이 훌륭하지 않지만, 저를 사랑하는 마음만으로 저에겐 훌륭한 코치입니다. 대화법보다 진정으로 사랑하는 마음이 성장 동기가 되는 것 같습니다. 멋진 대화법을 구사하지만 진정성이 통하지 않는다면 학생들은 교사의 이중인격에 더 분노하게 될 것입니다.

교사와 부모는 대화법을 익혀야 한다는 믿음에서 대화법 관련 책을 읽다보면, 이럴 때는 이렇게 하고, 저럴 때는 저렇게 하라는 것이 삼라만상 모든 사례를 담고 있어 실천이 어렵기만 합니다. 대화가 요리는 아닐 텐데 대화법과 관련된 도서는 심리학과 교육 철학을 무시한 채 좋은 대학을 보낸 부모님들의 자녀 성공 이야기로 엮어 놓은 보기 좋은 요리책처럼 보입니다.

이 책에서 제안하는 대화법은 코칭, 교육철학을 토대로 하고 있으며, 사례로 접근하는 학생지도 사례 역시 H·E·T 모형으로 체계적으로 정리되어 구조적으로 실천할 수 있도록 하였습니다. 이 책이 본질적인 교사, 부모로서 교육을 제자리로 놓고 싶어하는 모든 분들께 지적인 만족감과 향상된 대화법을 위한 하나의 자료가 되길 바랍니다.

감사의 글

　한 남자의 아내로, 두 아이의 엄마로, 한 학급의 담임으로, 도움을 원하는 사람의 코치로, 이 시대를 살아가는 교육자로 살면서 2011년에 연구년을 맞이하게 되었습니다.
　평소에 늘 관심을 가지고 있던 교사의 의사소통 방법을 H·E·T 모형으로 풀어보고자 했던 저의 노력이 이 책으로 결실을 맺게 되어 가슴이 벅차오릅니다.
　책을 쓰는 일이 두려운 일이기도 했습니다. 그러나 두려움보다 더 큰 것은 제 머릿속에 있는 것을 정리하고 싶은 지적인 욕망이었습니다.
　저의 도전에 용기와 무한 신뢰를 준 남편 최준영씨와 공부하는 엄마 때문에 더 많이 소통하길 늘 갈망하면서도 잘 인내해준 아들 혁진이 그리고 딸 지원이 고맙고, 미안하고, 사랑합니다. 그리고 책을 쓰는 일이 가치 있는 일이라며 자랑스러워하시는 부모님께 진심으로 감사한 마음을 전합니다. 이 분들께는 어떤 말로 감사함을 전한다고 해도 다 채우지 못할 것 같습니다.

　이 책을 제자와 동료교사들에게 가장 먼저 선물하고 싶습니다.
　어디에선가 힘든 삶을 작은 어깨로 견디고 있을 이 땅의 청소년들에게 세상은 아름답고 살 만한 곳이라는 것을 알려주는 사람이 교사이길 바라는 마음으로 책을 썼습니다. 세상은 믿을 수 없는 곳이라는 생각으로 모든 것을 파괴하려는 마음이 아픈 청소년들에게 교사는 제2의 부모이어야 합니다.
　가정의 돌봄을 받지 못하는 힘든 삶을 사는 청소년들에게 교사가 줄 수 있는 건 "말"입니다. 그들이 교사에게 원하는 것 역시 진심어린 사랑이 담긴 "말"입니다. 세상을 믿지 못하기 때문에 그들에게 교사의 말이 진심으로 들리지 않을지 모르나 교사의 사랑이 그들의 얼어 있는 마음을 뚫고 가슴 깊은 곳에 사랑을 심어줘야 그들의 마음에 봄이 시작되고 새로운 삶의 희망을 꿈꿀 수 있게 됩니다. 자신의 힘든 삶까지도 나에게 보여준 사랑스런 제자들에게 교사로서 행복을 느끼게 해 준 보답으로 이 책을 선물하고 싶습니다.

또 교사역할에 대해 함께 고민하고 어려운 시간을 내어 함께 한 교사 동아리 이매고, 운천고, 낙원중 선생님, 그리고 동아리 자문 위원이신 안병도 교감선생님께 진심으로 감사의 말을 전합니다. 여기에 나온 사례들은 2010년, 2011년 함께 동아리를 했던 선생님들의 실제 사례를 토대로 했으며, 동아리 선생님들은 H·E·T 모형의 적용 가능성을 현장에서 직접 실천해 주신 동료교사이십니다. 이 분들이 있기에 한 고비 한 고비 넘지 않았나 생각해 봅니다. 나를 뛰어넘어 책을 쓸 용기를 주신 동료교사들에게 이 책을 선물로 전합니다.

이 책이 나오기까지 아낌없는 조언과 관심으로 책이 나올 수 있도록 지도해 주신 연세대학교 권수영 교수님, 인성과 생명의 소중함을 책에 담도록 도와주신 윤종모 교수님, 코칭형 교사에 대한 아이디어를 주신 안남섭 코치님, 저의 멘토이시며 이 책의 가치를 부여해 주신 서복선 코치님, 부모로서 함께 고민할 시간을 허락해 주신 류정화 코치님 감사드립니다. 바쁜 시간 속에서도 값진 시간을 저에게 기쁘게 할애해 주셔서 이 책이 세상구경을 하게 되었습니다.

또 인정과 지지를 언제나 무한대로 퍼주시는 김민숙, 배태진 상담선생님, 딸의 재롱도 뒤로 한 채 책을 수정해 주신 김혜림 선생님, 그리고 가을 단풍을 뒤로하고 수정 작업에 동참해 주신 연세대 코칭아카데미 스터디 라이프 5기 황병곤, 김종희, 이정인, 김창현, 임수연 코치님, 제 책에 맞는 사진을 골라 작업해 주신 김안식 사진 작가겸 코치님 그리고 함께 하게 되어 든든한 동기 여러분 진심으로 감사드립니다.

앞으로도 늘 같은 자리를 지키는 소나무처럼 제가 있는 자리에서 묵묵히 교사의 역할을 수행하겠습니다. 아울러 H·E·T 모형에 맞는 다양한 사례를 추가할 수 있도록 꾸준히 노력하겠습니다.

대한민국 교육이 세계 속에서 빛나는 그날까지 …

2012년 봄
이 민 영

참고문헌

Gary D. Borich(2009), 효과적인 교수법, 서울: 아카데미 프레스.
Robert J.Sternberg, Wendy M. Williams(2010), 스턴버그의 교육심리학, 서울 : 시그마프레스.
Sugai, G.(1996, Fall-Winter), UO and public schools design just-in-time learning approaches to find solutions to rising student discipline.
고무라시키 마유미(2009), 코칭대화, 서울 : 마리북스.
권수영(2008), 마음이 통하는 교사되기, 서울 : 주는 나무.
권수영(2010), 거울부모, 서울 : 울림사.
김수정(2011), 「정신분열 진단 김상병 "죽이고 싶다"메모」, 『중앙일보』, 2011. 7. 6.
김수정 · 정용수(2011), 「해병대 참사 뒤에 '기수열외' 있었다.」, 『중앙일보』, 2011. 7. 6.
김진경(2010), 「역대 사이코패스 특징 비교해보니」, 『중앙일보』, 2010. 3. 11.
김한별(2010), 「미국 교육개혁 무능교사 해고부터」, 『중앙일보』, 2010. 3. 11.
김해곤(2011), 참대화, 서울 : 북셀프.
리처드 윌리엄스(2011), 피드백 이야기, 서울 : 토네이도.
마셜 B. 로젠버그(2009), 비폭력 대화, 서울 : 바오.
박진희(2007), 성공을 코칭하라, 서울 : 건강다이제스트사.
배경숙(2007), 학급활동으로 이어가는 집단상담, 서울: 우리교육.
수라 하트외 1명(2010), 내 아이를 살리는 비폭력 대화, 서울: 아시아코치센터.
슈 나이트(2005), 비즈니스 NLP, 서울 : 물푸레.
선종욱(2010), 코칭 다이나믹스, 서울 : 이담.
아브라함 H. 매슬로(2005), 존재의 심리학, 서울 : 문예출판사.
앤서니 라빈스(2011), 네 안에 잠든 거인을 깨워라, 서울 : 씨앗을 뿌리는 사람.
유동수외 2명(2009), 한국형 코칭, 서울 : 학지사.
윤석만 · 이한길(2011), 「교권 어떻게 생각하십니까」, 『중앙일보』, 2011. 12. 12.
윤정일외 1명(2003), 훌륭한 교사가 되는 길, 서울 : 교육과학사.
이무석(2009), 30년만의 휴식, 서울 : 비전과리더십.

이연섭(2003), 흔들리는 가정과 교육, 서울 : 교육과학사.
이지영(2011), 「남이 우리아이 만질 때 공손하게 거절하는 법」, 『중앙일보』, 2011. 7. 4.
이토 아키라(2005), 코칭대화 기술, 서울 : 김영사.
전익진(2011), 「교사들이 울고 있다」, 『중앙일보』, 2011. 7. 14.
전진배(2010), 「덴마크 사람들은 왜 행복할까」, 『중앙일보』, 2010. 1. 12.
조벽(2003), 나는 대한민국 교사다, 서울: 해냄.
조벽(2010), 조벽교수의 명강의 노하우&노와이, 서울: 해냄.
최익재(2011), 「의사 되려면 말하는 법부터 배워라」, 『중앙일보』, 2011. 7. 13.
토마스 고든(2007), 교사 역할 훈련, 서울: 양철북.
폰 브른슨 외 1명(2009), 양육쇼크, 서울: 물푸레.
폴렛 데일(2006), 대화의 기술, 서울: 푸른숲.
하임G. 기너트(2006), 교사와 학생 사이, 서울: 양철북.
한국교육학회 편(1974), 교원의 질, 한국교육문제총서 4.
혼마 마사토(2008), 아이의 잠재력을 키워주는 마법의 코칭, 서울: 새로운 제안.

부록

감정 카드

행복한 기쁜	흥분한 열정적인
평안한 평화로운	자신 있는 만족스러운
흥미있는 호기심 있는	고마운 감사한

침착한 확신있는	인정받는 존중받는
흥분된 기분상승한	즐거운 신나는
자유로운 날아갈 듯한	용기있는 의기양양한

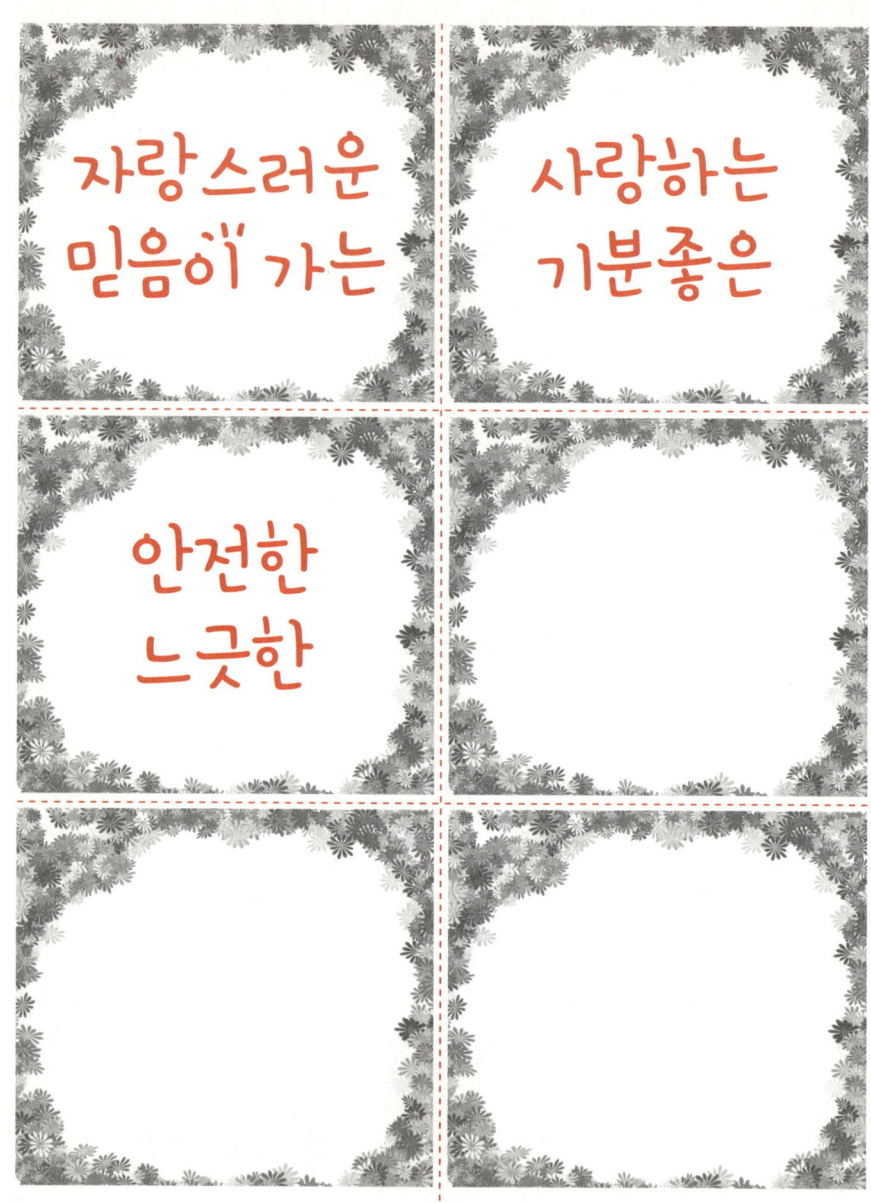

♥ 감정 카드를 추가하여 사용하세요.

♥ 감정 카드를 추가하여 사용하세요.

부록 303

걱정스러운 염려스러운	화가 난 정신을 차릴 수 없는
언짢은 약오르는	부끄러운 수줍은
기분 나쁜 황당한	지루한 따분한

귀찮은 부담스러운	혼란스러운 당황한
실패한 좌절한	상처받은 무시당한
우울한 침울한	짜증난 신경 쓰이는

초조한 긴장한	무서운 두려운
슬픈 애석한	실망한 낙담한
스트레스받은 불편한	불행한 속상한

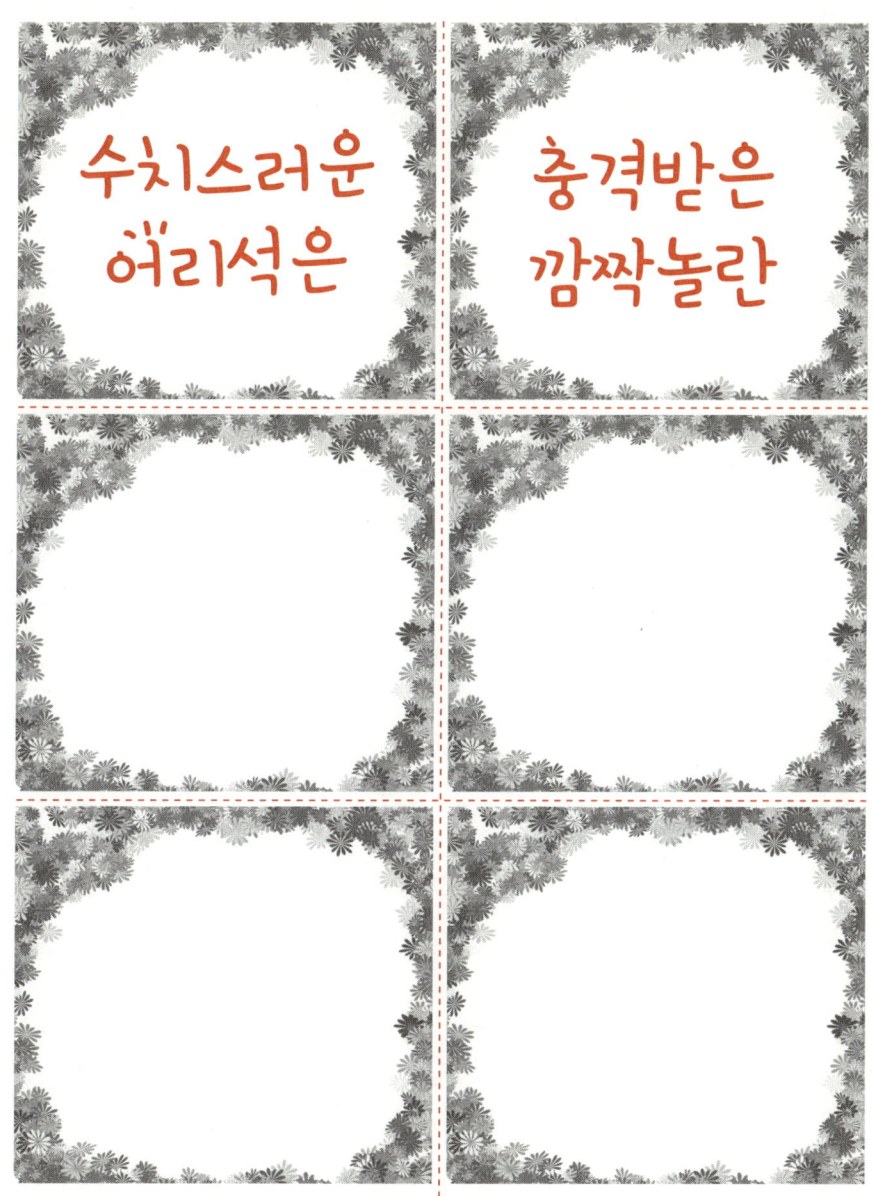

♥ 감정 카드를 추가하여 사용하세요.

♥ 감정 카드를 추가하여 사용하세요.

저자 | 이민영

경기도 국·공립교사로 18년째 경기도 소재 중·고등학교에서 학생들을 가르치고 있다. 문제행동으로 학교에 적응하지 못하는 학생들을 적극적으로 돕고 싶어서 교사의 소통 방식에 관심을 가지고 2007년, 2008년 대안학급 친한친구교실, 2009년, 2010년 교육실습생 지도를 하며 교사의 소통방식과 역할에 대해 연구하였고, 2009년부터 단위학교에서 H·E·T 교사동아리를 조직하여 운영하고 있으며, 2010년 H·E·T 교사동아리를 운영하여 경기도 우수동아리로 선정되었다. 2011년 '경기도 NTTP 연구년' 교사로 선발되어 연세대학교 코칭아카데미의 스터디·라이프코칭 전문코치과정을 이수하였고, 'H·E·T 교사역할 모형 훈련을 통한 전문성 신장 방안'이라는 주제로 교사의 의사소통 방식을 H·E·T모형으로 적용할 수 있도록 하였다. 이 책은 교육실습생지도와 교사동아리를 운영하면서 설문 자료와 관련 자료를 정리하여 그 토대로 쓰여졌다.

학생과 함께 하는 **코칭형 교사** 값16,000원

2012년 5월 25일 초판 발행
2014년 2월   초판 2쇄

자 이민영
  成 珍 慶
행처 **새문사**
등록번호 제1-273호(1977.9.19)

주소 : 서울시 마포구 대흥로6길 6-12
전화 : (02)715-7232(代), 717-7235, Fax : (02)715-7235
E-mail : sinlon@saemoon.co.kr
website : www.saemoonbook.com
ISBN : 978-89-7411-332-2 93370